한일 관계

무엇이 문제이고 어떻게 풀어야 하나

경남대 극동문제연구소
국제관계연구 시리즈 35

한일 관계

무엇이 문제이고 어떻게 풀어야 하나

초판 1쇄 발행   2020년 2월 28일

지은이   이관세, 이경주, 이원덕, 조진구, 정혜경, 이지평, 길윤형
펴낸이   최용범

펴낸곳   페이퍼로드
출판등록   제10-2427호(2002년 8월 7일)
주소   서울시 동작구 보라매로5가길 7 1322호
이메일   book@paperroad.net
페이스북   www.facebook.com/paperroadbook
전화   (02)326-0328
팩스   (02)335-0334

ISBN   979-11-90475-06-8 (93340)

IFES

경남대 극동문제연구소
국제관계연구 시리즈 35

한일 관계

무엇이 문제이고 어떻게 풀어야 하나

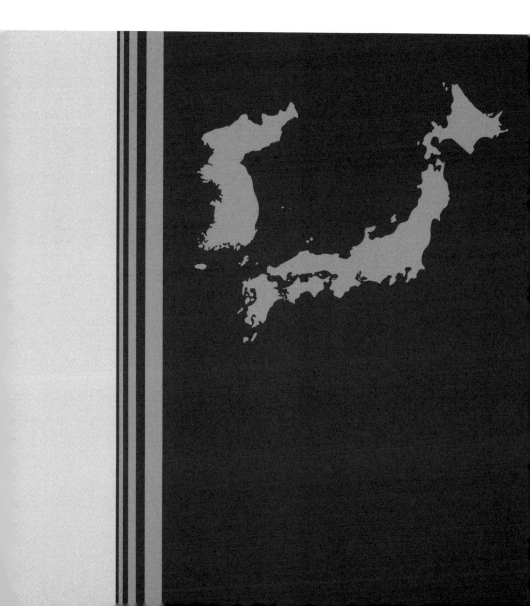

목차

서장
한반도 평화프로세스와 일본

이관세

경남대 극동문제연구소 소장

크리스마스를 하루 앞둔 2019년 12월 24일, 중국 청두(成都)에서 열린 한중일 정상회담을 계기로 문재인 대통령과 아베 신조 총리가 1년 3개월 만에 정상회담을 가졌다. 한국과 일본을 일의대수(一衣帶水), 즉 냇물 하나를 사이에 둔 가까운 이웃으로 형용하는 것이 무색할 정도로 양국 관계가 원만치 않은 상황에서 두 정상이 대화를 통해 현안을 해결하자는 정치적 의지를 보여준 것은 평가할 만했다.

청두 한일정상회담은 예정보다 '긴' 45분간 진행되었다. 하지만, 양국 간의 모든 현안의 해결에 합의할 것으로 기대했다면 그것 자체가 지나친 것이다. 역사문제에서 경제, 안보문제에 이르기까지 한일 양국이 대립하고 있는 문제의 성격과 깊이는 물론이거니와 언제부터인지 갈등 범위가 확대되어 있기 때문이다.

외교적 수완을 발휘해 현안이 해결된다 하더라도 양국 국민들 사이에 맺힌 응어리를 풀기까지는 더 많은 시간이 필요할지도 모른다. 양국 언론은 때로는 승자와 패자, 제로섬의 논리로 양국 관계를 묘사하면서 국민감정을 자극하기도 한다. 상대가 있는 외교에서 자신의 입장을 100%

서장 7

관철하기는 어렵다. 어느 선에서의 타협은 불가피하다. 자국 입장만을 고집하는 것이야말로 양국 관계를 파국으로 몰고 갈 것이다. 어려운 상황일수록 상대방을 의식하고 대화를 시작해야 합의를 이뤄낼 수 있다.

2018년 10월 30일 한국 대법원 전원합의체는 한국의 강제동원 피해자와 유족들이 신일철주금(현재의 일본제철)을 상대로 제기한 손해배상 소송에서 신일철주금은 피해자들에게 1억원의 위자료를 지급하라고 원고 승소 판결을 내렸다. 1965년 한일 국교정상화 시 체결한 한일청구권협정에 의해 이 문제가 '완전하고 최종적으로' 해결되었다고 생각하는 일본 정부의 기본입장이 사실상의 가이드라인이 되어 신일철주금은 대법원 판결에 따르지 않고 있다.

한일 양국 정부의 갈등이 지속되는 가운데 지난 7월 초 일본의 경제산업성은 한국과의 신뢰관계가 현저하게 훼손되었다면서 한국에 대한 수출규제를 강화하는 조치를 일방적으로 발표했다. 우리 무역의 버팀목인 반도체와 디스플레이의 주재료가 되는 3개 품목에 대한 수출절차를 강화함과 동시에 한국을 수출우대 대상국에서 제외했다.

이러한 조치를 부당한 경제보복으로 규정한 한국 정부는 한일군사정보보호협정(GSOMIA, 지소미아)의 효력 종료 결정으로 대항했다. 역사문제가 발단이 된 한일 갈등이 경제와 안보 분야로까지 확대된 것이다. 한일의 공통의 동맹국인 미국의 중재에도 불구하고 평행선을 달리던 한일 양국은 11월 22일 지소미아 종료 6시간을 앞두고 일시적이기는 하지만 극적인 합의에 이르렀다. 양국 정부가 수출관리 당국 간의 정책대화를 재개하고, 이 대화가 정상적으로 진행되는 동안 한국 정부가 일본 측에 전달했던 지소미아 종료 통보의 효력을 정지하기로 합의했던 것이다.

일본 제국주의 지배 하에서 해방된 지 75년이 지났으며, 한국과 일본이 국교를 수립한 지도 55년이 지났다. 그 사이 교과서 문제, 일본군 '위안부' 문제, 강제징용 문제, 독도 영유권 문제 등으로 인해 한일 양국은 지속적으로 갈등을 겪어왔지만, 양국의 국력차이는 현저하게 줄고 민주주의와 시장경제, 인권과 법의 지배라는 보편적인 가치를 공유할 수 있을 정도로 공고해졌다.

전후 국제질서를 규정했던 냉전이 전 세계적으로 끝났지만, 한반도에는 여전히 냉전구도가 남아있다. 2010년 일본을 누르고 경제적으로 세계 2위의 대국으로 부상한 중국은 더 이상 잠자는 사자가 아니다. '슈퍼 파워'로 부상한 중국은 미국과의 패권경쟁도 주저하지 않고 있다. 군사적 대립과 반목, 체제경쟁을 거듭하면서도 남과 북은 대화를 지속해왔다.

문민 민주주의 시대를 열었던 김영삼 대통령은 1993년 2월 25일 대통령 취임사에서 "따뜻한 봄날 한라산 기슭에서도 좋고, 여름날 백두산 천지 못가에서도 좋습니다. 거기서 가슴을 터놓고 민족의 장래를 의논해"보자고 제안했었다. 갑작스런 김일성 주석의 사망으로 남북정상회담은 성사되지 못했지만, 그로부터 7년여 뒤인 2000년 6월 역사적인 첫 번째 남북정상회담이 평양에서 개최되었다.

2007년 10월 노무현 대통령은 도보로 군사분계선을 넘어 육로로 평양을 방문했으며, 2018년에는 한해 세 번의 남북정상회담이 열렸다. 특히, 9월 19일 평양에서 열린 세 번째 정상회담을 마친 뒤 김정은 국무위원장과 평양의 능라도 5.1 경기장에서 펼쳐진 대집단체조와 예술 공연을 관람했던 문재인 대통령은 분단 후 한국 대통령으로서는 처음으로 15만 명의 평양시민에게 "우리는 5,000년을 함께 살고 70년을 헤어져서 살았다"며 "지난 70년 적대를 완전히 청산하고 다시 하나가 되기 위한 평화의 큰 걸음을 내딛자"고 역설했다.

한반도의 완전한 비핵화를 실천하기 위해 6월 12일 한국전쟁 이후 70년 동안 적대관계를 지속했던 북미 간의 사상 첫 정상회담이 싱가포르에서 열렸다. 새로운 북미관계 수립, 한반도에서의 항구적이며 공고한 평화체제 구축, 한반도의 완전한 비핵화 등을 골자로 한 북미공동성명이 발표되었다.

2019년 2월 말 베트남 하노이에서 열린 2차 북미정상회담은 합의사항을 도출하지 못하고 종료되었다. 6월 30일 판문점에서 트럼프 대통령은 김정은 국무위원장과 50분 정도 대화를 나눴으며, 이에 앞서 트럼프 대통령은 군사분계선을 넘어 북한 땅을 밟는 깜짝쇼를 연출하기도 했다. 2-3주 내에 북미 실무회담을 재개하기로 합의했음에도 불구하고 실무회담은 약속대로 열리지 못했다.

10월 초 스톡홀름에서 열린 북미 실무회담도 기대에 부응하지 못하고 결렬되었다. 2019년 북미 비핵화 협상이 교착상태에 빠지면서 남북관계도 정체가 계속되고 있다.

김정은 체제가 출범한 2011년 이후 북한은 많은 변화를 보여 왔다. 2013년 경제건설과 핵무력 건설 병진노선을 국가전략노선으로 결정한 뒤, 2017년 말까지 핵과 미사일 능력의 고도화에 매진한 결과 11월 29일 '국가 핵무력의 완성'을 선언했다.

그런 반면, 2018년 4월 20일 당 중앙위 제7기 3차 당 전원회의에서는 병진노선의 종료와 함께 '사회주의 경제건설 총력 집중 노선'을 새로운 국가전략으로 채택했으며, 그 연장선상에서 남북정상회담, 북미정상회담, 북러정상회담 등 적극적인 정상외교를 전개했다. 아직까지 국내외적으로 약속한 한반도의 완전한 비핵화가 현실화되지 못하고 있다. 북한은 비핵화 논의에 앞서 미국이 대북적대시정책을 해소할 것과 대북제재를 완화할 것을 주장하고 있다. 또한 2019년 말에 개최된 제7기 5차 당 전원회의에서 북한은 지속적으로 핵무력 강화와 새로운 전략무기를 선보일 것이라고 하였다. 남북, 북미 정상회담 개최 이전 상황으로 돌아가고 있다는 것을 시사하고 있다.

2019년 9월 24일 유엔총회 연설에서 문재인 대통령은 전쟁불용, 상호 간의 안전보장, 공동번영이라는 한반도 문제 3대 원칙을 천명했다. 또한 북한의 안전을 제도적, 항구적으로 보장하고 한반도에서 항구적 평화를 이룩하기 위해 비무장지대를 국제평화지대로 만들자는 구상을 제시했다. 한반도 문제의 당사자로서 남북 화해협력과 북핵문제의 해결, 나아가 한반도 평화정착 과정에서 우리가 주도적인 역할을 해야 하는 것은 당연하지만, 그것은 국제사회와의 협력을 전제로 한 것이어야 한다.

한반도 비핵화와 정전협정체제의 평화체제로의 전환 등을 생각하면 미중의 역할은 매우 중요하다. 그러나 동북아시아에서 냉전의 잔재를 해소하기 위해서는 북미 및 북일 관계정상화가 매우 중요하다. 현실적으로 북미 비핵화교섭의 진전 없이 북일 관계정상화는 기대하기 어렵지만, 적어도 북한에게 북일 관계정상화 이후 제공될 일본의 경제협력은 북한경제 재건에 기여할 수 있는 매우 소중한 재원이 될 것이다.

문재인 대통령이 여러 차례 강조했듯이 한국 정부도 북일 관계정상화를 바라고 있으며, 나아가 남북과 일본이 협력하는 형태도 가능할 것이다. 한반도와 동북아시아의 평화와 안정을 위해서는 일본의 건설적인 역할이 필요하다. 한반도 평화프로세스는 북일 관계정상화가 매우 중요하며, 또한 북일 관계정상화는 악화된 한일관계가 회복되는 등 여건과 환경이 마련되어야 가능한 것이다.

복잡한 실타래처럼 뒤엉켜있는 한일관계를 해결하는 것은 쉽지가 않다. 지리적으로는 물론 말과 외모, 역사와 문화가 가장 가까운 나라가 일본일지도 모른다. 올림픽과 더불어 전 세계가 열광하는 월드컵 축구대회를 두 나라가 공동개최한 사례는 2002년 한일 월드컵밖에 없다. 그러나 어두운 과거 역사 때문인지 한일문제만큼 이성보다 감정이 앞서는 경우도 없을 것이다. 서로가 서로를 잘 안다는 것이 잘 이해한다는 것을 의미하지는 않지만, 때로는 잘 알고 있기 때문에 외면하기도 한다.

현재의 한일관계에 대한 이해 없이 동북아 평화에 대한 미래를 말힐 수 없다. 양국 간 현안이 되고 있는 문제들에 대한 해법을 제시하기 위해서는 무엇이 왜 문제가 되고 있는지를 파악하지 않으면 안 된다. 일본의 정치외교와 사회, 복잡한 한일 간의 갈등 구조와 내용을 이해하고, 한일관계 정상화가 이루어지도록 노력을 다해야 할 것이다.

1장

법적 측면에서 본 한일관계
-강제동원 대법원 판결과 식민지 책임의 규범화-

이경주

인하대학교 법학전문대학원 교수

IFES

경남대 극동문제연구소
국제관계연구 시리즈 35

I. 들어가며

일본은 바야흐로 혐한의 시대이다. 서점의 진열대 첫머리를 차지하는 것도 혐한 서적이고, 방송 등 매스미디어에서도 이른바 '혐한팔이'가 한참이다. 이러한 혐한팔이의 선봉에 서 있는 것은 아베정권이다. 한국의 대일본 수입의존도가 높은 분야(불화수소, 감광액, 플루오린 폴리이미드)에 대한 수출규제가 국장급 논의를 시작하기로 하여 악화일로를 일단은 면하였으나 한일관계의 우여곡절은 계속되고 있다.

아베의 다테마에(建前)는 불신이다. "대북제재를 지키고 있다고 말하지만 징용공문제에 대해 약속을 지키지 않는 것이 명확하게 됐다. 무역관리도 지키지 않을 것이라 생각하는 것은 당연"하므로 이러한 수출규제가 필요하다는 것이다. 이와 같은 발언을 보면 혼네(本音)는 징용공 판결, 즉 강제동원 판결을 문제 삼고 있음을 알 수 있다.

사법부의 강제동원 판결이 문제인데도 문재인정부의 수출입정책을 문제 삼은 뒤에는 문재인 정부의 대일정책의 급변침이 사법부판결로 이어지고 있는 것으로 의심까지 하고 있는 것으로 보인다. 삼권이 분립된 나라에서 사법부의 판결에 행정부가 왈가왈부 할 수 없다는 문재인정부의 입장표명은 오히려 아베정권에 있어서는 변명에 지나지 않고 있는 것 같다.

강제동원 피해자에 대한 대법원의 판결이 '약속을 지키지 않는 나라'로 그리고 그것이 수출규제로 그리고 그것이 한일관계의 악화로 이어지고 있음을 알 수 있다. 여기에 더하여 일본 외무성은 강제동원 배상청구권 문제는 한일청구권협정 제2조(재산 권리, 이익 및 국민간의 청구권 문제는 완전히 최종적 해결)에 의하여 해결되었다는 입장까지 들고 나옴으로써, 한국을 국제법상의 약속도 지키지 않는 나라라는 낙인까지 찍고자 하고 있다.

이 글은 한일관계 악화의 직접적 원인이 되고 있는 강제동원 문제에 대한 대법원 판결을 2000년대 이후 일제강점기의 문제에 대한 법원과 입법부의 경향적 태도와 맥락을 통해 파악함으로써 약속 또는 신뢰의 문제가 아니라 식민지책임의 규범화의 관점에서 파악하고자 한다. 그리고 이를 통하여 한일관계의 해법을 모색하여 보기로 한다.

Ⅱ. 대법원 판결

1. 대법원 판결의 경과

2018년 10월 30일 대법원은 일제하 강제동원 피해자들이 신일철주금(일본제철로 개명)을 상대로 한 손해비상청구소송에서 원고 승소 판결을 하였다. 이어 2018년 11월 29일에는 미쓰비시 중공업에 대한 손해배상 청구소송에서도 원고승소판결을 하였다. 원고단이 아닌 일반 국민의 입장에서 보더라도 1991년부터 시작된 손해배상 청구소송이 약 30여 년 만에 결실을 맺는 실로 감격스러운 순간이었다.

강제동원이란 일제가 1910년 한반도에 대한 식민통치를 시작한 뒤, 조선인을 노무동원 계획 및 일본군의 명령을 통해 노동자와 군인 등으로 동원한 것을 말한다. 일본은 강제동원피해자라는 말 대신에 '징용공'이라는 표현을 사용하고 있는데,[1] 다시 말하여 합법적인 통치의 일환으로 이루어진 것이라는 인식이 있다. 하지만 일제의 식민통치가 불법이라고 판단하는 경우 법적 근거 없이 연행하여 강제노동을 시킨 것이 되므로 강제동원이 실태에도 부합하는 용어라고 할 것이다(김창록, 2019.8.2). 이

---

[1] 1938년 국가총동원법을 시행하고 1939년 10월부터 국민징용령에 근거하여 징용이 이루어졌던 바, 이에 근거하여 동원된 노무자를 징용공이라고 한다.

하에서는 대법원 판결에 의거하여 강제동원이라 부르기로 한다.[2]

사실 강제동원 피해자들에 의해 손해배상소송이 시작된 것은 1990년 대부터이다.[3] 미쓰비시와 일본정부를 상대로 한 김순길 재판, 일본제철 한국인 징용공 손해배상청구소송(이하 일본제철 사건) 등이다. 모두 원고 패소(김순길 사건- 최고재판소 2003년 3월 28일 기각, 일본제철 사건 최고재판소 2007년 1월 29일 기각)하거나 일부 화해(후지코시 1차 소송-최고재판소 1998년 12월 25일)로 종결되었다. 그 논거는 강제동원하였더라도 국가는 면책된다는 국가면책론과 패전 전 기업과 패전 후 기업이 동일성이 없다는 논리였다.

그러나 2007년부터는 일본 최고재판소의 기각 논리에도 변화가 생긴다. 일본의 대표적 군수기업 중 하나인 후지코시㈜를 상대로 한 손해배상소송에서 최고재판소는 "한일청구권협정 제2조 제3항에서 개인청구권 자체를 실체법적으로 소멸시키는 것은 아니고, 기업에 의한 자발적인 변제의 길이 남은 것은 사실이지만, 소송을 통해서는 주장할 수 없다."고 한 것이다(최고재판소 2007년 4월 27일 판결). 일본 정부도 종래의 입장을 바꾸어(호사카, 2019:109) 일본인들의 대미 개인청구권 소송의 여지를 남기면서도 대일 청구권을 무력화시키기 위한 방편으로 법원의 판결을 지지하였다.

일본에서의 패소는 미국에서의 손해배상소송으로 이어졌다. 1999년 미국 캘리포니아에는 주의 법률로 '전시 상제노동 손해배상 청구시효 연

---

[2] 강제동원의 개념은 식민지 과거청산 관련 입법에서도 광범위하게 사용되고 있다. '일제 강점 하 강제동원 피해자 진상규명 등에 관한 법률'(2004년 제정),이 법을 뒤이은 '대일 항쟁기 강제동원 피해조사 및 국외 강제동원 희생자 등 지원에 관한 법률'(2010년 제정, 약칭 강제동원조사법)에서도 사용되고 있다.

[3] 1991년 12월 6일에는 '위안부'피해자와 군인, 군속, 유족 등 40여명이 희생자 보상청구소송을 제기하였다.

장법(Alien Tort Claims Act, 일명 헤이든법)'[4]이 통과되어 제2차 대전 중의 나치와 일본의 강제노동에 대한 배상이 가능해졌기 때문이다. 2000년 5월 16일 한국인과 필리핀인들이 일본 기업이 일본기업을 상대로 제소(정재원-오노다시멘트, 박홍복-미쓰비시, 안성균-미쓰이 등)하였으나 샌프란시스코 강화조약, 한일협정 등으로 소송자체가 성립하지 않는다는 일본 기업 측의 주장, 헤이든법이 미국무부의 외교권 침해라는 주장 등에 밀려 패소하였다.

이후 강제동원피해자들은 2000년대에 들어서야 한국의 법원에 손해배상청구소송을 청구하기 이르렀다. 1980년대의 권위주의 정부 하에서는 한일협정과 배치되는 소송제기가 어려웠기 때문이다. 1980년대 후반 해외여행자유화 조치 등으로 족쇄가 풀리자 일본(1990년대)과 미국(2000년대 초)의 법정에서 재판을 통한 권리구제를 시도하였고 그러나 그것이 여의치 않았기 때문에 마침내 한국의 법정에서 소송이 제기된 것이었다. 때마침 한국에서는 노무현정부가 출범하여 과거사 청산작업에 진전이 있었는데, 2004년에 '일제강점하 강제동원피해 진상규명 등에 관한 특별법', '친일반민족행위자 재산의 국가귀속에 관한 특별법' 등이 제정되는 등 국가적 차원의 일제강점기에 대한 진상규명노력이 있었던 것도 큰 몫을 하였다.

2012년 5월 24일 대법원은 강제동원피해자들이 미쓰비시 중공업과 일본제철을 상대로 한 소송에서 원고승소취지로 고등법원 판결을 파기환송 하였다. 이에 따라 서울고등법원과 부산고등법원은 강제동원피해자들에게 승소판결을 내렸고,[5] 일본제철과 미쓰비시중공업이 이에 불복

---

4   2003년 1월 21일 샌프란시스코 연방최고법원은 헤이든법에 대하여 위헌이라고 판단함.

5   이 당시 이미 판도라의 상자는 열렸는데, 당시 일본 정부는 수출규제조치도 약속을 지키지 않는 나라라는 대대적인 비판도 하지 않았다. 이를 근거로 이번 일본 정부가 취한 대응의 정략적 측면을 지적하는 비판도 있다.

하여 대법원 전원합의체에 재상고를 하게 되었다. 이 경우 보통이라면 6개월이 걸리지 않은 전원합의체 판결이 이례적으로 무려 6년이 경과한 2018년 10월 30일 판결이 내려졌다. 알고 보니 박근혜정부의 압력과 대법원이 정치적 판단에 의하여 판결이 지체된 것이었다. 일본제철과 미쓰비시 중공업도 한국의 초대형 로펌에 이 사건을 의뢰하여 각각 18년과 13년에 걸쳐 재판과 로비를 병행한 결과이기도 했다.

2. 대법원 판결의 함의

일제 강점은 불법적이었고 강제동원 피해자들에게 위자료 즉 배상금을 지급해야 한다는 대법원 판결의 쟁점은 다양하지만, 그 중 주요한 것은 다음 다섯 가지이다.

첫째, 일제에 의한 식민지배를 부정하였다는 점이다. 일본에서의 강제동원 관련 배상소송의 판결은 식민지 지배가 합법적이라는 규범적 인식을 전제로 하여 일제의 국가총동원법과 국민징용령을 한반도와 원고에게 적용하는 것이 유효하다고 평가하고 있지만, 이번 대법원 판결은 "(이러한 판결 이유가 담긴 이 사건) 일본판결을 그대로 승인하는 것은 대한민국의 선량한 풍속이나 그 밖의 사회질서에 위반하는 것" 즉 대한민국의 헌법에 위반한다고 판단한 것이다.

둘째, 일본판결의 효력을 부인하였다는 점이다. 1, 2심 법원이 일본법원의 확정판결이 대한민국에서도 효력을 인정하여 원고 패소판결을 하였던 것과 달리, 일제강점기 강제동원 자체를 대한민국 헌법의 핵심가치로 보지 않는 대한민국 헌법에 정면으로 충돌하는 바 일본법원의 확정판결은 대한민국에서는 효력을 갖지 않는다고 하였다.

셋째, 강제동원 피해자들의 배상청구권에 대한 시효가 남아 있다고 하였다는 점이다. 1, 2심 판결이 징용피해자들의 배상청구권이 시효완성으로 소멸되었다고 본 것과 달리 피해자들이 이 사건을 제기할 수 없는 시점까지 권리를 행사할 수 없는 객관적 장애사유가 있었던 바, 시효가 완성되지 않았다고 보았다.

넷째, 신구회사의 법적 동일성이 있다는 점이다. 예를 들어 1, 2심판결은 구 일본제철의 배상책임을 신일철주금이 승계했다고 인정할 근거가 없다고 한 것과 달리, 자산과 인력이 이전돼 동일한 사업을 계속하였으므로 법적으로 동일한 회사라는 것이다.

다섯째, 1965년 한일청구권협정에도 불구하고 개인의 배상청구권은 소멸하지 않았다고 보았다는 점이다. 1, 2심판결에서는 1965년 한일청구권협정으로 개인의 배상청구권이 소멸하였다고 본 것과 달리, 대법원 판결은 한일청구권협정에서는 외교적 보호권을 포기한 것에 불과하며 개인의 배상청구권은 잔존한다고 보았다.

전체적으로 보면 강제동원 문제에 대하여 한일청구권 협정에서의 국가 대 국가의 논리보다는 인간의 안전(遠藤, 2019:1), 피해자 중심주의에 기초한 접근법을 취하고 있다는 점에서 주목할 만하다.

Ⅲ. 대법원 판결의 배경으로서의 '식민지'책임론

이러한 대법원의 판결은 어느 날 갑자기 나타난 것일까, "건국을 하는 심정으로"판결하였다는 일부 재판관(주심 김능환)의 우국지정이었을까. 아베정권이 의심하고 있듯이 특정 정부의 No Japan 선동의 결과, 다시 말하여 일본에서 주장하는 것처럼 반일정권이 들어서면서 돌출한 결과일까. 이를 위해서는 2000년 이후의 식민지책임 문제에 대한 사법부(대법원과 헌법재판소)의 태도를 맥락적으로 파악할 필요가 있다. 2000년 이후 한국사회는 민주적 정권교체와 더불어 과거사 청산에도 눈을 돌려 여러 가지 입법 및 행정적 조치가 취해졌기 때문이다.

일제강점기의 식민책임을 묻는 문제는 밖으로는 식민지 책임을 도외시한 한일협정과 이에 따른 청구권협정을 문제시 하고 일제 강점기를 불

법화하는 것으로 나타났다고 볼 수 있고, 안으로도 눈을 돌려 식민지지
배에 협력한 친일반민족 행위자에게도 향하여 졌다고 할 것이다.

이하 한일협정 관련 판결(한일협정 관련 문건공개판결과 한일청구권협
정 3조관련 위헌결정), 일제강점기 불법화 관련 결정('일제강점 하 친일반민
족행위 진상규명에 관한 특별법' 및 '친일반민족 행위자 재산 귀속에 관한 특별
법' 관련 헌재결정)을 소재로 식민지 책임의 규범화의 맥락을 살펴보기로
한다.

1. 한일청구권협정 관련 판결

'한일협정 관련 문서공개판결'(서울행정법원, 2004.2.14. 2002구합33943)
과 '대한민국과 일본국간의 재산 및 청구권에 관한 문제의 해결과 경
제협력에 관한 협정(이하 한일청구권협정) 제3조 부작위 위헌결정'(헌재,
2011.8.30. 2006헌마788)은 모두 강제동원에 의한 배상책임을 묻는 과정에
서 발생한 판결이다. 다시 말하여 배상청구권이 한일청구권 협정 제2조
제1항에 의하여 소멸되었는지 여부에 대하여, 일본은 이를 소멸하였다
고 하고 한국은 소멸하지 않았다고 하는 바, 이를 확인하기 위하여 한일
청구권 협정 관련 문서를 공개하여 보라는 것이고, 또 하나는 해석상 분
쟁이 있으니 한국 정부가 외교적 해결을 하라는 것이다.

1) 한일협정 관련 문선 공개판결

일본과 미국에서의 강제동원 소송에서 승소하지 못한 데에는 한일협
정에 의해 해결되었다는 논리가 지배적이었던 바, 원고 측은 그 실태를
알기 위해 한일협정 관련 문건공개 소송을 제기한다고 다음과 같이 밝히
고 있다.

"일본과 일본 기업을 상대로 손해배상청구소송을 제기하였거나 제기
하려고 준비 중인데, 일본과 일본 기업은 원고들이 입은 피해가 불법행
위로 인한 것이 아니라고 함과 아울러 우리 정부와 일본 정부가 1965년

6월 22일 체결한 한일 청구권협정에 의하여 우리 국민의 일본이나 일본 기업에 대한 손해배상청구권이 소멸되었다고 주장하고 있으므로, 손해배상청구권 소멸에 관한 그러한 주장이 필요성이 있고 피고는 원고들에게 이를 공개할 의무가 있다."

이 과정에서 우리 정부는 이에 대한 일본 정부의 의견을 물었는데 일본정부가 가급적 양국이 동시에 공개하거나 북일수교에 장애가 된다는 점을 들어 잠정 공개하지 말 것을 요청하였고, 우리 정부도 이에 동조하여 정보공개를 거부하였다.

이에 반발하여 일제 강점 피해자 99명(미쓰비시중공업과 신일본제철 강제동원 피해자, 일본군 위안부, 근로정신대 포함)은 법원에 정보공개 거부처분 취소 청구소송을 내었다. 이에 대하여 서울 행정법원은 "청구권 협정 및 합의의사록의 내용만으로는 원고들의 개인적 손해배상청구권의 소멸 여부에 관한 합치된 해석이 어렵고...(중략)...청구권 협정 해석의 보충적 수단으로서 이 문서를 이용할 필요성이 크다."고 하면서, 일본을 상대로 소송을 진행 중인 원고 53명에게 한일협정 문건 가운데 손해배상 청구권 관련 5개 문건을 공개하라며 원고 일부승소 판결을 내렸다.[6]

2) 한일 청구권협정 제3조(해석 등 분쟁 외교 외결) 부작위 위헌확인

이 사건은 기업에 강제동원된 피해자들이 제기한 것은 아니지만, 일본군에 위안부로 강제동원된 위안부 할머니들이 한일청구권협정의 문제점을 다시금 제기하며 한국정부의 적극적 외교적 노력의 필요성을 제기한

---

6 2005년 한일회담 문서공개에 따라 국무총리실 산하에 민관공동위원회의 한일청구권협정의 해석에 대한 입장도 논란이 있다. 위원회는 "일본군 위안부 문제 등 일본정부 군 등 국가권력이 관여한 반인도적 불법행위에 해대서는 청구권협정에 의하여 해결된 것으로 볼 수 없고, 일본정부의 법적 챔임이 남아있음"이라는 입장을 밝혔으나, 일본군위안부 ,원폭피해자, 사할린 피해자를 언급하고 있는데 하나의 예시에 불과한 것으로 본다면 강제동원 피해자도 포함될 수 있겠다.

사건이다.

일본군 위안부 할머니들은 일본군 위안부로서 일본에 대하여 가지는 배상청구권이 한일청구권 협정 제2조 제1항(재산, 권리 및 이익과 청구권은 완전히 그리고 최종적으로 해결)에 의하여 소멸되었는지 여부에 대하여, 일본은 소멸되었다고 주장하고, 한국정부는 소멸되지 않았다는 입장이다. 결국 한일 간에 한일청구권협정에 관한 해석상의 분쟁이 존재하므로 해석상 분쟁을 해결하기 위한 조치를 취할 의무가 한국정부에 있는데도 불구하고 한국정부가 적극적인 조치를 취하지 않은 것이 위헌이라는 것이다.

2. 친일반민족 행위자 관련법

한일 청구권 관련 판결(정보공개, 해석상 분쟁에도 불구 외교적 부작위)이 대법원 판결에서 쟁점이 되고 있는 한일청구권협정의 해석 등과 관련된 것이라면, 친일반민족 행위자 관련법에 관한 결정('친일반민족행위자 재산의 국가귀속에 관한 특별법 제2조 등 위헌소원',[7] '일제 강점하 반민족 행위 진상규명에 관한 특별법 제2조 제7호 등 위헌소원'[8])은 식민지배의 불법성을 또 다른 각도에서 확인한 결정이다.

이는 강제동원과 관련한 대법원 판결과도 일정한 맥락을 같이 한다. 강제동원 관련 대법원 판결이 일제 강점에 대한 대외적인 비판과 성찰의 표현이라고 한다면 친일반민족 행위자 관련법 및 헌법재판소 결정은 일제 강점에 대한 대내적인 성찰의 표현이라고 할 수 있을 것이다. 강제동원 대법원 판결이 식민지배의 가해자인 일본 기업의 비인도적 행위에 대한 배상책임을 묻는 것이라면, 친일반민족 행위자 재산 귀속에 관한 특별법은 일제 강점의 피해자인 한국 내에서 그 책임을 묻는 것이기 때문

---

7   헌법재판소, 2011.3.31., 2008헌바141.
8   헌법재판소, 2011.3.31., 2008헌바111.

이다.

1) 일제강점하 반민족행위 진상규명에 관한 특별법 제2조 제7호 등 위헌소원(2011.3.31. 2008헌바111)

(1) 사건의 개요 및 결정요지

이 사건은 한일합병 직후 조선귀족령에 의하여 일본정부로부터 남작의 직위를 받은 증손자인 이 아무개 등이 '일제강점 하 반민족행위 진상규명에 관한 특별법(이하 '반민규명법')' 제2조 제7호(한일합병의 공으로 작위를 받거나 이를 계승한 행위)가 인격권을 침해하며, 연좌제 금지에 위반된다고 헌법소원을 청구한 사건이다.

헌법재판소는 "반민규명법은 역사의 진실과 민족의 정통성을 확인하기 위하여 우리 사회의 민주적 숙의과정 및 공론적 토대로부터 성립되었다는 점, 이 사건 심판대상조항에서는 단순히 일제로부터 작위를 받거나 포상 또는 훈공을 받은 행위가 아니라 '한일합병의 공으로' 작위를 받거나, '일제에 현저히 협력한 행위'를 친일반민족행위로 규정함으로써 입법자가 친일반민족행위를 정의함에 있어 세심한 주의를 기울였음을 알 수 있는 점, 반민규명법에는 조사대상자 등의 불이익을 최소화하기 위한 장치가 마련되어 있으며, 친일반민족행위에 대한 진상규명 외에 조사대상자나 그 후손 등에 대한 불이익처우를 규정하고 있지 않은 점 등에 비추어 보면, 이 사건 심판대상조항은 과잉금지원칙에 위배하여 인격권을 침해한다고 할 수 없다."고 하였다.

연좌제에 해당한다는 주장에 대하여서도 반민규명법이 "친일반민족행위를 정의하고 있을 뿐이고, 반민규명법의 관련조항에서도 반민규명위원회의 조사결과를 토대로 한 보고서 작성 및 그 공개를 통하여 친일반민족행위의 진상을 규명하는 것 외에 친일반민족행위자나 그 후손에게 구체적인 불이익을 규정하고 있는 것도 아니므로, 이 사건 심판대상조항이나 이에 근거한 친일반민족행위결정이 헌법 제11조 제2항에 반하여 어떠한 사회적 특수계급을 인정하거나 창설한 것으로 볼 여지가 없음은 물론이고, 헌법 제11조 제3항의 영전1대의 원칙이나 영전세습금지원칙에 위반될 여지도 없다고 할 것이며, 헌법 제13조 제2항의 소급입법금지나 헌법 제13조 제3항이 정한 연좌제금지에 위반된다고 볼 수도 없다."고 하였다.

(2) '반민규명법' 제정의 경위

'반민규명법'은 정부차원에서 일제 강점과 결부된 반인도적 불법행위를 친일반민족행위로 개념화하고 이러한 불법행위의 진상을 조사한 후 그 결과를 사료로 남겨둠으로써 왜곡된 역사와 민족의 정통성을 바로 세우고 이를 후세의 교훈으로 삼으려는 목적 하에 발의되어, 2004년 3월 22일 법률 제7203호로 제정·공포되었다.

(3) 반민규명법의 주요내용

반민규명법은 친일반민족행위에 해당하는 행위를 제1호부터 제20호까지 열거하고 있고(제2조), 친일반민족행위의 진상규명에 관한 업무를 수행하기 위하여 대통령 소속으로 반민규명위원회를 설치한다고 규정하고 있다(제3조). 반민규명위원회는 조사대상자를 선정하고 필요한 조사를 거쳐 조사대상자의 친일반민족행위 여부를 결정하고(제4조, 제19조 등), 위원회 활동을 조사보고서로 작성하여 매년 대통령 및 국회에 보고하며(제25조), 친일반민족행위에 대한 사료를 편찬하고(제26조), 위 조사보고서와 사료를 공개하여야 한다(제27조)고 규정하고 있다.

이 사건에서 특히 문제가 된 것은 한일합병의 공으로 작위를 받거나, 식민통치와 침략전쟁에 협력하여 훈장과 표상을 받은 자이다. 친일반민족행위의 하나인 "한일합병의 공으로 작위를 받거나 이를 계승한 행위"란 다음과 같다. 1910. 8. 29. 한일합병과 함께 일본황실령 제14호로 조선귀족령이 공포되었는데, 이는 한일합병조약 제5조 "일본국 황제 폐하는 공로가 있는 한국인으로서 특별히 표창하는 것이 적당하다고 인정되는 경우에 대하여 영예 작위를 주는 동시에 은금을 준다."는 규정에 따른 후속조치였다.[9] 반민규명법 제2조 제19호는 "일본제국주의의 식민통치와 침략전쟁에 협력하여 포상 또는 훈공을 받은 자로서 일본제국주의에 현저히 협력한 행위"에 대하여 규정하였다.

2) 친일반민족행위자 재산의 국가귀속에 관한 특별법 제2조 등 위헌소원

(1) 사건의 개요와 결정요지

이 사건은 '친일 반민족 행위자 재산의 국가귀속에 관한 특별법(이하 '친일재산 귀속법')'에 의하여 토지 등을 국가로 귀속하라는 결정을 받은 민영휘 등 친일반민족 행위자의 후손들이 이 법 제2조(친일반민족 행위자 재산의 정의)~5조(친일반민족행위자 재산조사위원회의 임무)가 소급입법으로서 자신들의 재산권을 침해하였다고 헌법소원을 청구한 사건이다.

헌법재판소는 이러한 친일재산 귀속법이 소급입법에 해당하더라도 예외적으로 국민이 소급입법을 예상할 수 있는 경우에는 정당화될 수 있다고 하였다. 특히 이 사건 재산귀속조항은 "민족의 정기를 바로 세우고 일본제국주의에 저항한 3.1운동의 헌법이념을 구현하기 위한 것으로 입법목적이 정당하고, 민법 등 기존의 재산법 체계에 의존하는 방법으로는 친일재산 처리"가 어렵기 때문에 입법목적 달성을 위한 정당한 수단이라고 하였다.

---

[9]   이에 따라 1910. 10. 7. 일본정부에 의하여 76명의 조선귀족명단이 발표되었고, 조선총독부에서 이들에 대한 작위수여식을 열었다. 조선귀족 중 최고의 작위인 공작은 한 명도 없고, 후작은 6명, 백작은 3명, 자작은 22명, 남작은 45명이었다. 1911년 2월 23일에는 조선총독부에서 수작자에 대한 작기(爵記) 수여식이 열렸다. 실제로 대한제국시기의 유력한 문벌로서 일제의 대한제국 강점에 기여한 인물이라는 두 가지 요건을 모두 충족하는 인물들에게 작위가 수여되었다.

(2) 반민특별법의 제정경위

이러한 헌법재판소 결정의 대상이 된 친일재산 귀속법의 제정 필요성은 해방 후부터 줄곧 논의되어왔지만, 입법으로 이어진 데에는 2000년부터 전국적으로 확대된 '조상 땅 찾기 민원서비스'가 계기가 되었다. 이 서비스를 통하여 애초의 목적과 달리 대표적인 친일파로 알려진 이완용, 송병준, 이재극 등의 후손들도 조상 땅 찾기 반환소송을 제기하였고, 법원도 '반민족행위자나 그 후손이라고 하여 법률에 의하지 아니하고 그 재산권을 박탈하거나 그 재산에 대한 법의 보호를 거부하는 것은 법치국가에서 있을 수 없는 일'이라고 판시하여 사회적으로 큰 파장을 불러일으켰던 데서 비롯된다.

친일파 후손의 조상 땅 찾기 소송이 잇달아 승소하자 2005년 2월 24일 열린우리당 최용규 의원 등 국회의원 169명이, 14대 국회(1992.5.30.-1996.5.29.)때부터 추진되어 오던 각종 친일파 재산 환수 관련 특별법안(제14대 국회-'민족정통성 회복 특별법')을 이어받아, 제16대 국회에서 '친일반민족 행위자 재산의 환수에 관한 특별법안'을 발의하였고, 마침내 2005년 12월 7일 의결되었다.

(3) 친일재산 귀속법의 주요내용

가. 친일반민족행위자의 유형화

'친일재산 귀속법'은 이제까지 논란이 되었던 친일반민족 행위자의 개념을 '친일재산 귀속법' 규정에 의한 반민족 행위자와 위원회의 결정에 의한 반민족행위자로 유형화하였다. '친일재산 귀속법' 규정에 의한 반민족 행위자('특별법' 제2조 제1호 가목)란 을사조약, 한일합병조약 등 국권을 침해한 조약을 체결 또는 조인하거나 이를 모의한 자, 한일합병의 공으로 작위를 받거나 이를 계승한 자, 일본제국의회의 귀족원 의원 또는 중의원으로 활동한 자, 조선총독부 중추원 부의장 고문 또는 참의로 활동한 자이다. 위원회 결정에 의한 친일반민족행위자('특별법' 제2조 제

1호 나목)란 친일반민족행위 진상규명법 제2조 행위자 중 독립운동 또는 항일운동에 참여한 자 및 그 가족을 살상 처형 학대 또는 체포하거나 이를 지시 또는 명령하는 등 친일의 정도가 지극히 중대하다고 인정되는 자이다.

나. 국가에 귀속되는 '친일재산'의 요건과 친일대가성의 추정

'친일재산 귀속법'의 친일재산의 요건과 관련하여서는 일제강점기를 어디서부터 어디까지로 볼 것인가가 형식적 요건에 있어서 중요한 관건이다. '친일재산 귀속법'은 친일반민족행위자가 러일전쟁 개전시인 1904년 2월 8일[10]부터 1945년 8월 15일 사이에 취득한 재산이어야 한다.'라고 규정하여 일제강점기를 폭넓게 보고 있다.

실질적 요건으로서는 '일제에 협력한 대가'일 것을 규정하였다. 문제는 대가성을 어떻게 입증할까 하는 점이다. 친일반민족행위가 있었던 시기로부터 60년 내지 100년이 지난 시점에서 이를 입증하는 것은 용이한 일이 아니기 때문이다. 이에 관하여 '친일재산 귀속법'은 친일행위의 대가로 취득한 것이 아니라고 주장하는 자가 이를 증명하여야 한다고 하여 입증책임 전환의 법리를 적용하였다.

다. 취득 증여 등 원인행위 시에 소급하여 국가소유 및 선의취득 제3자의 보호

친일행위로 인하여 취득한 재산의 경우에도 친일반민족행위가 있었

---

10   일본은 러시아의 중국진출을 견제하려는 영국 미국 등과 동맹을 체결하고 양국으로부터 전비지원을 받으며 러시아와 전쟁을 벌이려 하였다. 전운을 감지한 대한제국 정부는 1904년 1월 21일 국외중립을 선언하고 이를 열강에 통보하였으나, 일본은 이를 무시하고 2월 9일 서울에 진주하고 2월 23일 한일의정서 체결을 강요하였으며, 이를 계기로 일본이 전략상 필요한 거점을 사용할 수 있게 되었다. 그리고 러일전쟁에서 승리한 일본은 곧바로 대한제국의 외교권을 박탈하는 을사조약을 강요하였다. 러일전쟁을 계기로 한국은 일본의 반식민지상태로 전락하였고, 식민지화의 단초가 되었다.

던 시기로부터 60년 내지 100년이 지났으므로 그간에 일어났던 거래 등을 통하여 선의로 재산을 취득한 제3자를 어떻게 보호할 것인가도 쟁점이 아닐 수 없다. '친일재산 귀속법'은 취득 증여 등 원인행위 시에 소급하여 러일전쟁 개전 시부터 1945년 8월 15일까지 취득한 재산은 국가소유로 하고, 선의의 제3자가 친일재산을 매수하여 소유권 이전등기를 마친 경우와 관련하여서는 타인소유 부동산을 취득한 것이 되어 원칙적으로는 무효이나 선의 또는 정당한 대가를 지급하고 친일재산을 취득한 제3자의 권리는 보호하는 것으로 하였다.

Ⅳ. 식민지 책임의 규범화

1. 전망

강제동원 배상 판결 이후 한국정부의 대응이 외교적으로 그다지 신속하지 못하였던 것은 사실이지만, 이상과 같이 강제동원 대법원 판결 그리고 그 배경을 보면, 특정 재판부의 돌출적인 판결 또는 특정 정권의 대일정책상의 급변침에 의한 것이라기보다는 2000년 이후 한국사회의 민주화에 따른 행정부와 입법부의 과거사 정리의 움직임, 사법부 독립의 진전에 따른 판결의 결과임을 알 수 있다.

법적 측면에서 분석한다면 이는 전체적으로는 일본 패전 후 전쟁책임의 문책 위주로 그것도 제한적으로 진행되어 오던 전후 책임에 대한 문제제기이며, 그간 도외시 되어 왔던 식민지 책임 즉 일제강점기의 반인도적 불법행위 문제에 대한 규범화의 요구라고 할 수 있을 것이다.

그래서인지 일본 정부는 종래의 입장을 바꾸어 강제동원 배상문제가 한일협정으로 해결되었다(2019년 7월 19일 일본 외무대신 담화)고 강하게 맞서고 있는 형국이다. 사실 손해배상 등 개인청구권 문제가 제기된 것은 1950년대 일본국민이 대미 개인청구권을 주장한데서 비롯한 것이고, 이때 일본정부가 샌프란시스코 강화조약에서 포기한 것은 국가의 외교보호청구권이고 개인청구권은 살아 있다는 것이었다.

이러한 일본정부의 급변침은 북일교섭을 염두에 둔 전략적 포석으로도 볼 수도 있으나, 시야를 넓혀 동아시아의 정치지형을 거시적으로 보면 일본의 전후 민주주의, 경제발전과 한국의 독재정권이라는 비대칭적 관계(권혁태, 2005)에 의해 뒷받침되었던 1965년 한일협정체제가 위기에 봉착하고 있음을 드러내고 있는 사건이기도 하다. 독재정권에 의해 봉합되었던 문제들이 분출되게 되면서 경제발전 주체로 용인되었던 기업의 반인도적 불법행위도 다시금 부상하게 된 셈이다. 식민지 책임추궁 문제를 피해자를 도외시하고 정치권과 국가 간 교섭으로 임시 봉합하였었는데, 그 봉인이 풀린 것이다.

게다가 일본회의 등 극우세력들을 정치적 기반으로 삼고 있는 아베정권으로서는 극우세력의 견제를 무릅쓰고 내린 결정 즉 '2015년 한일 위안부 합의'가 사실상 휴지가 된 부분에 대한 개인적인 배신감까지 겹쳐 있어,[11] 일본 정부가 대화의 장에 당장 나서기는 쉽지 않아 보인다. 더군다나 아베정부가 강제동원 대법원 판결을 적극적으로 활용하여 대국민 여론전에서 얻은 것도 적지 않다. 소극적 사죄외교(도의적 책임)가 공세적 혐한외교로 바꾸면서 전통적인 보수 다시 말하여 이른바 보수본류와 달리, 한반도에 대한 부채의식을 상당히 벗어난 태도를 취하고 있다. 정치공학상 아베정부로서는 어떤 의미에서는 지금의 상황이 나쁘지 않을 수 있다.

강제동원 배상은 한일청구권 협상대상이 아니라고 부정하면서도 한일

---

11 2015년 8월 14일 아베는 "우리 아이와 손자들에게 영원히 사죄의 숙명을 지게 할 수 없다"고 하며 더 이상 사죄 반성하지 않겠다는 담화를 발표한 바 있다. 나아가 무라야마, 고노담화에 대한 재검증에 나섰던 아베로서는 2015년 12월 한일위안부합의가 일본회의 등 일본 우익의 기대를 저버린 결단이었을지도 모른다.

청구권협정으로 강제동원배상문제가 해결되었다는 일본 정부 측의 논리는 그 자체로서 모순이지만, 개인청구권이 남아 있다는 한국 측의 입장과 확연한 차이를 보이고 있어 짧은 시간 안에 좁힐 수 있어 보이지는 않는다.[12]

2. 공통점과 실마리

한일 간의 확연한 입장 차이에도 불구하고 공통된 입지점이 전혀 없는 것은 아니다. 첫째, 한일 양국 법원의 강제동원 피해자들에 대한 판결의 결론이 아닌 내용상의 공통점이 있다는 것이다. 우선 양국의 법원은 개인청구권이 소멸된 것은 아니라는 점에서는 일치점을 보이고 있다. 다만 일본 법원은 개인청구권이 소멸되지 않았지만 재판을 통해서 권리구제를 받을 수 없다는 것이고, 한국 법원은 개인청구권이 소멸되지 않았을 뿐만 아니라 재판을 통해서 권리구제를 받을 수 있다는 입장이다. 나아가 일본의 법원도 입법 등 재판 이외의 방법으로 구제받을 수 있다는 입장(최고재판소 2007년 4월 27일 판결)이고, 한국 법원도 입법 등 재판 이외의 방법을 통해서 구제받을 수 있다는 길을 명시적으로 배제하고 있지도 않다(2018년 10월 30일 신일철주금상대 손해배상 청구소송, 11월 29일 미쓰비시 중공업 상대 손해배상 청구소송).

둘째, 양국 법원 모두 강제노동을 부인하고 있지는 않다는 점이다. 한국 법원의 경우 강제노동이고 손해배상을 해야 한다는 것이고 일본의 경우 강제노동이기는 하지만 배상책임을 물을 수 없다는 입장이다. 예를 들어 오사카 고등법원의 경우 실질적으로 강제노동에 해당하고 위법하

---

12 일본에서의 주장과 달리 단순한 반일 민족주의에 기초한 것이 아니라 식민지 책임의 안팎에서의 규명과 이를 통한 식민지 책임의 규범화를 위한 측면을 가지고 있다. 결국 양측의 주장과 조치의 수준과 층위가 다르다고 할 수 있겠다(길윤형: 일본은 실무적 기술적, 한국은 근본적 실존적 철학적) 임병선 ,"길윤형 '상대를 악마화하면 안 된다. 수사의 추상성 걷어내야'", 2019.08.10, 『서울신문』

여 손해배상 책임이 인정되나 샌프란시스코 조약 후의 각종 긴급입법(회사정리응급조치법, 기업재건정비법)으로 패전 후 회사에 승계되었다고 볼 수 없다는 것이다(2002년 11월 19일 오사카 고등법원). 또한 일본 기업만을 상대로 한 강제동원 소송에서는 기각이 아닌 화해판결을 내리고 있다(일본제철 한국인 징용공배상청구소송-동경지방법원 1995년 9월 22일, 후지코시 제1차 소송-최고재판소 1998년 12월 25일 등).

셋째, 양국 정부 모두 식민지 통치문제가 한일 청구권협정의 대상이 아니라는 것이다. 한일청구권 협정의 대상이 된 것은 양국 및 국민의 재산, 권리 및 이익 그리고 양국과 국민간의 청구권에 관한 것이다. 물론 식민지 통치에 대한 양국의 입장차이가 없는 것은 아니다. 일본의 경우 아베정권과 달리 전통적인 보수 정치세력의 경우 식민통치가 합법이지만 부당한 측면도 있었다는 입장이다. 그 부당성에 대해서는 법적인 책임이 아닌 도의적인 책임으로 다하려 하였는데, 이것이 우리에게 널리 알려진 무라야마 담화와 고노담화가 나오는 배경이다. 한국의 경우 이번 대법원 판결에서도 확인이 되었지만 식민지 통치는 불법이고 부당하다는 입장이다. 아무튼 이러한 입장의 차이에도 불구하고 식민지 통치 문제가 한일 청구권협정의 논의 대상이 아니었다는 점에서는 양국정부의 의견이 일치하고 있다. 아베정권으로서도 수출규제와 같은 대응조치로 전전하는 데에 한계가 있는 바, 1965년 한일청구권협정 체제의 틀 밖에서 분출되는 식민통치기의 반인도적 행위(강제노동, 위안부 문제 등)에 대한 논의가 불가피하게 되었다.

3. 대응조치의 동결과 중층적 해법의 모색

우선 당장은 한일 간의 관계를 악화시키고 있는 조치들을 거두는 것(수출규제의 취소 등)이 필요하지만, 그것이 어렵다면 더 이상의 확대조치로 나아가지 않고 우선은 조치들을 동결하는 것이 필요하다(경남대 제64차 통일전략포럼, 길윤형, 2019)는데 공감한다. 다만 개인적으로는 그 동결의 한 방법으로 일본정부가 일본 기업의 자발적 배상을 용인하는 것도 포함하여야 할 것이라 생각된다. 사실 일본정부도 일본의 사법부도 개인청구권은 소멸되지 않았으나 다만 법을 통해서 이를 구제받을 수 없다(이른바 소구가능성)고 하였으니 기업이 임의적 자발적으로 보상하는 것은 문제가 되지 않는다는 입장을 취한 바 있다. 관련 일본 기업도 니시마쓰 건설의 사례에서처럼 강제동원 이미지를 벗고 이 문제를 털고 가고 싶을 것이라 생각해 본다(호사카, 2019: 122). 대법원 판결 전 미쓰비시의 경우 피해자와 16회에 걸쳐 교섭을 실시하였으며, 일본제철의 경우 주주총회에서 대법원 판결 준수의지(2012년 6월 26일)를 밝힌 바 있으나, 강제동원 배상판결의 원고 측이 피고 측(일본제철, 미쓰비시 중공업)을 방문했을 때 대의명분일 수 있으나 "한일청구권협정 및 이에 관한 일본 정부의 견해, 일본의 확정판결과 부합하지 않은 내용"이어서 협의요청에 응하지 않았다고 한 바 있다. 실제 엄격한 요건을 충족해야 하는 소송을 감당할 만한 피해자의 수도 그리고 그 결과 지급해야할 배상금액의 액수도 해당 기업이 감당할 수 없을 정도인지도 의문이다. 공은 일본 기업에 넘어간 것이다. 그런 의미에서 일본 정부는 일본 기업에 대한 강압적 메시지를 일차적으로 거둘 필요가 있다.

　두 번째는 정경분리의 원칙에 따라 다양한 협의를 진행할 필요가 있다. 특히 재판 이외의 해결방법들의 완성도를 높이는 노력이 필요하다. 한일관계는 역사문제로 관계가 어려워질 때마다 정경분리의 원칙에 따라 관계를 유지해 왔다(경남대 제64차 통일전략포럼, 이원덕, 2019). 재판 이외의 방법으로는 우선 입법을 통한 관계개선과 해결책의 모색을 생각해 볼 수 있다. 이미 여야의 국회의원들이 일본 야당의원들과 '강제징용 배상법'의 공동발의를 제시한 바 있다. 홍일표 한국당 의원을 비롯한 여야 의원들도 2019년 7월 스페인에서 열린 국제의원연맹 회의에서 일본 야당의원들과 만나 '양국 정부 및 기업 출연 기금을 통한 배상'입법의 동시

추진에 뜻을 모은 바 있다.[13] 그러나 이러한 제안은 일본의 야당의원들과의 부분적 합의일 뿐만 아니라 일본 야당의원들의 적극적인 움직임이 수반되고 있지 않다는 점에서 범위를 넓힐 필요가 있다고 생각된다. 이 경우 원고 중심의 선별적 피해자 구제정책이 아니라 강제동원 피해자 전체(군인, 군무원, 일본기업 관련 자료가 없는 피해자 등)를 포괄하여야 할 것이다(경남대 제64차 통일전략포럼, 정혜경, 2019).

재판 이외의 방법 중 기금방식의 해결[14] 방법도 주목을 끈다. 1＋1(양국 기업의 자발적 출연)과 그 변형으로서의 1＋1＋α(한국정부의 개입) 그리고 2＋2(양국정부와 양국 기업의 자발적 출연)와 2＋2＋α(국민 참여)등이 그것이다. 1＋1의 경우 민사책임의 문제로 단순화시킨다는 점에서는 장점이 있으나 책임이 없는 한국기업이 출연금을 내는데 참여시키려 하고 있어 설득력이 높지 않을 뿐만 아니라 일본정부가 일본기업의 참여를 용인하는 것이 전제가 되어야 할 것이다. 2＋2는 한국변호사협회와 일본변호사연맹이 공동제안하고 2017년 6월 13일 한국국회에 '일제강제동원 피해자 인권재단 설립에 관한 법률안'으로 구체화되었다. 최근에는 '한국은 적인가'라는 성명서로 유명해진 일본의 시민단체에서 개인청구권의 용인을 전제로 한 2＋2가 제안되고 있다(和田春樹外, 2019).

그런데 이러한 제안은 기본적으로 대법원 확정판결 이전(패소가능성 등을 염두에 두고)에 나온 것으로 현재는 그때와 달리 판결로 그 책임자가 명확해 진 바, 상황적 전제가 많이 달라졌다는 약점을 가지고 있다. 또한 아베정권이 일본 정부 출연에 동의하기 어렵다는 점에서 현실성은 그다지 높아 보이지 않는다. 2＋2＋α(국민 참여)의 경우 일본정부와 기업의

---

13 김윤호. "국회도 포기한 한일관계…강제징용 배상법 등 진척 없어," 『브릿지경제』, 2019.11.3.

14 독일의 '기억·책임·미래 재단'의 경우 미국에서의 소송을 계기로 반인도적 행위에 대한 책임을 지는 형태로 만들어졌으나 가해국인 독일 정부와 기업이 주요한 출연자였다.

책임을 면제하였을 뿐만 아니라 대법원 판결의 취지를 왜곡한다는 약점과 비판이 있다.

해결의 실마리를 한일 양국 간에서 찾지 말고 국제사회로 시야를 넓혀 보자는 의견도 있다. 예를 들어, 강제동원 대법원 판결 등의 근원에 있는 한일청구권협정의 해석과 관련하여 중재위원회(한일청구권협정 제3조)에 회부하고 시민사회가 이를 감시하여 가는 방안(예를 들어 동아시아 진실화해위원회)도(하종문, 2015)도 생각하여 볼 수 있을 것이다. 그러나 강제동원 자체를 부정하는 일본을 상대로 중재위원회에 회부해 강제동원문제가 청구권협정의 대상인지 여부를 묻는 것이 중재의 주제로서 적절한지 의문이 아닐 수 없다. 또 국제사법재판소에의 제소도 생각하여 볼 수 있겠다(경남대 제64차 통일전략포럼, 이원덕, 2019). 그러나 국내 법원과 달리 국제사법재판소는 상호주의 원칙과 분쟁당사국의 선언이 일치하는 범위 내에서 관할권이 인정(국제사법재판소법 제36조 2항)된다는 점에서 선택지가 될 가능성은 그리 높아 보이지 않기도 하다.

셋째, 경우에 따라서는 타협적인 봉합보다는 상황을 상호관리하면서 근본적이고 장기적인 모색도 염두에 둘 필요가 있다. 모색의 출발점으로는 식민지 지배 책임 및 그 연장선상에서 청구권협정에 대한 공동연구를 생각해 볼 수 있을 것이다. 영국 정부의 케냐식민통치기의 비인도적 범죄행위에 대한 협상 결정(2013년), 네덜란드 법원의 식민지배기 인도에서의 민간인학살에 대한 배상판결(2011년), 이탈리아 정부의 리비아에 대한 50억 달러의 식민통치 배상(2008년), 독일에 의한 나미비아 선주민족 학살에 대한 사죄(2004년), 미국에 의한 하와이 합병 사죄(1993년) 등 세계적으로도 식민지배 과정에서의 비인도적 행위에 대한 책임(淸水正義, 2009: 51-58) 즉 식민지책임을 묻는 사례와 연구(永原陽子, 2009: 11)가 이어지고 있다. 강제동원 판결은 "식민지배는 불법임을 규범으로 만들어 가자고 권유하는 부분(정영환, 2019: 3)"이 있으며, 이러한 세계사적 흐름과 일치하는 측면이 있다고 생각된다. 이러한 공동연구는 한국으로서는 대법원 강제동원 판결을 정신을 살리는 실마리가 될 것이며, 일본으로서는 한일협정에도 불구하고 분출하고 있는 강제동원 문제를 해결할 수 있는 시간과 여유 공간을 마련하는 것일 것이다.

나아가 논란이 되고 있는 한일기본조약에 대한 공동연구도 병행되어야 하겠다. 이 경우 출발점은 한일기본조약 제2조에서는 "1910년 8월 22일 이전에…(중략)…이미 무효가 되어야 할 것이다"고 규정하고 있는데, '이미 무효(already null & void)'라는 표현에 대하여 일본 측은 1945년 패전까지는 합법이었다고 주장하나 한국 측은 원천적으로 무효라고 해석하여 왔다.

국제법의 규범 환경의 변화(식민지배 하의 반인도적 불법행위에 대한 책임 추궁 움직임) 그리고 대법원 판결이 시사하는 바를 교훈 삼는 다면, 과거와 같은 국가 중심주의 접근법이 아닌 피해자 중심주의 접근법이 필요하며, 학계와 시민사회가 중심이 되는 것도 하나의 방법일 수 있겠다.

참고문헌

1. 법률 자료

대한민국과 일본국 간의 재산 및 청구권에 관한 문제의 해결과 경제협력에 관한 협정 제
  3조 부작위 위헌확인(헌재 2011.8.30. 2006헌마788).

일제강점하 반민족행위 진상규명에 관한 특별법 제2조 제7호 등 위헌소원(헌재 2011.3.31.,
  2008헌바111).

일제 강제동원 피해자의 일본기업을 상대로 한 손해배상 청구사건(대법원 2018.10.30. 선고
  2013다61381).

일제 강제징용사건[15](대법원 2012.5.24. 선고2009다22549/대법원 2012.5.24. 선고 2009다6862).

정보공개거부처분취소(서울행정법원 2004.2.13. 선고 2002구합33943).

친일반민족행위자 재산의 귀속에 관한 특별법 제1조 등 위헌확인(헌재 2008.7.1.2008헌마
  383-각하).

친일반민족행위자 재산의 귀속에 관한 특별법 제2조 등 위헌소원 등(헌재 2011.3.31. 2008헌
  마141 등-기각).

2. 단행본

길윤형. 2017, 『아베는 누구인가』(서울: 돌배게).

남기정 엮음. 2017, 『일본 정치의 구조변동과 보수화』(서울: 박문사).

대한변호사협회/일본변호사연합회. 2013.8.30., 『일제피해자 문제 이렇게 해결하자 심포지
  엄-헌법재판소 부작위 위헌확인 결정 2주년을 기념-』(서울: 대한변호사협회).

민주사회를 위한 변호사 모임/한국정신대문제대책협의회, 2011, 『일본군 '위안부'-헌법재
  판소 결정의 의미 및 향후 대응방안 모색-』(서울: 민주사회를 위한 변호사 모임).

호사가 유지. 2019, 『아베 가는 왜 한국을 무너뜨리려 하는가』(서울: 지식의 숲).

永原陽子. 2009, 『「植民地責任」論-脱植民地化の比較史』(東京: 青木書店).

---

15 불법행위 손배책임은 청구권협정 내용에 포함 안 됨.

3. 논문

강병근. 2013, "심각한 인권 침해를 이유로 제기된 불법행위청구소송과 국제법의 발전방향," 『국제법학회논총』, 58호 1권.

권혁태. 2005, "일본의 헌법개정과 한일관계의 비대칭성," 『창작과 비평』, 33호 3권.

김창록. 2018, "일본군위안부 문제, 지금 어디에 있는가?," 『황해문화』2018년 6월호,

_____. 2007, "한국에서의 한일과거청산소송," 『법학논고』, 27호,

_____. 2015, "한일청구권협정에 의해 해결된 권리," 『법학논고』, 49호.

신희석. 2012, "2011년 8월30일 헌법재판소 결정 준수를 위한 정부의 대일외교 -헌법상 인권보호 의무 이행을 위한 중재제도를 비롯한 국제법적 조치의 활용 가능성 고찰-," 『법학연구』, 22호 3권.

주진열. 2018, "1965년 한일 청구권협정과 개인청구권 사건의 국제법적 쟁점에 대한 고찰 -대법원 2018.10.30.선고 2013다61381 전원합의체 판결을 중심으로-," 『서울국제법연구』, 25호 2권.

최영호. 2012, "한국대법원의 개인청구권 판결과 한일관계," 『한일시평』, 270호.

하종문. 2015, "최근 한일관계와 식민지 책임의 추궁," 『한일민족문제연구』, 제28호.

遠藤比呂通. 2019, "2019·8·15と戦後責任," 『法律時報』, 91호 9권.

清水正義. 2009, "戦争責任論から『植民地責任』へ," 『「植民地責任」論-脱植民地化の比較史』.

和田春樹外. 2019, "個人請求權の日韓認容を共通の基盤に和解基金の設立を提案する," 『現代の理論』, 2019년 봄호.

4. 언론 보도

김창록. 2019.8.2, "'강제징용'이 아니다, '강제동원'이다," 『오마이뉴스』.

_____. 2019.8.4, "청구권협정, 파탄 직전이다," 『한겨레신문』.

정영환. 2019.8.14, "아베, 한국을 2015년으로 되돌리려 해...'타협적 화해'는 위험," 『한겨레신문』.

우쓰노미야 겐지. 2019.7.22, "전 일본변협회장 '강제징용 대법원 판결은 폭거 아닌 상식'," 『한겨레신문』.

5. 기타 자료

경남대 극동문제연구소. 2010.8.8, 제64차 통일전략포럼(이하 경남대 제64차 통일전략포럼) 『한일관계 어떻게 풀어야 하나?』.

林博史. 2017, "日本軍慰安婦問題の阻んできた東アジアの冷戰構造," 일본군위안부연구회 한일심포지엄 『동아시아 시각에서 본 일본군 위안부 문제-그 뿌리와 속성-』.

2장

정치적 문맥에서 본 한일관계

이원덕

국민대학교 국제학부 교수

IFES

경남대 극동문제연구소
국제관계연구 시리즈 35

I. 최근 한일관계에 대한 현상 진단

2010년대 이후 한일관계 악화는 장기적으로 지속되고 있다. 최근 들어 한일관계가 크게 악화된 시기를 2012년으로 보는 견해가 많은데 그해 주목할 만한 세 가지 사건이 있었다. 첫째는 이명박 전 대통령의 전격적인 독도방문이고, 둘째는 일본 천황에 대한 식민지배 사죄 요구 및 일본의 국제정치적 지위하락에 대한 평가 발언이고, 셋째는 징용 피해자에 대한 일 기업의 배상책임을 인정한 한국 대법원의 강제징용 판결이다. 일본 국민은 특히 이명박 대통령이 천황에 대해 과거사 사죄 요구를 한 것에 대해 크게 반발했고 대법원의 판결도 이후 한일관계에 큰 악영향을 줄 것으로 여겨졌다.

이 상황에서 한일관계가 한층 악화되어 그야말로 최악의 국면으로 떨어지게 된 것은 2018년 말부터라고 할 수 있을 것이다.[1] 2018년 11월, 한국정부는 위안부 합의로 출범한 화해치유재단에 대해 일방적인 해산결정을 내렸다. 이에 앞서 2018년 10월 30일에는 일본 징용기업의 피해자에 대한 법적 배상을 명령한 강제징용 대법원 판결이 확정되었고, 일본은 이에 격분한 나머지 불만과 반발을 노골화하게 되었다. 결국 한마디로 한일관계를 최악의 상황으로 빠뜨린 도화선은 징용재판이라고 할 수 있다.

최근 한일관계에서 주목되는 현상은 일본 국민 사이에 혐한 기류가 심각하게 강화 되고 있다는 점이다. 2000년대 이래 일본국민의 한국에 대한 호감도는 50-60%를 상회했으나 2012년 이후 30%대로 떨어졌고 2018년 이후 호감도는 더욱 급락하고 있는 추세이다. 한일관계 갈등이

---

[1] 최근의 한일관계는 1965년 수교 이래 최악이라고 일컬어지고 있다. 한 때 외교관계 단절까지 검토되었던 1970년대 중반 김대중 납치사건, 문세광의 대통령 영부인 저격사건 시의 한일관계와 비교되고 있는 실정이다.

정부 간 관계에 그치지 않고 국민 대중의 감정에까지 파고들고 있는 상황이라는 점에서 심각성이 존재한다. 일본인의 혐한 감정은 어느 때 보다 높아지고 있고 한국 국민의 반일감정, 정서도 고조되고 있다. 통계에 따르면 한국 국민과 일본 국민의 절반이 상대국에 대해 비호감을 보이고 있다.[2]

양국의 국민감정을 더욱 부추기고 갈등을 조장하는 데 미디어가 큰 역할을 담당하고 있다는 점은 널리 지적되고 있다. 일본의 미디어는 문재인 정부를 '친북 반일 정권'이라는 프레임으로 보도하는 경향이 농후하다. 한편 한국의 미디어는 '아베 악마화' 프레임으로 아베 정부의 역사정책, 외교안보 정책, 교육정책 등에 초점을 맞추어 비판적으로 보도하는 경향이 있음을 부정하기 어렵다.

과거 한일관계는 일본의 과거사 도발에 대해 한국이 공세를 취하고 일본이 수세적으로 방어하는 양상이 지배적이었으나 최근 들어서는 일본이 오히려 위안부, 징용문제들 들어 공세적인 태도를 취하고 이에 한국이 방어를 하는 상황이 벌어지고 있다. 즉, 한일 간 공수가 전환되고 마치 가해자-피해자 관계가 역전된 것과 같은 착각을 일으킬 정도로 한일관계의 전개양상이 이전과 180도 달라졌다.

이러한 상황에서도 올 8월까지의 통계를 보면 한일 간 인적 왕래는 여전히 건재한 상황이다. 한국에서 일본을 방문한 인원은 2018년의 경우 약 750만 명인데, 일본에서 한국을 방문한 인원은 약 270만 명으로 한일 간 인적왕래의 불균형은 여전히 존재한다. 일본의 경제보복 조치 이후 시민사회에서 벌어지고 있는 일본제품 불매운동 및 일본 안가기 운동의 영향으로 9월 이후 일본 방문자 수는 격감할 것으로 예상된다. 한일관계의 악화에도 불구하고 일본의 젊은 세대 내 K-Pop 등 한류에 대한 열풍

---

2   (재)동아시아연구원 · 言論NPO. 2018, 『제6회 한일국민상호인식조사 한일비교 분석 결과보고서』.

은 여전히 존재하고 있다는 점은 흥미로운 요소이다. 10대-20대 젊은 세대는 상대적으로 정치 외교적 이슈에 무관심하거나 적게 영향을 받는 것으로 해석할 수 있다.

종래에는 독도, 망언, 위안부, 야스쿠니 등 일본발 역사문제가 한일 갈등에 원인을 제공하는 측면이 많았으나 최근에는 한일관계 쌍방에서 전방위적 갈등이 양산되고 있는 양상이다. 위안부 문제와 징용 문제의 경우, 갈등의 촉발자 역할을 했던 것은 한국 사법부라고 할 수 있다. 즉, 2011년 헌법재판소는 위안부 문제가 기본적 인권의 문제임에도 불구하고 한국정부가 이를 해결하기 위한 노력을 경주하지 않은 것은 '부작위 위헌'이라고 판결했다. 이어 2012년 대법원은 강제징용 피해자들에 대해 해당 일본기업은 불법행위에 따른 배상을 지불해야 한다고 판시하였고 2018년 10월 이를 재확인하는 최종판결이 내려졌다.

징용재판의 결과에 대한 한국 측의 무책에 대한 반발로 일본은 마침내 수출규제 강화라는 보복적 조치를 내렸고, 한국은 이에 대한 대항조치로 한일군사정보보호협정(GSOMIA) 종료 결정이라는 강수를 두었다. 이제 한일관계 갈등 전선은 과거사 문제에서 외교적 갈등으로 외교에서 경제로, 경제에서 안보 분야로까지 확산되고 있는 양상이다.

한편, 한일 갈등의 일본 측 원인은 아베 정부의 이른바 우경화정책과 그에 대한 한국의 반발이라고 할 수 있다. 아베 정부는 2012년 말 집권한 이래 평화헌법의 개정, 집단자위권의 용인을 허용하는 법제의 도입, 역사 수정주의적인 정책추구, 독도에 대한 주권주장의 강화를 추구하고 있는데, 이는 한국의 강열한 반발과 저항을 초래하고 있다.

Ⅱ. 한일관계 4대 갈등 사태의 분석

1. 위안부 합의 문제

문재인 정부 출범 이후 한국은 2015년 12월 위안부 합의의 사실상 사문화(형해화)를 시도해왔다. 아베 총리는 합의의 준수와 이행을 요구하였고 문 대통령은 기회가 있을 때마다 피해자들과 국민들이 이 합의에 납득하지 못하고 있다는 이유를 들어 합의에 대한 비판과 불만을 제기하였다. 문재인 정부 출범 후 설치된 〈위안부 합의 검토 Task Force〉는 위안부 합의가 절차적으로도 내용적으로도 잘못되었다는 결론을 내렸고, 이 결론에 따라 정부는 한일합의에 의해 설립된 화해치유재단에 대해 결국 일방적 해산조치를 내렸다. 아베 정부는 이에 크게 반발하고 거듭된 항의를 해왔다. 아베 총리 개인 입장에서 보면 한국과의 우호협력관계를 유지하기 위해 일본국내 우익, 보수 세력의 저항을 누르면서 한국과 어렵사리 타협했음에도 불구하고 신정부가 합의를 사실상 파기하려고 하는 것에 대해 배신감과 분노를 깊이 품게 되었다. 이는 아베정부의 대한국 불신을 강화하는 요소로 작용하였다.

그러나 중요한 것은 문재인 정부가 위안부 합의 파기, 재협상 요구하지 않겠다고 확언한 부분이라고 생각한다. 즉, 합의의 절차나 과정 그리고 내용에 여러 문제가 있음에도 불구하고 문재인 정부로서는 이 합의를 파기하거나 일본 측에 재협상을 요구하지는 않는다는 점을 분명히 했다. 따라서 일본 측의 불만에도 불구하고 위안부 문제가 한일 정부 차원의 새로운 외교 갈등 이슈로 부상할 가능성은 상대적으로 적어졌다는 사실은 분명하다.

2. 징용재판 문제

징용 문제는 당분간 한일관계의 악화를 심화, 확대 재생산시킬 수 있는 최대 악재로 볼 수 있다. 일본정부나 기업은 대법원의 판결에도 불구하고 배상금을 지불할 의도가 없고 대법원 판결이 한일 청구권 협정의 위반이라고 해석하고 있다. 따라서 한국투자 일본 기업의 자산에 대한 압류조치 등 강제집행 과정에 대해 크게 반발하고 있고, 이에 대한 대항조치를 강구해야 한다는 강경한 입장을 견지하고 있다.

한편 한국정부는 대법원의 재판이 민사재판이므로 정부가 관여하는데 한계가 있으며, 3권 분립 원칙하에 대법원이 내린 결정에 정부가 개입하는 데는 한계가 있으므로 일본기업은 배상에 응해야 한다는 원칙적 입장을 견지하고 있다. 다만 올해 6월 19일 한국정부는 한국의 청구권 수혜기업과 일본 측의 징용기업이 자발적 출연에 의한 자금으로 대법원 판결에 따른 배상의무를 이행한다는 것을 전제로 한일 정부 간 협의를 개시하자고 제안했다. 그러나 일본 측은 즉각적으로 이를 거부했다. 이후 한일 정부 간 협의는 재개되지 못한 채, 대립이 답보상태를 유지하고 있는 상황이다.

징용문제를 둘러싼 갈등은 장기적으로 지속될 가능성이 클 뿐만 아니라 한일관계를 대결 국면으로 끌어갈 최대의 악재임에도 양국의 협상에 의해 문제가 해결될 가능성이 별로 크지 않다는 점이 우려된다. 징용문제 해결 없이 한일관계 개선은 사실상 어렵다고 생각된다.

3. 해군 간의 갈등

2018년 말 징용 재판과 더불어 한일관계를 악화시킨 또 하나의 악재는 제주 관함식 욱일기 파동과 일본 초계기 화기관제 레이더 사건이라고 할 수 있다. 제주 관함식에 욱일기를 게양한 해상자위대의 참가가 우리 당국에 의해 거절되자 일본 측은 크게 반발하였다. 과거 유사한 행사참가에는 욱일기가 문제되지 않다가 갑작스런 거절 의사 표명에 일본 측은 큰 불만을 표출했다. 한국 측은 국내 정서 및 여론을 고려할 때 욱일기를 단 자위대 함정의 입항은 곤란하다는 입장을 전달했고 일본은 관함식에 불참했다.

또 하나는 레이더 갈등 사건이다. 동해 해상에서 조난 중인 북한선박을 구조하기 위해 출동한 한국 구축함과 일본 초계기가 근접하는 상황에서 한국이 사격관제 레이더를 조준했다고 주장하는 일본과 한국 구축함에 일본 초계기가 근접비행 함으로써 위협을 가했다는 한국 측 주장이 팽팽하게 맞서는 갈등이 지속되었다. 한국 국방부와 일본 방위성은 몇 차례에 걸쳐 보도문 발표와 기자회견을 통해 자신의 입장을 주장함과 동시에 상대방의 입장을 반박하는 이례적인 상황이 몇 달째 이어졌다.

실제로 청와대의 인식은 일본 측이 우리 해군이 사격관제 레이더를 조준하지 않았음에도 불구하고 일본이 국내정치적 이용 목적으로 자기주장을 반복하고 있다는 것이고, 반면 일본 총리 관저는 한국 측이 레이더 조사를 했음에도 그 사실을 부인하고 있다는 인식이 존재한다.[3] 사실상 한일 양국 해군 사이에 발생한 해프닝적인 사고임에도 불구하고 정치적 대립으로 비화되었다는 것은 매우 특이한 일이다. 더욱이 한국 해군과 일 해상자위대 간의 교류와 협력의 경위를 생각할 때, 이 사태는 예외적인 것으로 해석된다.

이러한 사태들은 한일관계를 악화시킨 원인이라기보다는, 오히려 한일관계의 악화로 인해 발생한 결과로 해석하는 것이 타당할 것이다. 즉, 한일 정부 간 불신이 최고조에 달해 있기 때문에 발생한 해프닝적인 사고라고 할 수 있다. 당국 간 진지한 실무 대화가 있다면 얼마든지 단기적으로 수습할 수 있는 일임에도 최고 지도부간의 외교적 대립 사안으로 장기화되었다는 것 자체가 매우 이례적이다.

4. 대북정책에 대한 온도차

문재인 정부는 출범 후부터 대북정책을 대화와 협력의 방향에서 추진

---

3   남관표 주일대사 및 주한일본대사관 정무공사와의 면담

하였고 마침내 세 차례의 역사적인 남북정상회담을 개최하였다. 더 나아가 세 차례의 북미 정상회담을 견인하는 획기적인 대북 이니셔티브를 지속적으로 발휘했다. 이러한 과정에서 일본은 소외되거나 무시되는 상황이 이어져 왔다. 이는 '제팬패싱론'이라고 일컬어지고 있다.

한편 아베정부는 문재인 정부의 대북접근과 비핵화 협상을 한편으로 평가하면서도 다른 한편으로는 북한체제와 북핵 문제에 대한 깊은 불신을 지니고 있어 문재인 대통령의 대북정책을 너무 나이브한 것으로 보는 회의적인 시각을 가지고 있다. 북한 핵-미사일 문제의 해결이라는 공통의 목표를 가지고 있음에도 불구하고 한국과 일본은 대북 접근에 대한 온도차를 여전히 보이고 있으며 대북정책의 수단과 방법에 있어서 크나큰 차이를 보이고 있다.

북한 핵문제를 풀기 위해서는 한국은 북미, 남북한 간의 대화와 협상을 우선하고 있고 일본은 제재와 압박을 통해 북한을 변화시키는 쪽에 더 큰 비중을 두고 있다. 이러한 입장 차이는 또 한편으로는 한국이 민족문제로서의 북한문제와 북핵 문제를 동시에 안고 있는데 반해 일본은 안보문제와 납치문제, 전후처리 문제라는 시각으로만 북한을 바라보는데서 오는 차이이기도 할 것이다.

Ⅲ. 한일관계 이완의 구조적 배경

2010년을 전후하여 한일관계를 규정하는 국제정치적 요소에 커다란 변화가 도래하고 있다. 물론 이러한 변화는 수년 동안 급격하게 단기적으로 진행되었다기보다는 냉전체제의 붕괴 이래 1990년대부터 장기적인 시간 축 속에서 지속되어 온 추세적인 변화로도 볼 수 있다. 21세기 들어 동아시아 국제질서는 바야흐로 미중 양강 구도로 급속도로 재편되고 있다. 즉, 21세기 동북아 국제질서는 상대적인 힘의 저하 속에서도 여전히 초강대국의 지위를 유지하고 있는 미국과 강대국으로 대두하는 있는 중국, 양국 중심으로 새롭게 형성되고 있다. 한일관계를 이완시키는 구조적 배경은 세 가지이다.

1. 냉전의 종식과 동아시아의 신 정세

냉전 종식 이후 한일 관계의 갈등은 오히려 증폭되었다. 냉전 시기 한일 간의 결속을 강화시켰던 요인은 미국의 동아시아 전략 하에서의 반공 연대였다. 미국은 냉전 체제 하에서 한국과 일본의 긴밀한 협력을 기반으로 하여 대 공산권 봉쇄전략을 추진해왔다. 이러한 국제정세 하에서 한일 간의 독도 및 역사인식을 둘러싼 갈등은 잠복될 수밖에 없었다. 그러나 냉전체제의 붕괴로 그 동안 잠재되어 있던 민족주의적 갈등 요소는 여과 없이 표면으로 분출하게 되었다.

2010년을 전후로 하여 동북아시아의 국제질서는 지각 변동을 맞이하게 되었다. 중국의 강대국으로서의 급부상과 일본의 상대적 힘의 쇠퇴 그리고 중견국으로서 한국의 등장이 그것이다. 동아시아에서 미중 양강 구도의 등장은 한일관계의 성격 변화에도 큰 영향을 미치게 되었다. 2012년 이후 격심한 한일, 중일 간의 대립과 마찰이 벌어진 것은 동아시아의 세력전이 현상과 더불어 한국과 중국의 정권교체가 동시 진행하면서 나타난 세력균형의 유동화 때문이라고 할 수 있다.

2. 한일 간 정경 네트워크의 단절

한일 양국관계의 측면에서 보면 한일 간에는 정치인, 경제인의 인적 채널 및 네트워크에서 급격한 변화가 초래되었다. 이러한 현상은 90년대 이후 양국의 잦은 정권 변동과 정치인의 세대교체에 의해 더욱 심화되었다. 특히 한국의 권위주의 정권하에서 형성 유지되어 왔던 정치인 간의 비공식 인맥관계는 단절되었다. 1965년 국교수립 후 한일 정치인 간에는 수많은 공식, 비공식적 채널이 잦은 회합이나 긴밀한 의견교환을 통해 민감한 정치현안이나 갈등 사안이 막후에서 조정·타협되는 경우가 많았다. 이러한 인적 네트워크는 점차 약화되었고 2000년대 이후에는 더 이상 작동하지 않게 되었거나 그 의미를 상실하였다. 정치인 간의 교류나 접촉기회가 상대적으로 줄어들었을 뿐만 아니라 갈등 발생 시 문제 해결 능력은 급격하게 떨어졌다. 한일관계는 더 이상 특수한 관계가 아닌 보통의 양자관계로 변화되었고 양국 간 현안은 한일의 정치, 경제엘리트가 더 이상 조정할 수 있는 수준을 넘게 되었다. 반면 시민사회, 지방자치체, 기업 차원의 교류는 폭발적으로 증대했다. 이처럼 한일관계가 어떤 의미에서 보통의 관계로 변화되면서, 갈등을 수습하고 완화시켜 줄 수 있는 정치적 매커니즘은 더 이상 작동하지 않게 되었다.

3. 한일관계의 수평화

한일 간의 양자관계가 수직적인 관계에서 수평적인 관계로 점차 이동하고 있다는 점 또한 양국관계를 이완시키는 요소가 되고 있다. 1960년대 이래 한국은 지속적인 고도성장으로 마침내 선진경제로 도약했으며, 한편으로 80년대 후반 이래 정치사회적 민주화의 성과도 착실하게 달성하였다. 1990년대 한국의 OECD가입은 한국이 선진국의 일원으로 진입했음을 상징적으로 보여주었다. 한국이 비교적 단시일 내에 정치적 민주화와 경제성장을 동시에 이룩함에 따라 국민들은 국력신장을 바탕으로 보다 당당한 외교를 요구하는 목소리가 강화되었다. 권위주의 정권이 한국을 지배하던 시대만 하더라도 한일 간의 역사문제가 뜨거운 외교 쟁점으로 등장하는 일은 상대적으로 많지 않았던 반면, 국력신장과 민주화가 동시 진행되면서 대일 자세는 큰 변화를 겪게 되었다. 민주화 이후 한국 정부는 폭발적으로 표출되는 국민들의 대일 감정을 적극적으로 옹호하거나 경우에 따라서는 국민의 대일감정을 활용한 강성 대일 정책을 추진하게 되었다. 특히 민주화와 정치권의 세대교체에 따라 영향력이 강화된 한국의 젊은 세대는 인터넷 매체를 통해 강렬한 민족주의적 정서를 표출하며 대일 정책에 있어서 강경 여론을 주도하고 있다고 해도 과언이 아니다.

4. 일본의 국내적 요인

일본 국내적 요인도 간과할 수 없다. 90년대 후반 이후 일본의 정치적 지형은 보수우경화가 날로 강화되어온 것으로 파악된다. 일본에서는 이제 평화헌법 개정론이 대세로 자리 잡고 있으며 자위대의 보통 군대화 움직임 또한 당연한 변화로 인식되고 있다. 수상 및 각료의 야스쿠니 참배에 대한 비판 움직임도 상당히 무뎌졌다. 국민의 역사인식도 2000년대 이후 점차 보수적인 방향으로 회귀하고 있는 것이 일본의 현 주소다. 이러한 경향은 한마디로 평화국가로부터 군사적 보통국가로의 탈바꿈이라고 할 수 있는데, 일본국민은 큰 저항 없이 이를 받아들이고 있다.

일본의 국가주의화 경향은 정계의 세대교체에 크게 영향을 받았다. 전후세대 정치인들은 미일동맹 중심의 강성 외교안보 정책의 추진을 주도하고 있으며, 이 과정에서 한국, 중국 등에 대한 근린 외교의 비중이 약화되었다. 이러한 상황에서 독도문제나 역사마찰로 인한 한일관계 악화는 이들에게 심각한 외교현안이 되지 못한다. 전후세대 일본인들은 역사의 속박으로부터 자유로우며 일반적으로 과거 식민통치와 아시아 침략 역사에 대한 속죄의식을 지니고 있지 않다. 따라서 영토문제나 역사인식 문제에 대해 거침없는 발언과 행동을 취하는 경향이 농후하다.

이러한 경향은 2009년 민주당 집권기 잠시 주춤했으나 2012년 아베 정권의 등장으로 말미암아 정점에 달한 느낌이다. 아베가 이끄는 자민당은 두 번의 중의원 선거와 세 번의 참의원 선거에서 압도적인 승리를 거두며 일본정계를 사실상 총보수화 일색으로 변화시켰다고 해도 과언이 아닐 것이다. 일본의 국가주의화 경향에 대해 견제 역할을 담당했던 이른바 진보-리버럴 세력은 고령화, 약체화되었고 야당은 지리멸렬하였다. 게다가 정계의 이러한 보수화 추세에 대해 일정한 비판과 자정기능을 수행해 왔던 시민사회 세력도 상대적으로 크게 약화되었다.

Ⅳ. 한일관계 악화의 직접적 원인

2012년 이래 한일관계는 급속히 악화되었는데 그 원인은 한마디로 말하자면 양국 지도층 간의 소통 부재와 양국의 미디어 보도를 경유하여 나타난 국민 레벨의 극단적인 상호인식의 확산에서 찾을 수 있다. 말하자면 한일관계의 극단적인 악화는 존재론적인 차원의 문제라기보다는 인식론적인 차원에서 발생하고 있는 것이다. 더욱 우려되는 것은 지나치게 단순화된 인식론의 횡행 속에서 양국의 외교정책에서 핵심적으로 중요한 전략적인 관점이 무시되거나 전략적인 사고의 영역이 점차 설 땅을 잃어가고 있다는 점이다.

1. 한일의 어긋난 상호인식

한국 국민은 한마디로 아베 총리가 통치하는 일본이 위험한 우경화의 길로 치닫고 있다고 인식하고 있다. 아베는 2012년 말 자민당 총재경선 과정에서 일본군 위안부와 관련된 고노담화 철회 가능성을 언급하였고 무라야마 담화를 수정하여 새로운 역사담화를 내놓겠다고 발언하였다. 이와 더불어 그는 일본의 전후 정치에서 조심스럽게 다뤄져 왔던 헌법개정, 안보정책의 전환을 주장하며 이른바 전후 체제로부터의 탈각을 시도하는 일련의 정책을 추진했다. 이에 대해 한국의 미디어는 일제히 아베 정권 등장 자체를 매우 위험한 징조로 받아들이는 한편 아베 총리가 이끄는 일본이 과거 군국주의로 회귀하는 것이 아닌가 하는 위기감을 부추기는 보도를 하였다.

이러한 한국의 대일인식의 배경에는 식민통치의 기억이 큰 부분을 차지하고 있어 편견과 선입견이 앞서게 되는 측면이 존재한다. 한국의 일본인식에는 아베 총리의 정치적인 유전인자를 우익적인 것으로 지나치게 단순화하여 파악하고 있다. 이를 바탕으로 한국에서는 아베 총리가 주도하는 역사관련 행보, 평화헌법 개정 움직임, 안보정책의 전환 시도 그리고 영토정책을 우경화라는 프리즘을 통해 하나의 위험한 패키지로 보는 경향이 농후하게 나타나고 있다.

한편 일본의 한국인식에도 지나친 단순화와 객관성의 결여라는 문제가 존재한다. 일본의 한국인식이 최근 급속하게 부정적으로 기울게 된 데에는 2012년 여름 이명박 대통령의 전격적인 독도방문과 천황사죄 발언 그리고 일본의 국제적 위상에 대한 저평가 발언이 결정적인 계기로 작용했다. 이와 더불어 헌법재판소의 일본군 위안부 청구권 소멸에 대한 위헌 판결(2011년 8월), 대법원의 징용판결(2012년 5월, 2018년 10월) 이후 대일 배상 보상 요구가 한국 국내에서 표면화되면서 일본사회에서는 한국피로(사죄피로) 현상 내지 혐한 분위기가 강화되었다. 그 이면에는 최근 한국이 경제, 산업, 문화, 스포츠 등 몇몇 분야에서 일본의 강력한 경쟁 또는 경합 상대로 등장하게 됨에 따라 과거 수직적이었던 양국관계가 수평적인 것으로 바뀐 것에 대한 인식의 부적응 상태가 존재한다고 할 수 있다. 일본 사회에는 바야흐로 중견국 한국의 대두를 막연하게 두려워하고 불편하게 느끼는 정서가 서서히 표면화되고 있다고 할 수 있다.

일본의 부정적 한국 인식에서 또 하나의 중요한 부분을 차지하는 것은 한국의 대중 접근이다. 물론 박 대통령의 사드배치 결정이후 전개된 한중 관계의 갈등 덕택에 이른바 일본 내의 '중국경사론'은 희석되고 있다. 2010년대 이후 일본의 대중 인식은 한 마디로 중국 위협론으로 자리 잡고 있다고 할 수 있다. 센카쿠를 둘러싼 중일갈등이 첨예화하고 있는 가운데 많은 일본인들은 중국을 위협과 경계의 대상으로 바라보고 있다.

중국은 표면적으로 보기에는 고도 경제성장과 정치군사 대국화를 달성했지만 그 내면에는 사회경제적 격차, 정치적 독재와 부정부패, 민족문제, 버블경제 등 많은 모순과 문제점을 안고 있는데 한국은 그러한 중국을 잘 모르고 순진하게 대할 뿐만 아니라, 나아가 역사문제 등에서 일종의 반일 연대를 추진하고 있다는 인식이 확산되었다. 이것이 일본의 혐한 정서를 부채질하고 있는 것이다. 이와 같이 최근 극단적인 경향으로 치닫고 있는 양국 간의 상호인식은 상당 부분 상대국에 대한 오해와 편견을 기반으로 하고 있음을 알 수 있다. 이러한 양국의 뒤틀린 상호인식이 수그러들지 않고 시간이 경과하면서 더욱 악순환의 길을 걷고 있다는 점이 심각하다.

2. 리더십 요인

한일 정상 간에는 제대로 된 공식 정상회담은 2011년 이명박-노다 회담 이래 8년여 간 개최되지 못하고 있다. 두말 할 것도 없이 위안부, 징용자 피해문제, 독도 문제 등 역사문제, 영토문제로 한일관계가 갈등과 마찰을 거듭했기 때문에 정상회담 개최 이 외면되고 회피 되었다고 할 수 있다. 현대 외교에 있어 정상회담이 갖는 중요성은 말할 나위도 없지만, 한일관계사의 경위에 비추어볼 때 양국관계에서 정상회담이 지닌 역할과 비중은 아무리 강조해도 지나침이 없다고 할 것이다. 양국관계가 악화되어 정상회담 개최가 어려운 측면도 있지만 정상 간의 대면이 이뤄지지 못하기 때문에 더더욱 한일관계 악화가 확대 심화되고 있는 면도 존재한다고 말할 수 있다.

문재인 대통령과 아베 총리 개인 간의 신뢰와 대화도 매우 부족한 편이다. 사실상 정상 간 진지한 대화 채널은 두절된 상태로 보인다. 청와대와 총리관저 사이의 대화 파이프는 사실상 가동하지 못하는 상태이다. 외교 당국 간의 전략적 소통 파이프도 예전에 비해 훨씬 부족한 상태라고 할 수 있다. 최고 지도부 간의 관계가 소홀해지면서 당국 간 대화 채널도 엷어졌다고 할 수 있다.

문재인 대통령의 취임 후 한일 정상의 첫 대면이 2017년 7월 초 함부르크에서 개최된 G20 회의에서 성사된 이래 블라디보스토크 동방경제포럼, ASEAN+3 회의, 동아시아정상회의(EAS), APEC 정상회의 등에서 이뤄졌다. 2018년 들어서도 평창올림픽 개회식, 한중일 정상회담 등의 다자 무대에서 몇 차례 양 정상의 만남이 이어졌다. 더불어 정상 간 전화 회담은 중요한 계기가 있을 때마다 수시로 이뤄져왔으며 정상이 주도하는 특사외교 또한 일상화되었다고 할 수 있다. 그러나 2018년 9월 이후 1년이 넘게 한일 정상 간의 만남은 단절되었다. 징용판결이후 양 정상은 다자회담 석상에서도 만남을 회피하고 있다.

한국의 정치 일정상 2020년에는 4월에 총선이 있고 그 후엔 문재인 정권 하반기로 예상되는 지지율 저하 및 레임덕 현상으로 대일 외교에서의 리더십 발휘에 어려움이 가중될 것으로 보인다. 한편 아베 총리는 9월 자민당 총재선거에서 무난히 당선되어 2021년까지 장기집권이 보장되어 역사상 최장수 총리로 기록될 가능성이 크다. 한반도 문제에 관해 일본 패스론에 시달리고 있는 아베 총리로서는 북한과의 정상회담을 추진하기 위안 노력을 경주할 것이다. 작년 10월에는 중일평화조약 40주년을 기해 중일 정상회담이 개최되어 오랫동안 대립과 마찰을 겪어왔던 중일관계는 관계 복원 및 개선의 방향으로 선회되었다. 문재인 정부로서는 이러한 환경변화에 전략적으로 대응하기 위해서라도 정상회담을 통해 대일관계 복원을 꾀할 필요가 있다.

3. 양국의 전략적 중점의 차이

한일은 상대방에 대한 전략적 중요성 내지 비중을 과거에 비해 훨씬 낮게 평가하고 있음이 확인된다. 가령 무역의존도만 보더라도 일본은 한국에게 무역상대국 5위 국가이고 한국은 일본에게 3위 국가가 되었다.[4] 한국정부의 수뇌부는 한반도 평화 프로세스에 아베 정부가 건설적 기여

---

4   1965년 이래 30여 년 동안 일본은 한국의 무역 비중에서 줄곧 1, 2위를 차지했었다.

는커녕 오히려 심지어는 방해 세력이 되고 있다는 인식을 지닌 것으로 추정된다. 문재인 정부는 한반도 신경제, 신남방, 신북방 정책으로 대외 전략의 중점을 이동시키고 있다. 즉 공간적으로 한반도의 남북으로 외교적 외연을 확장하면서 일본에 대해서는 상대적으로 경시하는 전략을 추구하고 있는 것으로 보인다.

한편 아베 정부 등장 이후 일본의 한국에 대한 전략 및 인식도 역시 크게 변화하고 있다. 아베정부는 인도 태평양 전략 구상을 주창하면서 대미동맹을 핵심으로 하는 중국 포위망 구축을 추구하고 있으며 호주·인도·동남아시아 등 태평양-인도양의 주요 국가 간 전략적 연대 강화에 힘을 쏟고 있다. 이러한 과정에서 한국의 전략적 중요성은 상대적으로 하락하였고, 한국은 이제 일본의 대외전략에서 애매한 위치가 되고 있다. 일본은 미국-호주-인도-동남아 지역을 잇는 이른바 해양국가 동맹구축을 핵심적 전략으로 추구하고 있다.

『외교청서』, 『방위정책의 대강』 등 일본정부의 정책문서에서 한국에 대해 "자유민주주의, 시장경제의 가치와 규범을 공유하는 나라", "전략적인 협력이 필요한 근린국가" 라는 기술은 점차 희미해지거나 삭제되고 있는 경향이 나타나고 있다. 일본 내 보수우파의 담론에서 한국은 '신 에치슨 라인' 밖에 존재한다는 식의 논법도 자주 등장하고 있는 것이 현실이다.[5]

---

5   『문예춘추』 등의 일본의 보수계 저널 등에서 확인된다.

Ⅴ. 바람직한 대일외교 방향

1. 대일외교의 중요성

문재인 정부는 남은 임기 동안 대일 관계를 재구축하기 위한 전략을 가다듬어야 할 것이다. 먼저 대일외교 재구축을 위해 한일관계가 지니는 전략적 중요성에 대해 생각해 볼 필요가 있다. 한일관계는 한국의 입장에서 볼 때 단순한 양자관계를 넘어 한국 외교의 기축이라고 할 수 있는 한미동맹의 숨은 코드와도 같은 존재로, 사실상 한미일 협력체제와 깊이 연동되어 있음에 유의할 필요가 있다. 그러한 의미에서 대일관계는 한국의 글로벌, 지역차원의 전략외교 추진에서 매우 중요한 비중을 가지고 있다. 즉, 도쿄 축을 활용한 대미 외교, 대중 외교, 대러 외교를 구상하는 상상력이 요구된다고 하겠다.

한일관계는 동북아에서 한·미·일, 한·중·일, 한·러·일 등 소다자주의 협력 체제를 가동하고 탄력적이고 유연한 외교를 구사하는데 매우 중요한 외교 자산이라는 점도 간과해서는 안 된다. 과거사 문제에 대한 과도한 집착으로 대일관계의 운신 폭을 스스로 묶어놓고 대일외교의 선택폭을 좁히는 것은 외교의 패착이라고 할 수 있다. 한일협력을 기반으로 하는 동아시아 지역외교, 글로벌 외교는 의외로 한국 외교의 열린 전략적 공간이라고 볼 수 있다. 그런 의미에서 보면 대일외교의 전략적 공간은 상대적으로 넓고, 대미, 대중, 대러, 대북 정책에서의 활용도는 상당히 높다고 여겨진다.

중장기적인 관점에서 볼 때 미중 양강 구도로 펼쳐지는 동북아질서 속에서 한일은 다층적이고 다차원적인 협력을 추진하는 방향으로 나가는 것이 바람직한 방향이다. 냉전시대 서유럽(독/불/폴란드) 국가들이 미소가 이념적, 군사적 대립을 벌이는 동안 스스로 전쟁과 대립의 역사를 화해로 극복하고 유럽을 평화와 번영의 공동체로 만들어간 역사적 과정은 미중 양강 구도에 끼어있는 한일관계의 미래비전을 생각하는데 많은 시사점을 제공하고 있다.

한국, 일본, 동남아, 인도, 호주 등 아태지역의 대부분 국가는 안보 면에서는 미국에, 시장 측면에서는 중국에 의존하고 있다는 공통점이 존재한다. 이들 국가 간 수평적 공조 협력관계의 구축은 중요한 외교적 과제이며, 한일관계는 이러한 중간지대 협력을 견인할 수 있는 기반이 되는 양자관계이다. 북핵 문제 및 북한문제 해결과 장기적 통일외교의 국제적 기반 구축 차원에서도 대일관계의 관리는 전략적으로 중요한 과제임을 깨달을 필요가 있다.

민주국가에서 국민여론은 중시되어야 하나 역으로 국민정서, 대중의 감정에 휩쓸리는 대일 과거사 외교의 함정에 빠져서는 안 된다는 점을 강조하고 싶다. 냉철한 국익의 계산과 철저한 전략적 사고로 대일 외교를 정립해야 하며 그 기반은 일본의 있는 그대로의 리얼리티를 제대로 읽는데서 출발해야 한다. 대일외교의 이제까지의 경위를 보면 중요한 것은 "무엇을 해야 하나"가 아니고 "무엇을 하지 말아야 하나"일 수도 있다. 무엇보다도 국민감정에 편승하거나 국민정서만을 고려한 행동을 감행하는 대일외교의 유혹에 빠져서는 안 될 것이다.

2. 한일 갈등의 뇌관 징용문제: 어떻게 풀 것인가?

징용문제를 둘러싼 갈등은 장기화될 가능성이 클 뿐만 아니라 한일관계를 대결 국면으로 끌어갈 최대 악재이다. 사실상 징용문제 해결 없이 한일관계 개선은 어렵다고 보인다. 현재 징용재판의 피고기업인 신일철주금(일본제철)과 미쯔비시 중공업의 한국 내 자산에 대한 강제집행이 한국의 법원에서 진행 중이다. 2020년 봄에 현금화 가능성이 있는 것으로 알려져 있다. 현금화는 곧 한일관계의 루비콘 강을 건너는 것으로 여겨지고 있다. 현금화가 실현되면 일본정부의 한국에 대한 보복은 한 단계 업그레이드 된 차원에서 더욱 거세질 것으로 예상된다. 일본 정부는 현재 취해진 수출규제 강화 조치 및 화이트 리스트 제외 외에 금융보복 조치, 관세 보복, 비자 발급 제한, 송금 제한, 일본 내 한국자산 일시 동결 조치 등의 보복조치를 취할 가능성이 높다.

이렇게 되면 한국의 산업, 경제에 주는 타격과 피해는 막대하고 장기화될 것이며 한국정부는 더욱 강경한 대항조치를 강구하게 될 것이고, 이 역시 일본의 산업-경제에 주는 피해 확대로 이어질 것이다. 이른바 한일 간의 경제 전쟁이 현실화될 것으로 예상된다. 물론 피해의 한일 비대칭성에 유의해야 할 것이다. 기본적으로 일본은 내수경제, 한국은 대외경제 의존도가 매우 높은 경제이므로 한국의 피해가 더 클 것으로 예상된다. 더불어 글로벌 서플라이 체인(제조업의 국제공급망), 산업의 국제 분업구조에도 교란 요인으로 작용하여 궁극적으로는 국제 경제 질서에도 적지 않은 악영향을 끼칠 것으로 예상된다.

현 단계 한일관계에서 요구되는 것은 더 이상의 사태악화를 막고 현안해결을 꾀할 수 있는 시간적 여유를 확보하는 것이다. 따라서 한일관계의 파국을 초래하는 시한폭탄과도 같은 존재인 강제집행 과정을 당분간 중단시킬 수 있는 잠정적 조치가 요구된다. 한국정부가 피해자 그룹(징용재판 원고단)과의 조율을 통해 법원에서 진행되고 있는 강제집행조치를 일시적으로 보류하는 방안을 탐색하는 것이 사태해결의 단서가 될 수 있다. 이러한 잠정적 조치가 마련한 후, 일본과의 협상에 나서게 된다면 경제보복조치를 결과적으로 철회시킬 수 있을 것으로 예상되며 징용문제 해결을 위한 정부 간 외교 협상도 개시될 수 있을 것으로 기대된다.

만약 법원에서의 압류된 일본기업 자산의 현금화(매각) 과정을 보류하는 잠정조치가 취해지고 징용문제 해결의 시한과 로드맵이 제시된다면 결국 일본은 경제 보복조치도 철회의 수순을 밟게 될 것이고 그렇게 된다면 GSOMIA의 원상복귀 결정도 자연스럽게 이뤄질 수 있다. 징용문제 해결에 필요한 시간적 여유를 확보하게 된다면 국내적으로는 1) 외교협상을 통한 기금구성에 의한 해결, 2) 중재위원회 또는 국제사법재판소에의 공동제소에 의한 사법적 해결, 3) 배상포기와 피해자 국내구제를 축으로 하는 정치적 결단에 의한 해결이라는 세 갈래 선택지를 놓고 각각의 장단점을 면밀히 검토하여 어느 쪽이든 최종적인 선택을 하도록 할 수 있을 것이다.

최종적인 결론에 이르는 과정에서 국민적 합의와 초당적인 지지를 획득하기 위해 정부는 해당부처의 책임자와 민간 전문가로 이뤄지는 가칭 제2의 〈민관공동위원회〉를 구성하여 이 문제에 대처하도록 조치를 취하는 것이 바람직하다고 사료된다. 시간을 벌어서 어떻게든 징용문제에 대한 해법을 찾아내는 것이야말로 경제 보복에 대한 정공법이며 가장 효과적인 대응책이 된다. 필자는 일본의 보복을 초래한 징용 재판 결과를 처리하는 데는 다음과 같은 세 가지 방안이 존재한다고 생각한다.

1) 기금 조성을 통한 해결

첫 번째 방안은 2019년 6월 19일 외교부가 제안한 한국기업＋일본기업 출연방식에 의한 위자료 지급방안에 한국정부의 역할을 더하여 2＋1 체제로 꾸려 보다 완성도가 높은 해결방안을 제시하고 일본과 협상을 벌이는 것이다. 이 경우 피해자 그룹과 국내 출연기업과의 사전협의는 필수적이다. 기금이나 재단 방식으로 해결하려면 피해자 규모와 배상액이 어느 정도 가늠되지 않으면 안 된다. 이러한 일련의 험난한 과정을 진행하는 데 있어 우리 정부의 중심적인 역할은 매우 중요할 수밖에 없다. 징용문제와 관련된 모든 이해 집단과의 종합적인 조율이 제대로 이뤄지지 않을 경우, 이 해법은 사상누각이 될 수 있다는 것이 최대 난점이다. 말하자면 이 해법이 불완전 연소로 끝나지 않기 위해서는 철저한 궁리와 더불어 치밀한 조율이 필요하다. 이 기금방식은 2019년 12월말 현재 문희상 국회의장 안으로 계승되어 국회에서 발의되었다. 문희상 안에 따르면 한국기업＋ 일본기업＋ 양 국민의 성금으로 기금을 조성하여 이 기금으로 징용피해자에 대한 배상을 대위변제하는 것을 중심축으로 하고 있다. 즉, 일본기업 및 국민성금으로 기금을 구성하는 것을 내용으로 하는 법률을 제정함으로써 징용문제의 해결을 꾀하는 것이 그 요체이다.

2) 국제사법재판소(ICJ) 공동제소를 통한 해결

두 번째 방안은 징용문제의 사법적 해결을 꾀하는 것이다. 즉, 국제사법재판소(ICJ)에 한일이 공동 제소하는 것도 방책이 될 수 있다. 이 방안의 최대 장점은 현재 법원에서 진행 중인 강제집행 절차를 보류시키고 사실상 일본의 보복을 철회시킬 수 있는 효과적인 방안이 될 수 있다는 데 있다. ICJ에 공동제소하기로 양국이 합의한다면 최종적인 결론이 나오기까지는 적어도 3-4년의 시간이 소요될 것으로 추정된다. 피해자의 구제 여부 및 방법에 초점을 맞추어 ICJ의 판결을 받아보는 것이야말로 합리적 해법이 될 수 있다. 양국의 최고법원은 징용피해자의 구제라는 동일한 사안에 대해 완전히 다른 해결책을 제시하고 있다. 이 법리 해석상의 충돌상황이 초래한 분쟁을 국제적으로 공신력 있는 유엔의 산하기관인 ICJ에 맡겨 3자적 판단을 받아보자는 것이다.

만약 징용문제가 ICJ에 회부된다면 아마도 그 최종 결과는 부분 승소, 부분 패소로 결론이 날 것으로 예상된다. 국가 간 합의로 피해자 개인의 권리를 소멸시키기는 어렵다는 것이 확립된 법리라는 점을 고려할 때 우리가 완패할 가능성은 별로 없어 보인다. 최후 결론이 나오기 전에 양국이 화해할 가능성은 물론 여전히 존재한다. ICJ에 회부하는 사법적 해결을 꾀할 경우 역설적으로 협상 가능성이 열릴 수 있다는 것이다.

3) 식민불법 + 배상포기 + 피해자 국내구제 선언

세 번째 방안은 우리 정부가 식민지배의 불법성을 재확인함과 동시에 일본에게는 사죄·반성의 자세를 촉구하되 물질적 차원의 대일 배상요구 포기를 선언하는 것이다. 일체의 과거사와 관련한 금전 요구를 포기하고 피해자의 구제는 국내적으로 처리하겠다는 방침을 밝힘으로써 도덕적

우위에 선 대일외교를 펼치자는 것이다. 이 방식은 중국의 대일 전후처리 외교 방식이기도 하다. 또한 1993년 김영삼 대통령이 위안부 문제에 대한 대일외교 방침으로 선언한 것이기도 하다. 즉, 진상규명과 사죄, 반성과 후세에 대한 교육의 책임을 일본에게 요구하고 피해자에 대한 금전적 보상은 우리 정부가 스스로 한다는 방침이다. 이는 한일관계의 국면을 극적으로 전환시키고 양 국민이 윈 윈 할 수 있는 해법이 될 수 있다.

대법원의 판결을 존중한다는 입장에서, 또 대법원 재판이 단지 민사적 성격의 재판이므로 정부는 개입할 수 없다는 형식논리를 내세우며 한국 내 일본투자 기업에 대한 강제집행이 속속 진행되고 있는 현재의 사태를 그대로 방치해 둔다면 한일관계는 그야말로 최악의 충돌로 질주하게 될 것이다. 한일 양국이 강 대 강의 구도로 부딪히며 경제 전쟁을 치루게 될 경우 양국 모두에게 막대한 피해와 손실은 초래할 것은 명약관화하나 그 피해는 비대칭적인 형태로 발생하게 될 것이다. 현재 한일 간 고부가 가치 산업에 필수적인 부품, 소재, 장비 등의 원천 기술의 격차는 여전히 크다는 것이 엄연한 현실이다.

3. 경제보복과 GSOMIA 문제

반도체, 디스플레이의 핵심 3부품에 대한 수출규제강화 조치와 화이트리스트 국가에서 한국을 제외한 조치는 사실상 징용재판에 대한 보복 조치라고 할 수 있다. 즉, 위안부 합의 형해화, 징용재판에 대한 한국정부의 무책에 대한 아베정부의 분노가 폭발함으로써 내려진 조치라고 볼 수 있다. 이는 일본정부가 70년간 금과옥조처럼 지켜왔던 정경분리 규범을 위반한 것이며 매우 이례적 조치이며 사실상의 보복 조치이다.

이 조치는 아베와 아베 측근 경산성 마피아들의 합작품으로 볼 수 있다. 즉, 일본 정부의 각 성청 관료집단이 내린 합리적 의사결정이라고 보기 어렵다. 일본의 주요 미디어의 사설이나 오피니언 리더들은 경제보복

조치에 대해 비판적 입장을 견지하였다.[6] 따라서 이 조치에 대한 일본 국내 지지 기반이 강하다고는 볼 수 없을 것이다. 보복 조치는 한마디로 금수 조치라기보다는 일본 정부가 대한국 수출에서 재량권, 칼자루(수도꼭지)를 쥐고 흔들 수도 있다는 시그널을 보낸 것으로 읽힌다. 물론 일본정부가 대한국 수출을 최대한 억제하는 재량권을 발동하게 되면 사실상 금수조치에 가까운 효과가 날 수도 있다. 이 조치는 자유공정무역 규범에 저촉될 뿐 아니라 일본이 70년 간 스스로 지켜온 국책과도 모순된 것으로 국제사회의 지지를 받기 어려운 선택이며, 그런 의미에서 일본정부는 관세 및 무역에 관한 일반 협정(GATT) 21조[7]를 원용하며 무역관리에 나서고 있다.

따라서 일본의 경제보복 조치가 한국경제에 대한 공격행위 또는 기술패권 전쟁의 시작이라는 진단은 성급한 판단이며, 한일 경제전쟁의 서막으로 보는 것도 거시적, 추상적 해석이라고 할 수 있다. 한국은 한일 갈등이 놓여있는 국제정치적 맥락, 동북아 국제관계의 문맥 속에서 사태를 세밀하게 진단하고 해법을 추구해야 할 것이다. 더 나아가 한국이 처한 국제정치적 상황과 우리가 추구할 전략적 우선순위를 고려하면서 이 사태에 대처해야 할 것이다. 필자의 생각으론 경제보복에 대해 국산화가 궁극적인 해법이 될 수는 없다고 본다. 글로벌 공급망, 제조업의 국제 분업 구조가 하루아침에 붕괴될 것으로 보는 것은 너무 성급한 판단이기 때문이다. 아직 국제경제체제가 당장 중상주의로 회귀하는 건 아니라는 점에 유의하면서 대응책을 추구해야 할 것이다.

한국정부는 일본의 경제보복에 대한 대항조치의 일환으로 2019년 8월 22일 GSOMIA를 종료 선언을 발표하였으나 결국 3개월 후인 11월 23일

---

6   일본의 6대 일간신문 중 4개 신문이 비판사설을 실었고 『요미우리신문』도 비판적 기사를 게재했다.

7   전략물자의 관리가 소홀할 경우 무역관리를 할 수 있다는 예외 규정

일본과의 통상협상을 개시하는 것을 조건부로 원상복귀를 선언하였다. GSOMIA 종료 조치는 일본이 한국의 안보에 대한 불신을 이유로 경제보복에 나선 것이므로 안보적 신뢰가 부족한 일본과 군사정보의 교류와 보호협정을 유지한다는 것이 모순이라는 논리를 내세워 취한 것이다. GSOMIA 종료의 추가적인 이유로 김현종 NSC 차장이 설명한 것은 국민여론의 추이와 국가적 위신의 훼손이었다. GSOMIA는 매년 갱신되는 협약으로 그 시한이 11월 23일까지로 되어 있어서 종료선언을 철회할 경우 다시 연장될 수 있는 점에 유의해야 한다.

GSOMIA는 한일 양국 간 정보교류와 보호를 약속한 협정이지만 성격적으로 보면 한미일 안보의 공조와 협력을 규정한 문서라고 할 수 있다. 따라서 GSOMIA의 파기는 미국의 동아시아 군사전략과 한미동맹에도 적지 않은 악영향을 주는 협정이라는 점이 고려되어야 할 것이다. 애초 우리 정부가 GSOMIA 종료를 일시적으로 선언한 배경에는 미국이 일본의 경제보복조치 철회를 위한 중재나 거중조정에 나서줄 것을 기대한 측면이 있음을 부정할 수 없다. 미국은 수차례에 걸쳐 GSOMIA 종료선언에 대해 불만과 실망을 표하는 한편 한국정부가 GSOMIA 협정에 원상복귀해줄 것을 여러 채널을 통해 압력을 가해왔다. 한국의 경우 일본의 경제 보복조치가 철회되는 과정을 밟게 된다면 종료시한 전에 다시금 GSOMIA 에 복귀할 용의가 있다는 속내를 여러 차례 표명해 왔다.

4. 한반도 평화프로세스와 일본의 건설적 역할

한반도 평화프로세스를 추진함에 있어 한국은 일본의 건설적인 역할을 견인하여 일본이 북한의 비핵화, 한반도의 평화체제 구축에 적극적인 공헌과 기여를 할 수 있도록 유도할 필요가 있다. 일본은 북한에 대해 100억 달러 이상의 청구권 자금을 지불할 의무를 지니고 있고 이 자금은 향후 북한의 사회간접자본을 재구축하는데 긴요하게 쓰일 수 있음을 고려할 필요가 있다. 아베 정부는 최근 들어 북한과의 조건 없는 정상회담 개최를 제안하는 등 대북협상에 적극 나설 태세이다. 한국은 북일 협상을 측면 지원하고 북일 관계가 진전될 수 있도록 후원하는 것이 바람직하다. 한반도 평화프로세스와 북한의 비핵화에 긍정적인 기여를 할 수 있도록 하는 것은 한국의 대일정책 몫이다.

장기적으로 보면 북한 문제와 통일을 염두에 둔 일본과의 관계 재정립이야말로 한국이 고려해야 할 대일외교의 핵심적 고려 요소이다. 중국의 급부상, 미국의 패권적 지위의 상대적 하락에도 불구하고 동아시아에서 일본이 지닌 위상과 역할은 결코 과소평가될 수 없다. 역사적으로나 지정학적, 지경학적 관점에서 볼 때 한반도 문제는 일본에게 핵심적인 관심사였고 메이지 시대 이후 한반도는 일본의 안전보장에 치명적인 요소로 인식되어 왔다는 점을 고려할 때 우리의 통일과정에서 일본변수의 관리는 매우 중요한 과제가 될 수밖에 없다. 현재에도 일본은 북핵, 미사일 등 대량살상무기의 위협에 관해서 보면 한국과 더불어 최대 이해 당사국임에는 틀림없다.

장차 일본의 대북 청구권 자금은 북한지역의 경제재건 및 인프라 재구축 과정에 긴요하게 활용될 수 있음을(약 100억 달러로 추산) 고려할 필요가 있다. 1965년 이후 한국의 산업화, 경제성장의 성공에 일본의 자본, 기술의 도입을 포함하는 경제협력이 커다란 역할을 한 것을 생각한다면 일본의 대북 청구권 자금(경제협력)은 북한지역의 피폐한 인프라의 재구축 및 경제재건 과정에서 가장 요긴하게 활용될 수 있는 자원이 될 것이고 장차 통일비용의 절감에 결정적인 역할을 담당할 것이다. 이렇게 볼 때 장차 일본의 대북 경제협력(ODA)은 한국과의 긴밀한 대화와 공조체제를 구축하여 진행하는 것이 바람직할 것이다. 장기적으로 한반도 통일 시나리오는 한국이 주도하는 자유민주주의, 시장경제, 인권과 법치가 보장되는 형태의 통일이고 그 과정이 평화적으로 이루어져야 한다는 점에 관해서 한일 양국의 이견이 있을 수 없다는 점도 고려해야 할 사항이다.

참고문헌

1. 단행본

김영작 편. 2006,『일본은 한국에게 무엇인가』(서울: 한울아카데미).

외교통상부. 1998,『김대중 대통령 일본 공식방문 결과(공동선언, 연설문 등 주요기록)』.

이면우·이원덕·최상룡. 1998,『탈냉전기 한일관계의 쟁점』(서울: 집문당).

하영선 편. 2012,『한일신시대 공동연구 논문집: 한일신시대와 공생복합 네트워크』(서울: 한
　　울아카데미).

田中明彦 지음, 이원덕 역. 2010,『포스트 크라이시스의 세계』(서울: 일조각).

木宮正史. 2010,『東アジア共同体と日韓関係』東京大學校現代韓国研究センタ主催『国際会
　　議: 東アジア共同体と日韓の知的交流』.

Cha, Victor D. 1999, *Alignment Despite Antagonism: the United States-Korea-Japan Security
　　Triangles*(Stanford University Press).

2. 논문

김호섭. 2009, "한일관계 형성에 있어서 정치 리더십의 역할,"『일본연구논총』, Vol.29.

오코노기 마사오. 2005, "한일관계의 새로운 지평: 체제마찰에서 의식공유로,"『한일공동연
　　구총서』Vol.2008 No.2.

이원덕·정재정·남기정·하영선. 2010, "기획좌담: 한일관계 새로운 100년을 향해,"『일본
　　공간』Vol.8.

이원덕. 2005, "구조전환기의 한일관계: 쟁점과 과제," 장달중 편,『전후 한일관계의 전개』
　　(서울: 아연출판부).

＿＿＿. 2012, "신시대 한일관계의 구축을 향하여," 한일신시대 공동연구 프로젝트,『한일
　　신시대 공동연구 논문집: 한일신시대와 공생복합 네트워크』(서울: 한울아카데미).

＿＿＿. 2006, "한일과거사 갈등의 구조와 해법모색," 김영작 편,『일본은 한국에게 무엇인
　　가』(서울: 한울아카데미).

木宮正史. 2007, "日韓関係の力学と展望: 冷戦期のダイナミズムと脱冷戦期における構造

変容," 金慶珠・李元徳 編, 『日韓の共通認識: 日本は韓国にとつて何なのか?』(東京: 東海大学出版会).

Koh, Byung Chul. 2007, *Between Discord And Cooperation: Japan and The Two Koreas*(Seoul: Yonsei University Press).

Lee, Chong-Sik. 1985, *Japan and Korea: the Political Dimension*(California: Stanford Hoover Institution Press).

Maddison, Angus. 2008, "Shares of the Rich and the Rest in the World Economy: Income Divergence Between Nations 1820-2030," *Asian Economy Policy Review*, Vol.3 Issue.1.

3장

일본의 전후처리 과제로서의
북일 국교정상화

조진구
경남대 극동문제연구소 교수

IFES

경남대 극동문제연구소
국제관계연구 시리즈 35

I. 서론

일본은 과거 전쟁과 식민지 지배를 했던 국가들과는 1951년 9월의 샌프란시스코 대일평화조약(Treaty of Peace with Japan)과 그 이후 체결된 별도의 양자 조약을 통해 '배상, 재산 및 청구권 문제'의 처리가 법적으로 끝났다는 입장을 보이고 있다.[1] 그러므로 북한과의 국교정상화는 일본에게 유일하게 남겨진 전후처리 과제라고 할 수 있다.

제2차 세계대전이 끝나고 70년 이상이 지났지만, 유엔 가맹국 가운데 일본과 국교가 없는 유일한 나라가 북한이다. 일본 국민이 해외여행을 자유롭게 시작한 것은 도쿄하계올림픽이 열렸던 1964년 이후였지만, 관광 목적으로 북한을 방문할 수 있게 된 것은 1987년부터다(磯崎敦仁, 2019: 194). 그 이전에도 취재목적이나 북한 측의 초청을 받아 북한을 방문했던 일본인도 있었지만, 그때에는 별도의 여권이 필요했다. 일본 외무성 발급 여권에서 "이 여권은 북한을 제외한 모든 국가와 지역에서 유효하다(This passport is valid for all countries and areas except North Korea(Democratic People's Republic of Korea))"는 문구가 삭제된 것은 1992년 4월부터다.

13년 8개월이라는 오랜 교섭 끝에 한국과 일본이 국교를 수립했던 1965년 이후 정치, 경제, 외교안보, 사회문화 등 다양한 분야에서 한일 양국이 비약적인 발전을 이뤄왔던 것과는 달리 북일관계는 매우 제한적이었다. 양국이 국교가 없었기 때문이지만, 관계 개선의 기회가 전혀 없었던 것은 아니었다. 1955년 2월 25일 북한의 남일 외상은 일본과의 무역과 문화교류, 나아가 양국관계 발전을 위한 문제들에 대해 구체적으로

---

1   "歴史問題 Q&A 関連資料 日本の具体的戦後処理(賠償財産・請求権問題)(平成27年9月18日)," https://www.mofa.go.jp/mofaj/a_o/rp/page22_002287.html(검색일: 2019년 11월 1일).

논의할 용의가 있다는 성명을 발표했지만, 일본 정부는 한국이 유엔에서 승인을 받았고 북한과의 "경제 문화 교류는 한국과의 관계를 저해하여 악영향을 미칠" 수 있다면서 어디까지나 한국과의 관계 정상화를 우선시했다.

1956년 9월부터 중일 무역의 일환으로 다롄을 경유한 북일 간 간접무역이 시작되었다. 1961년 일본 정부는 북한과의 직접무역을 승인했으며, 이듬해에는 정기 화물선이 취항했다. 1970년대 북일 간의 경제교류는 급속하게 확대되어 1971년 6천만 달러에도 미치지 못했던 교역 규모는 1972년에 1억 3천만 달러를 넘어 1974년에는 3억 6천만 달러를 기록했지만, 북한에 의한 대금 결제 지연 문제는 북일 경제 관계의 커다란 걸림돌이 되었다. 1976년과 1979년, 1983년 세 번에 걸쳐 대금 상환 기한의 연장이 합의되었지만, 이 문제는 아직도 해결되지 못하고 있다. 특히, 2006년 북한의 첫 번째 핵실험 이후 일본 정부는 북한에 대한 경제제재 조치를 발동하기 시작해 2007년 이후 일본의 대북 수입은 제로 상태이며, 2010년부터는 수입, 수출 모두 제로 상태가 계속되고 있다.

한편, 1988년 7월 7일 노태우 대통령이 북한과 미일 등 우방국과의 관계 개선에 협조할 용의가 있다고 밝혔던 '대통령 특별 선언'을 발표하면서 일본 정부는 스파이 혐의로 북한에 억류되어 있던 선원들의 석방문제 해결을 위한 돌파구를 모색하기 시작했다. 그런 가운데 1990년 9월 24부터 28일까지 집권 여당인 자민당과 조선로동당과 우호 관계에 있던 사회당 대표단의 방북 결과 발표된 3당 공동선언을 계기로 북일 정부 간 교섭이 시작되었다. 일본 측 방북단의 누구도 예상하지 못했던 당돌한 제안이었다. 1990년 11월과 12월 세 번에 걸친 예비회담을 거쳐 1991년 1월 말 국교 정상화를 위한 북일 정부 간 교섭이 처음 열렸다.

국교 정상화를 위한 북일 정부 간 교섭은 2002년 9월 고이즈미 준이치로 총리의 전격적인 평양 방문 이후 개최된 제12차 회담을 끝으로 열리지 못하고 있다. 그 뒤 북한의 핵실험과 미사일 발사가 이어지면서 국제사회의 대북제재에 호응하여 일본이 북한에 대한 제재를 강화하면서 고위급협의, 실무자협의, 정부 간 협의, 포괄병행협의, 국교정상화를 위한 작업부회 등 다양한 형태의 북일 정부 간 교섭이 재개와 중단을 반복했을 뿐이다.

2018년 평창올림픽을 계기로 남북 및 북미관계를 중심으로 한반도 정세에 커다란 변화가 보이면서 아베 총리도 북일 국교정상화나 북일정상회담에 의욕을 표명하기 시작했다. 특히, 2018년 9월 자민당 총재 선거에서 3선을 달성한 아베 총리는 10월 24일 국회 소신표명연설에서 '전후 일본 외교의 총결산'을 아베 정권의 새로운 목표로 제시하면서 러시아와의 평화조약 체결, 중일관계의 새로운 단계로의 격상과 더불어 북한과의 국교정상화를 추진하겠다고 밝혀 주목을 끌었다.

전후 일본은 1951년 9월에 체결되고 이듬해 4월에 발효된 샌프란시스코 강화조약에 입각하여 아시아 국가들과 새로운 관계를 구축했다. 1954년 11월 5일 버마(현재의 미얀마)가 동남아시아 국가 가운데 가장 먼저 일본과 평화조약과 배상·경제협력협정을 체결했으며, 1950년대 말까지 대부분의 동남아시아 국가와 관계를 정상화했으며, 한국과는 1965년, 중국과는 1972년에 각각 국교를 수립했다. 미소 냉전과 한국전쟁의 영향을 강하게 받아 대일 배상문제는 매우 관대하게 처리되었지만, 역사문제를 둘러싼 일본과 아시아 국가들과의 인식 차이는 여전히 해결해야 할 외교 과제로 남아있다.

이 글에서는 북일 양국이 국교정상화 교섭을 시작한 1990년대 초반 이후의 시기를 대상으로 전후처리 과제로서의 북일관계를 살펴보고자 한다. 특히, 일본군 '위안부' 문제나 강제동원 피해문제 등 최근 한일 간 현안이 되고 있는 과거사 문제가 향후 북일 교섭에 어떠한 영향을 미칠 것인가에 대해서도 가능한 범위 내에서 필자의 견해를 밝히고자 한다.

Ⅱ. 동유럽 사회주의국가의 붕괴와
북일 국교정상화 교섭의 시작과 경위

전후 북일관계는 국제정세가 크게 변화할 때마다 주목할 만한 움직임을 보였다. 1989년 가을부터 1990년에 걸쳐 동유럽에서의 정치적 격변은 북한에게 강한 위기의식을 심어주었다. 1989년 2월 헝가리가 한국과 국교를 수립한 데 이어 같은 해 폴란드와 유고슬라비아가 한국과 수교했으며, 1990년에는 체코슬로바키아와 불가리아, 루마니아가 한국과 수교했다. 또한, 1989년 11월 9일 유럽의 냉전을 상징했던 베를린의 장벽이 무너지고 1년이 지나지도 않은 1990년 8월 31일 동서독이 통일을 위한 국가조약에 조인했으며, 9월에는 소련이 한국과 국교를 수립했던 것이다.

1991년 5월 김정일은 당 중앙위원회 책임일군들에게 '인민 대중 중심의 우리식 사회주의는 필승불패이다'란 제목의 담화를 발표하며 주체사상에 입각한 북한의 사회주의는 붕괴하지 않는다고 강변했다. 1992년 1월 김정일은 당 중앙위원회 간부들에게 동유럽 사회주의국가들의 사상적 변질, 즉 수정주의, 교조주의, 사대주의 같은 위험 사상이 침투한 결과 붕괴됐다고 역설했지만, 헐벗고 남루한 옷차림의 북한 인민들에게는 아무 의미가 없는 일이었다. 북한에게는 기본적인 의식주 문제를 해결하는 것이 무엇보다 긴급한 과제였다(徐大肅, 1996: 237-240).

외교적 고립과 경제적 침체를 타개하기 위한 돌파가 필요했던 북한은 일본에 눈을 돌리게 되었다. 한국과 수교한 소련이 무역대금의 현금 결제와 소련 상품에 대한 국제가격 적용을 일방적으로 북한에 통보하면서 소련과의 무역은 급격하게 감소했다. 한편 일본과의 무역이 증가하여 일본은 중국에 이어 두 번째 교역 상대국으로 부상했다. 일본과 수교하면 북한은 식민지 지배로 인한 피해 보상을 받을 수 있을 뿐만 아니라 세계 2위의 경제대국 일본으로부터 지원받을 수 있는 자본과 선진 기술은 낙

후된 북한 경제를 재건하는데 대단히 매력적이라고 할 수 있다.(조진구, 2018: 206)

1990년 9월 24-28일까지 평양을 방문했던 가네마루 신(자민당) 의원과 다나베 마코토(사회당) 의원이 이끄는 대표단을 맞이했던 것은 김용순 당 국제담당 비서였다. 27일 열린 두 번째 3자회담에서 김용순은 국교수립을 서두르자고 제안하면서 국교수립을 위한 정부 간 교섭을 11월부터 시작한다는 것을 공동성명에 포함시키자고 주장했다. 국교수립과 식민지 지배에 대한 배상문제를 별개로 인식했던 북한은 '두 개의 조선'을 인정하는 일본과의 수교에는 소극적이었다. 그런 북한이 태도를 바꿨던 이유에 대해 김용순은 국제정세의 급격한 변화와 더불어 일본 정부 내에 "국교수립 이전에 배상(償い)을 할 수 없다"는 의견이 있다는 점을 들었다(小此木政夫, 1995: 97).[2]

9월 28일 발표된 조선로동당과 자민당, 사회당의 공동선언은 북한 측 초안을 바탕으로 마라톤회담을 거쳐 확정된 것인데, 가장 난항을 겪었던 것이 과거 식민지 지배에 대한 사죄와 배상에 관한 첫 번째 항목이었다. 북한 측 원안에는 국교수립 이전에 배상금의 일부를 지불하도록 되어 있었을 뿐만 아니라, 식민지 지배는 물론 전후 45년에 대한 사죄와 보상을 요구하고 있었기 때문이다. 가이후 도시키 총리는 자민당 총재 자격으로 가네마루 의원을 통해 김일성에게 친서를 보냈는데, 1989년 3월 30일 다케시다 노보루 총리가 중의원 예산위원회에서 과거사에 대해 '깊은 반성과 유감'을 표명한 것을 총리로서 확인하는 것으로 식민지 지배에 대한 사죄 문제는 타협이 이뤄졌다.

문제는 실무회담에서 합의하지 못한 전후 45년에 대한 사죄와 배상 문제였다. 가네마루의 독단적인 판단으로 공동선언에는 국교수립 시 일

---

2   북한 외무성의 천용복 아시아국 부국장은 자민당과 사회당의 방북단에 동행했던 외무성 아시아국의 가와시마 유타카 심의관에게도 같은 내용을 전달했다.

본 정부는 "과거 36년간의 식민지 지배와 그 이후 45년 동안 조선민주주의인민공화국 인민에게 끼친 손해에 대하여 충분히 보상하여야 한"다는 문구가 포함되었다. 전후보상에 대해 가네마루는 '뒤늦은 이자와 같은 것'이라고 변명했지만, 귀국 후 커다란 물의를 일으켰을 뿐만 아니라 실제 교섭이 시작되면서 북일 간의 쟁점이 되었다(조진구, 2018: 210-211; 로동신문, 1990.9.29).

북일 국교수립의 실현과 현안의 해결을 위한 "정부 간 교섭을 1990년 11월 중에 시작하도록 강력히 권고"한다는 3당 공동선언 7항에 따라 예비회담이 열렸다. 11월 3일부터 4일까지 열린 첫 번째 예비회담에서 북한은 12월 중에 평양에서 본회담을 개최할 것과 전후 45년간의 보상 문제를 의제에 포함시킬 것을 요구했지만, 일본 측이 거부했다. 11월 17일에 열린 두 번째 예비회담에서 북한 측은 전후 45년간의 보상 문제를, 일본 측이 핵사찰 문제를 의제로 할 것을 주장해 합의를 보지 못했다.

12월 15일부터 17일까지 개최된 제3차 예비회담에서 ①국교정상화에 관한 기본문제(관할권, 강제병합조약의 합법성 등), ②국교정상화에 수반하는 경제문제(재산청구권, 전후보상 문제 등), ③국교정상화와 관련한 국제문제(핵사찰, 남북대화 등), ④기타 쌍방이 관심을 가지는 문제(재일조선인 법적 지위, 일본인 배우자 문제 등) 등 네 가지 의제에 대해 합의했다(高崎宗司, 2004: 37-38). 회담 장소에 대해서 1차는 평양, 2차는 도쿄, 3차 이후는 베이징에서 개최하기로 합의되어, 1991년 1월 30일 국교정상화를 위한 북일 정부 간의 첫 번째 교섭이 평양에서 개최되었다. 전인철 북한 수석대표와 나카히라 노보루 일본 수석대표는 자국의 기본입장을 밝히는 모두 연설을 했는데, 양측 사이에 커다란 시각차가 존재했다.

북한은 ①일본의 공식적인 사죄를 외교 관계 수립 시의 문서에 명기할 것, ②일본은 1910년 불법적으로 체결된 병합조약의 무효를 선언할 것, ③식민지 지배와 관련한 청구권, 교전국 간의 배상 및 전후 45년간의 대북 적대시 정책에 의해 발생한 피해와 손실을 보상할 것, ④국제원자력

기구(IAEA)의 핵사찰은 주한미군의 핵무기에 대한 사찰과 동시에 실시할 것 등을 주장했다.

이에 대해 일본의 나카히라 노보루 수석대표는 과거 식민지 지배에 대해서는 1989년 다케시타 총리의 국회 발언과 같은 내용의 유감을 표명했지만, 양국은 전쟁상태에 있지 않았기 때문에 배상이나 보상은 존재하지 않고 청구권 문제만 미해결 상태라고 주장했다. 3당 공동선언은 일본 정부를 구속하지 않고 북일 국교정상화는 한일기본조약과 정합성을 유지하면서 추진되어야 한다고 강조했으며, IAEA에 의한 핵사찰의 조기 수용을 북한에 요구했다(조진구, 2018: 212-213; 松本英樹, 2003: 32-33).

한미연합훈련인 팀스피리트를 이유로 남북총리회담의 연기를 주장했던 북한은 일본과의 회담은 예정대로 개최할 정도로 조기 타결을 바라고 있었다. 2월 하순 일본을 방문했던 김용순 당 비서는 가이후 총리에게 김일성의 친서를 전달했으며, 일본을 떠나면서 한 기자회견에서 북일 교섭의 연내 타결에 대한 희망을 피력하면서 "합의 가능한 것부터 합의하는 방법이나 의제 순서에 따라 협의하는 방법도 있다"고 강조했다(小此木政夫, 1995: 101).

3월 11-12일 도쿄에서 열린 제2차 회담에서 양측의 입장차는 좁혀지지 않았는데, 5월 20일 베이징에서 열린 제3차 회담에서 북한은 관할권 문제와 관련해 북한의 관할권은 한반도의 절반밖에 미치지 않는다고 말해 종래의 주장에서 한발 물러났다. 또한, 회담을 조기에 마무리해서 일본으로부터 식민지 지배에 대한 배상금을 얻기를 희망했던 북한은 네 가지 의제의 일괄타결방식을 버리고 첫 번째 의제인 국교정상화에 관한 기본문제를 나머지 세 의제와 분리해서 협의할 것을 제안했다. 일본은 북한의 제안을 거부했을 뿐만 아니라 IAEA에 의한 핵사찰을 사실상의 전제조건으로 내걸었다. 나아가 대한항공기 격추사건의 범인 김현희에게 일본어를 가르쳤다는 일본인 여성(이은혜)의 신원확인을 요청하자 이에 반발한 북한의 전인철 수석대표는 참을 수 없는 굴욕이라고 비난하면서 철회와 사죄가 없으면 다음 회담에 응하지 않겠다는 강경한 태도를 보였다.

석 달 뒤인 8월말에 열린 제4차 회담과 11월 중순에 열린 제5차 회담도 성과 없이 끝났지만, 제5차 회담에서 북한은 선린우호조약의 초안을 일본 측에 제시하면서 교전국 간의 배상이나 전후보상 요구를 철회하고 식민지 통치에 따른 인적, 물적 피해에 대한 '보상'만을 요구했다. 일본과의 교섭에 속도를 내기 위한 조치였다고 할 수 있지만, 북한에 대한 핵사찰 문제가 국제사회의 초미의 관심사로 등장하면서 북일 교섭은 새로운 국면을 맞이하게 된다.

1991년 11월 노태우 대통령의 '한국 내 핵부재 선언'에 이어 난항 끝에 12월 31일 남북이 비핵화공동선언에 서명하면서 북한은 IAEA와의 안전조치협정과 사찰 수용 의사를 밝혔다. 북한과 IAEA가 안전조치협정을 체결했던 1992년 1월 30일 재개된 제6차 회담에서 전인철은 남북한 동시 유엔 가맹, 남북대화, 핵사찰 문제가 모두 해결되었다면서 북한의 보상 요구를 일본이 수용하라고 강하게 요구했지만, 일본의 나카히라 수석대표가 협정의 성실한 이행을 통해 핵개발 의혹을 완전하게 해소하고 핵연료 재처리 공장의 포기를 요구하면서 회담은 성과 없이 끝났다(조진구, 2018: 213-215).

다만, 한 가지 주목할 것은 북한이 제6차 회담에서 일본군 '위안부' 문제에 대한 사죄와 보상을 요구했다는 점이다(松本英樹, 2003: 34). 1991년 8월 14일 고 김학순 할머니가 자신이 일본군 '위안부' 피해자였다는 것을 고백한 뒤 일본 정부를 상대로 사죄와 배상을 요구하는 소송을 도쿄지방재판소(지방법원)에 제기하면서 일본군 '위안부' 문제가 국내외에서 주목을 받게 되었다. 특히, 주오(中央)대학의 요시미 요시아키 교수가 점령 당시 미군에 의해 압수되었다가 반환되어 일본 방위청(현재의 방위성) 방위연구소 도서관에 보관되어 있던 문서 가운데 위안부 모집과 위안소의 설치·경영 등에 일본군이 관여했음을 보여주는 문서를 발견해 아사히신문(1992년 1월 11일자)을 통해 공개해 커다란 반향을 일으켰다. 다음날 일본 정부 대변인인 가토 고이치 관방장관은 일본군의 관여를 인정한 데 이어 1월 13일에는 깊은 반성과 유감의 뜻을 표명하는 담화를 발표했으며, 한국 방문 중이던 미야자와 기이치 총리는 1월 17일 노태우 대통령과의 정상회담과 국회 연설에서 공식적인 사죄를 표명했다(吉見義明, 1995: 2-5).

이러한 과정을 지켜보던 북한이 일본 측에 문제 제기를 했던 것인데, 일본 측은 가토 담화나 미야자와 총리의 사죄 표명은 북한을 포함한 한반도 전체를 대상으로 한 것이라고 설명하지 않을 수 없었다(松本英樹, 2003: 35).

그러나 5월에 열린 제7차 회담도 큰 성과 없이 끝났으며, 한중 국교수립(1992년 8월 24일) 이후 열린 제8차 회담은 북한 핵문제와 '이은혜 문제'를 둘러싸고 양측이 대립해 7년 5개월 간 회담은 중단되었다. 1995년 3월과 1997년 11월 일본의 연립여당 대표단이 북한을 방문해 관계 개선을 모색하지만 중단된 국교정상화 교섭의 재개로 이어지지 못했다. 오히려 1997년 2월, 북한 공작원에 의해 일본인 소녀가 납치되었다는 의혹이 제기되면서 일본 내 대북 여론은 더욱 악화됐을 뿐만 아니라, 1998년 8월 31일 북한이 일본 전역을 사정권에 넣는 대포동 미사일을 발사하자 일본 정부는 교섭 중단과 북일 간의 직항 전세기 운항 중지 등의 제재 조치를 결정했다.

1999년 9월 12일 북미 베를린 미사일 회담 이후 미국이 대북 경제제재 완화 조치를 취하면서 북일 교섭 재개를 위한 환경이 정비되기 시작했다. 9월 25일 유엔총회에 참석했던 북한의 백남순 외상이 일본과의 관계 개선에 응할 용의가 있다고 밝히자 일본은 12월 사회당 출신의 무라야마 전 총리가 이끄는 초당파 의원단의 방북을 결정했다. 무라야마 방북단과의 회담에서 김용순은 일본이 국교정상화 교섭 재개의 전제조건으로 제시했던 일본인 납치문제에 대한 조사 의사를 밝혔으며, 12월

14일 일본 정부는 대북 식량지원 동결 조치를 해제하고 양국 정부 사이에 교섭 재개를 위한 예비교섭이 시작되었다.

2000년 3월 7일 일본 정부가 세계식량계획(WFP)을 통해 쌀 10만 톤의 지원을 결정하자 3월 10일 북한 적십자사는 일본인 행방불명자에 대한 조사를 시작했다고 발표했다. 이러한 과정을 거쳐 4월 5일 제9차 회담이 평양에서 열렸지만, 식민지 지배에 대한 사죄와 보상 등 과거 청산을 중시하는 북한과 납치문제에 더해 핵사찰 수용과 미사일 개발 의혹 등을 제기하는 일본 사이에 공방은 계속됐다. 역사적인 첫 남북정상회담 후인 8월 21일부터 도쿄에서 열린 제10차 회담에서 일본은 보상과 관련해 한국과의 국교정상화 때 적용했던 경제협력방식에 의한 과거 청산을 공식적으로 제안했다(조진구, 2018: 215-219).

제5차 회담 이후 교전국간의 배상과 전후 보상을 고집하지 않았던 북한은 경제협력방식에 대해 양국 간의 접점을 찾는 작업으로서 평가할 수 있다는 유연한 입장을 보였지만, 2000년 10월 말에 재개된 제11차 회담에서도 일본 측이 납치문제에 대한 성실한 대응을 요구하면서 의미 있는 진전은 기대할 수 없었다. 2년 정도의 중단을 거쳐 2002년 9월의 역사적인 북일 정상회담에서의 합의에 따라 10월 29일과 30일 말레이시아의 쿠알라룸푸르에서 제12차 회담이 열렸지만, 국교수립과 경제협력을 강조하는 북한과 국민의 생명과 관련한 중대문제인 납치문제를 북한과의 교섭에서 '최우선사항'으로 다루려는 일본 사이의 인식차이를 극복하기 어려웠다.

이상 12차례 열린 국교정상화를 위한 북일 정부 간 교섭에 나타난 과거사 처리와 관련한 양측 입장을 정리하면 다음과 같다.

<표 1> 북일 간 과거사 처리에 대한 입장 비교

과거사 처리 주제		북한	일본
	사죄 문제	·일본국 및 정부 최고 책임자의 공식 사죄를 요구한다. 공식 사죄한 내용을 외교관계 설정을 위한 공식 문서에 명기한다(1차) ·식민지 시대의 조약·협정은 일본에 의해 강제된 것으로 무효였다(2회) ·과거 식민지 지배에 대한 사죄를 요구한다(9차)	·과거의 한 시기 불행한 관계가 있었던 것은 유감이다(1989년 다케시타 총리의 깊은 반성과 유감의 뜻과 같은 취지를 말함)(1차) ·과거의 불행한 역사에 대해서는 무라야마 총리의 담화(1995년 8월 15일)에 나타난 것과 같은 인식이다(9차)
과거청산	보상 문제	·전전, 전쟁 중의 식민지 지배시대에 대해서는 교전국 간에 적용되는 '배상'과 '청구권'의 두 가지에 대해 보상해야 한다(1차) ·한일병합조약 등의 조약은 무력에 의한 것으로 무효다(2차) ·나치 범죄에 대한 옛 서독의 보상 사례를 제시하며 국제법과 국제관행에 따라 해결을 위해 진지하게 노력할 것을 요구한다(지금까지의 '교전에 의한 배상'이 아니라 '가해자로서 피해자에 대한 보상'을 요구한다)(5차) ·과거의 식민지 지배에 대한 보상(인적·물적 손실에 대한 보상, 문화재의 반환과 보상, 재일한국인의 법적 지위 보장)을 요구한다(9차) ·한일방식 대해서는 접점을 찾는 작업으로서 평가할 수 있다(10차)	·재산청구권 문제는 북일 간에 미해결 상태라는 것은 인정하지만, 일본과 북한은 전쟁상태에 있지 않았고 배상·보상에 응할 수 없다(1차) ·한일병합조약 등 식민지 비재 당시의 조약과 협정은 합법적으로 체결, 실시되었다(2차) ·청구권에 입각한 보상 요구는 피해 사실 관계를 증명하는 객관적 자료가 필요하다(4차) ·배상·보상에는 응할 수 없다, 재산 청구권에는 응할 용의가 있다(9차) ·과거에 합의에 달한 사례로서 한일 국교 정상화가 있다. 당시의 한일방식(경제협력방식)을 적절하게 연구하여 양측의 접점을 찾고 싶다(10차)
	전후 45년	·전후 45년간에 대해서도 보상이 필요하다(1차) ·전후 보상을 포함한 북일 3당 공동선언에 정부도 구속된다(2차)	·전후 45년간에 대해 북일 3당 공동선언에 포함되어 있지만, 일본 정부를 구속하는 것은 아니다(1차) ·전후 양국의 비정상적인 관계는 한반도 정세와 북한의 정책에 의한 것이다(2차)

관할권/ 일본군 '위안부' 문제	·외교관계 설정에 관할권 확인은 필요 없다(2회) ·'국교정상화에 관한 기본문제'에 대해서 우선적으로 토의하고, 외교관계를 설정한 위에 '경제적 문제' 이하 의제를 처리하고 싶다(3차) ·종군위안부 문제의 진상규명과 사죄, 보상을 요구한다(6차)	·북한에 거주하는 일본인 배우자의 귀향에 대해 배려해주길 바란다 (1차) ·북일 국교정상화는 한반도의 휴전선 북측을 실효 지배하는 북한과의 정상 화이며, 북한 측이 남측의 관할권을 주장하는 것은 인정할 수 없다(2차) ·미야자와 총리의 방한(1992.1.17.) 당시 "사죄(おわび)'와 '반성'을 표 명했다. 가토 관방장관 담화(1992. 1.13.)를 소개하면서 북한도 포함하여 한반도 출신의 종군위안부 전체를 대상으로 한 것이라는 것을 설명(6차)

출처: 松本英樹(2003) 35쪽에서 발췌.

Ⅲ. 평양선언의 의미와 북일관계:
고이즈미 정권에서 노다 정권까지

고이즈미 준이치로 총리는 2001년 5월 7일 취임 후 첫 번째 국회 소신 표명연설에서 "미일한의 긴밀한 연계를 유지하면서 북동아시아의 평화와 안정에 기여하는 형태로 끈기 있게 일조 국교정상화 교섭에 대처"하고 북한과의 "인도적 문제 및 안전보장상의 문제에 대해서도 대화를 추진하는 가운데 해결을 위해 전력을 기울여갈" 생각이라고 밝혔다.[3] 북일 정부 간 회담이 10년 정도 중단되어 있었으며, 2001년 1월 출범한 부시 정권이 9월 11일 세계무역센터와 펜타곤 등에 대한 동시다발 테러가 발생한 이후 테러와의 전쟁의 일환으로 북한과 이란, 이라크를 '악의 축'이

---

3   https://kokkai.ndl.go.jp/#/detail?minId=115105254X02720010507(검색
일: 2019년 11월 30일).

라 지목하면서(2002년 1월 29일 연두교서) 북한과의 관계 개선을 추진할 수 있는 상황은 아니었다.

그런 가운데 2002년 8월 30일 고이즈미 총리는 김정일 국방위원장과의 회담을 위해 일본의 총리로서는 처음으로 평양을 방문할 계획이라고 전격 발표했다. 이것은 1년 전인 2001년 가을부터 다나카 히토시 외무성 아시아대양주 국장이 북한 측 인사를 접촉하면서 시작되었다. 다나카는 고이즈미 총리의 방북 준비를 위해서가 아니라 북일 국교정상화 교섭에서 해결하지 못한 양국 간 현안들 가운데 일본이 중시하는 납치문제를 해결하기 위해서는 정상 간의 회담이 돌파구가 될 수 있다고 생각했다. 특히, 다나카는 북한에 의한 납치사실의 공식적 인정, 총리의 방북과 공동선언 발표라는 로드맵을 구상했다. 그러나 총리 방북 이전에 납치문제를 인정하면 일본 내 여론을 악화시켜 총리의 방북 자체가 무산될 수 있다고 우려했던 북한은 일본의 요구에 응하지 않았다(田中均, 2009: 104-109).

일본의 총리가 국교가 없는 나라를 방문한 것은 1956년 10월 하토야마 이치로의 소련 방문과 1972년 9월 다나카 가쿠에이의 중국 방문에 이어 세 번째였지만, 과거 두 차례 모두 국교정상화로 이어졌다. 고이즈미 총리의 방북 계획 발표에 앞서 일본은 한미는 물론 중국과 러시아에도 사전에 통보했는데, 미국은 북한의 고농축우라늄을 이용한 핵개발 의혹을 일본 측에 전달했다(田中均, 2009: 121, 124).

북한의 핵문제는 일본의 안보문제와도 직결된 매우 중요한 문제였기 때문에 9월 17일 열린 북일 정상회담은 일본인 납치문제와 더불어 핵문제를 중심으로 진행되었다. 오전 회담에 앞서 북한은 13명의 일본인 '행방불명자' 가운데 8명이 사망하고 5명이 생존해 있다는 정보를 일본 측 실무자에게 전달했으며, 곧바로 고이즈미 총리에게도 보고되었다. 오전 무거운 분위기 속에서 고이즈미 총리의 발언을 경청했던 김정일 위원장은 오후 회담에서 일부 맹동주의자에 의한 납치 사실을 공식적으로 인정하고 사죄했으며, 생존자의 귀국과 사실관계의 조사도 약속했다. 또한 김정일 위원장은 북한을 '악의 축'으로 부른 미국에 대한 적대감을 노골적으로 표시하면서 미국을 비판했지만, 미국이 대화를 원하면 북한은 이에 응할 용의가 있다면서 미국의 가장 신뢰할 수 있는 동맹인 일본이 문제 해결을 위해 노력해달라고 부탁했다.

고이즈미 총리는 핵문제는 미국과의 문제만이 아니라 동북아시아 전체의 문제이며 북미관계 개선을 위해서는 미국의 핵 우려를 해소할 필요가 있다고 강조했지만, 김정일 위원장은 북일 간의 기본문제는 과거 청산이라면서 일본의 진지한 대응의 필요성을 역설했다. 한 가지 주목해야 할 것은 고이즈미 총리가 당시는 존재하지 않았던 6자회담 참가를 권유하자 김정일 위원장은 4자든 6자든 다자협의체가 만들어져 대화가 이뤄지면 신뢰가 형성되지 않겠냐면서 참가 의사를 표명했다는 점이다(NHK, 2009; 田中均, 2009: 124-128).

고이즈미 총리의 평양 방문은 북일 간 국교정상화로 이어지지는 못했지만, 양국 정상이 서명한 평양선언에는 일본이 "포함시키고자 했던 것은 모두 포함되어 있어" 앞으로 열릴 북일 간 교섭의 기본방침을 담은 정치문서였다고 할 수 있다.[4] 평양선언은 전문에서 양국이 "불미스러운 과거를 청산하고 현안사항을 해결하며 결실 있는 정치, 경제, 문화적 관계를 수립하는 것이 쌍방의 기본이익"이 된다고 명기했다. 4개 항으로 구성된 본문의 제1항은 평양선언의 정신과 기본원칙에 따라 10월 중에 국교정상화 회담을 재개한다는 것이었으며, 제2항이 과거청산과 관련한 내용이다. 제3항에서 '납치'라는 말은 사용하지 않았지만, 일본 국민의 생명 및 안전과 관련해 비정상적인 관계가 다시 발생하지 않도록 적절한 조치를 취할 것을 북한은 약속했다. 또한 안전보장문제와 관련하여 제

---

4   11월 6일 중의원 외무위원회와 11월 7일 참의원 외교방위위원회에서의 가와구치 요리코 외상의 발언 (松本英樹, 2003: 37).

4항에서 북일 양국은 한반도 핵문제의 포괄적인 해결을 위해 국제적 합의를 준수하고, 평양선언의 정신에 따라 북한이 2003년 이후에도 미사일 모라토리엄을 연장하기로 합의했다.

과거청산과 관련이 있는 제2항의 북한 발표문은 다음과 같다(로동신문, 2002년 9월 18일).[5]

2. 일본측은 과거 식민지지배로 인하여 조선인민에게 다대한 손해와 고통을 준 역사적사실을 겸허하게 받아 들이며 통절한 반성과 마음속으로부터의 사죄의 뜻을 표명하였다.

쌍방은 일본측이 조선민주주의인민공화국측에 대하여 국교정상화후 쌍방이 적절하다고 간주하는 기간에 걸쳐 무상자금협력, 저리자장기차관제공 및 국제기구를 통한 인도주의적지원 등의 경제협력을 실시하며 또한 민간경제활동을 지원하는 견지에서 국제협력은행 등에 의한 융자, 신용대부 등이 실시되는 것이 이 선언의 정신에 부합된다는 기본인식밑에 국교정상화회담에서 경제협력의 구체적인 규모와 내용을 성실히 협의하기로 하였다.

쌍방은 국교정상화를 실현하는데 있어서 1945년 8월 15일 이전에 발생한 리유에 기초한 두 나라 및 두 나라 인민의 모든 재산 및 청구권을 호상 포기하는 기본원칙에 따라 국교정상화회담에서 이에 대하여 구체적으로 협의하기로 하였다.

우선 과거 식민지 지배에 대하여 정상회담에서 일본 측은 1995년 8월 15일 전후 50년을 맞아 발표된 무라야마 담화에 포함되어 있던 '통절한

---

5   일본 외무성은 북일 평양선언의 일본어판과 영어판을 홈페이지에 게재하고 있다. 이에 대해서는 https://www.mofa.go.jp/mofaj/kaidan/s_koi/n_korea_02/sengen.html(검색일: 2019년 11월 30일).

3장   일본의 전후처리 과제로서의 북일 국교정상화   85

반성'과 '마음으로부터의 사죄'를 표명했는데, 고이즈미 총리가 서명한 평양선언에도 그대로 반영되었다.

둘째, 식민지 지배에 대한 보상과 관련해 북한은 북일 양국 및 양국 국민 간의 재산 및 청구권을 서로 포기하는 대신 2000년 8월 제10차 회담에서 일본이 제안한 경제협력방식을 받아들였다.

셋째, 일본의 경제협력이 국교정상화 이후에 제공된다는 것이 명문화되었지만, 그 구체적인 규모와 내용은 국교정상화 교섭 과정에서 협의하여 결정하도록 되어 있었다.

기본적으로 일본은 한국과의 국교정상화 방식을 북한에도 적용하려고 했으며, 일본 측 입장이 받아들여졌다는 점에서 외교적 성과라 할 수 있었다. 그 대신 일본은 북한이 국교정상화 교섭에서 지속적으로 요구했던 과거사에 대한 반성과 사죄를 국정 최고책임자인 총리가 서명하는 평양선언에 명문화하는 데 동의했다는 점에서 북한의 체면도 세워줬다고 할 수 있다. 평양선언에는 언급되어 있지 않은 강제병합조약의 불법 여부나 경제협력 자금의 구체적인 규모에 관해 양측에서 논의가 있었는지는 현재 확인할 수 없지만, 교섭 재개 시 일본군 '위안부' 문제, 강제동원 문제, 원폭피해 문제 등은 교섭을 어렵게 만들 수 있었다.

고이즈미 방북 한 달 뒤인 10월 15일 5명의 생존자가 일본으로 일시 귀국했는데, 이를 전후한 10월 10일부터 20일 사이에 일본 내각부가 실시한 여론조사에 따르면 북한과의 국교정상화에 '찬성'한다는 응답은 66.1%에 달해 '반대'한다는 응답(26.0%)의 2.5배에 달했다.[6] 국교정상화를 통한 일본의 경제협력과 납치문제의 해결이라는 북일 양국의 의도와 기대가 정상회담으로 이어졌지만, 납치 피해 생존자의 귀국 이후 일본의 대북 여론은 극도로 악화되어 갔다. 당초 5명의 귀국은 10일 정도의 일

---

6   https://survey.gov-online.go.jp/h14/h14-gaikou/2-1.html(검색일: 2019
    년 11월 30일).

시적인 것이었지만, 피해자 가족들의 반대에 직면한 일본 정부는 북한과의 약속을 어기고 이들을 북한으로 돌려보내지 않았다. 피해자의 자식들이 북한에 남아 있었지만, 일본 정부 책임 하에 피해자들을 일본에 잔류시킬 것을 강력하게 주장했던 사람이 고이즈미 총리의 방북을 수행했던 아베 신조 관방 부(副)장관이었다.

일본 내에서는 납치사실을 인정하지 않았던 북한의 최고지도자가 솔직하게 사실을 인정하고 유감을 표명했던 것을 평가하기보다는 진상규명을 요구하는 목소리가 더욱 커지고, 북한에 남겨진 피해자 가족의 귀국문제에 대해 관심이 집중되었다. 2003년 8월 시작된 북한 핵문제를 둘러싼 6자회담을 계기로 양국 대표가 만나 납치문제를 포함한 양국 현안을 평양선언에 입각해 해결하기로 했으며, 피해자 가족을 귀국시키고 교착상태에 빠진 양국 관계를 타개하기 위해 일본 정부는 고이즈미 총리의 두 번째 방북을 결정했다. 5월 24일 오전 11시 조금 지나 시작된 2차 북일정상회담은 12시 반경에 끝났으며, 고이즈미 총리는 고려호텔에서 기자회견을 열어 회담 결과를 설명했다. 이에 따르면, 북일 양측은 평양선언이 양국 관계의 기본이라는 점을 확인했으며, 북한 측이 피해자 가족 5명의 귀국과 일본인 행방불명자 10명에 대한 재조사를 약속하는 대신 일본 측은 25만 톤의 식량과 천만 달러 상당의 의약품 등의 인도적 지원을 약속했다(飯島勳, 2007: 172-175).

이 합의에 따라 납치 피해자 가족 5명은 고이즈미 총리와 함께 나머지 3명은 7월에 일본으로 돌아갔으며, 8월과 9월 베이징에서 열린 실무자 협의에서 북한 측은 재조사 결과를 일본 측에 설명했다. 이어 11월 평양에서 열린 세 번째 실무자협의에서 북한 측은 요코다 메구미의 '유골'을 일본 측에 전달했으며, 일본 측이 정보 제공을 요구했던 5명에 대해 북한 측은 입국 여부를 확인하지 못했다고 통보했다. 일본 측은 사망자 8명에 대한 북한 측 설명과 요코다 메구미 유골 일부에서 요코다 메구미와 다른 DNA가 검출되었다면서 의문을 제기하고 항의했다 (政府拉致問

題対策本部 2017: 6-7).

그 뒤 요코다 메구미 유골의 진위에 관한 북일 간의 공방전이 벌어졌으며, 2005년 9월 19일 제4차 6자회담 2단계 회의에서 북한의 핵 포기와 미국의 불가침 보장 및 적절한 시기의 경수로 제공이라는 큰 틀에서 합의가 이뤄지면서 북일 정부 간 교섭도 다시 열리게 되었다. 11월 3일과 4일 베이징에서 열린 정부 간 협의에 따라 납치문제, 핵 및 미사일문제, 국교정상화 문제를 병행하여 협의하기로 했지만, 일본 측은 앞의 두 문제 해결 없이 국교정상화 교섭의 타결은 불가능하다는 기본입장을 견지하고 북한 측에 전달했다. 12월 24일과 25일 베이징에서 열린 정부 간 협의에서 세 분과위원회를 2006년 1월 말까지 병행하여 개최하기로 합의함에 따라 2006년 2월 4일부터 8일까지 5일에 걸친 '일조 포괄병행협의'가 베이징에서 열렸다. 북한 측은 납치문제와 관련해 일본 측이 제기한 생존자의 귀국, 진상규명을 위한 재조사 및 용의자의 인도 요구를 거부했을 뿐만 아니라 국교정상화와 관련해 평양선언에 명기된 '일괄해결, 경제협력방식'에 대해서도 커다란 관심을 표명하지 않았다.[7]

한편, 북한 핵문제를 둘러싸고 2005년의 '9.19 합의' 뒤 북한이 마카오의 방코델타아시아(BDA) 은행을 통해 위조지폐를 유통시켰다는 의혹이 제기되면서 6자회담은 공전을 거듭했다. 제1차 아베 정권 출범 직후인 2006년 10월 9일 북한이 첫 번째 핵실험을 하면서 정부 차원의 북일 간 접촉은 중단되었다가 2007년 2월 13일 제5차 6자회담 3단계 회의에서의 합의('2.13 합의' Ⅱ의 4항)에 따라 평양선언에 따라 국교정상화를 위한 양자 대화가 재개되었다. '북일 국교정상화를 위한 작업부회(Working Groups)'란 명칭의 대화가 2007년 3월과 9월 하노이와 울란바토르에서 각각 개최되었지만, 북일 간의 인식차이는 조금도 좁혀지지 않았다. 일

7　"第1回日朝包括並行協議(概要)(平成18年2月),." https://www.mofa.go.jp/mofaj/area/n_korea/abd/hokatsu.html(검색일: 2019년 11월 30일).

본이 중시하는 납치문제에 대해 북한은 이미 해결되었다는 입장을 거듭 밝혔을 뿐만 아니라, 과거 청산과 관련해서도 '일괄해결, 경제협력방식'을 둘러싸고 양측에는 인식의 차이가 있었다.

일본 외무성 설명에 따르면, 일본 측은 식민지 지배에 기인한 양국 및 양국 국민 간의 모든 재산 및 청구권을 서로 포기하고, 이를 바탕으로 일본이 북한에 경제협력을 제공하는 대신 일본군 '위안부'와 강제연행 등의 문제를 포함해 식민지 지배에 기인한 금전 지불 등 모든 청구가 법적으로 완전하고 최종적으로 해결된 것으로 한다는 것이 '유일한 현실적인 해결책'이라고 반복해서 설명을 했다. 이에 대해서 북한이 북일 국교정상화의 본질은 과거 청산이라면서 '보상'과 재일한국인의 법적 지위 문제와 문화재 문제 등을 제기했던 것은 북한이 "제대로 이해하고 있지 않은 것으로 보이는 발언"으로 일본에게 비춰졌던 것이다.[8]

아베 총리가 건강상의 이유로 1년 만에 퇴임하고 2007년 9월 후쿠다 야스오가 총리가 취임한 뒤, 2008년 6월과 8월 두 차례에 걸쳐 북일 실무자협의가 개최되었다. 6월 11일과 12일 베이징에서 열린 실무자협의에서 북한은 과거 청산과 관련해서는 기존 입장을 되풀이하는 대신 납치문제와 관련해서는 이미 해결되었다는 기존 입장을 바꿔 '납치문제 해결을 위한 구체적 행동을 향후 취하기 위한 재조사 실시'를 약속했다. 대신 일본 측은 인적왕래와 전세기의 규제를 해제하고, 북한으로부터의 수입 금지와 북한 선적 선박의 일본 내 입항 금지 조치는 유지하면서 인도적 차원의 물자 수송을 위한 입항을 제한적으로 허용할 것을 약속했다.[9] 8월 11일과 12일 중국 선양에서 열린 실무자협의에서는 북한의 조사위

---

8   1차 작업부회 https://www.mofa.go.jp/mofaj/area/n_korea/seijyoka.
     html (검색일: 2019년 11월 30일) : 2차 작업부회 https://www.mofa.go.jp/
     mofaj/area/n_korea/seijyoka2.html(검색일: 2019년 11월 30일).

9   "日朝実務者協議の概要(2008年6月)," https://www.mofa.go.jp/mofaj/
     area/n_korea/abd/jitsumu_gai.html(검색일: 2019년 11월 30일).

원회의 조사 시작에 맞춰 6월에 합의한 규제 해제를 실행에 옮기기로 합의했지만,[10] 후쿠다 총리의 사임 표명 후 북한이 납치문제 재조사 연기를 통보하면서 정체 상태에 빠졌다(政府拉致問題対策本部 2017: 8).

한편, 2009년 8월 총선거에서 자민당이 참패하면서 민주당으로 정권 교체가 이뤄졌는데, 하토야마 유키오 총리는 9월 24일 유엔총회에서 "북일 평양선언에 입각해 납치, 핵, 미사일 같은 제 현안을 포괄적으로 해결하고, 불행한 과거를 **성의를 가지고**(강조는 필자) 청산해 국교정상화를 추진하겠다."는 의사를 밝혔다.[11] 외무성이 매년 발간하는『외교청서』의 2008년판에 처음으로 "북일 평양선언에 입각해 납치, 핵, 미사일 같은 제 현안을 포괄적으로 해결하고 불행한 과거를 청산해 북일 국교정상화를 추진하겠다는 기본방침"이라는 표현이 등장하지만, 총리가 국내외 연설에서 이러한 방침을 밝힌 것은 처음일 것이다.[12]

2011년 3월의 동일본 대지진과 후쿠시마원전 폭발사고를 거쳐 2012년 12월 치러진 총선거에서 민주당이 참패하면서 자민당이 재집권하게 되는데, 정권 교체 직전인 10월 29일 국회 소신표명연설에서 민주당의 노다 요시히코 총리는 "북일 평양선언에 입각해 납치, 핵, 미사일

---

10 "日朝実務者協議の概要(2008年8月),"https://www.mofa.go.jp/mofaj/
area/n_korea/abd/jitsumu0808_gai.html(검색일: 2019년 11월 30일).

11 ADDRESS BY H.E. DR. YUKIO HATOYAMA PRIME MINISTER OF
JAPAN AT THE SIXTY-FOURTH SESSION OF THE GENERAL
ASSEMBLY OF THE UNITED NATIONS(24 September 2009), http://
japan.kantei.go.jp/hatoyama/statement/200909/ehat_0924c_e.html(검색
일: 2019년 11월 30일).

12 2007년판 외교청서에는 '불행한 과거를 청산하고' 대신에 '동북아시아 지역의 평화
와 안정에 기여하는 형태로'라는 표현이 사용되었으며, 2008년 9월 29일 아소 다
로 총리는 국회 소신표명연설에서는 '북일 평양선언에 입각하여'라는 표현 대신에
'한반도의 안정화를 유의하면서' "납치, 핵, 미사일 문제를 포괄적으로 해결하고 불
행한 과거를 청산해 북일 국교정상화를 추진하고자 북한 측의 행동을 요구해갈" 생
각이라고 표명한 바 있다.

의 제 현안을 해결하고 불행한 과거를 청산해 국교정상화를 추진한다는 방침을 견지하면서 납치문제의 전면적인 해결을 위해 전력을 다할" 것이라고 밝혔다.[13] 11월 15일과 16일 울란바토르에서 4년 만의 정부 간 협의가 개최되었지만, '진지하고 솔직한' 협의 이상의 성과를 거두지는 못했다.

Ⅳ. 김정은-아베 체제 하의 북일관계

2006년 총리가 될 때까지 무명에 가까운 아베의 대중적 인지도와 인기를 높였던 뒤에는 북한 요인이 크게 작용했다. 일본인 납치문제에 더해 북한의 핵과 미사일 개발에 대한 강경한 대응은 정치가 아베의 입지를 더욱 공고하게 해주었다. 2006년 9월 29일과 2007년 1월 26일의 국회 연설에서 아베 총리는 납치문제의 해결 없이 북한과의 국교정상화는 있을 수 없다고 선언했으며, 2007년 9월 10일 연설에서는 북한의 미사일 발사와 핵실험을 거론하면서 일본을 둘러싼 안보환경이 엄중해졌다고 지적하면서 총리 관저의 사령탑 기능과 정부의 정보기능 강화를 비롯하여 안보체제 재구축의 필요성을 강조했다.[14]

특히, 납치문제와 아베는 분리해서 생각할 수 없을 정도였다. 2012년 12월 2차 아베 정권 출범 직후인 2013년 1월 25일 납치문제 해결을 위

---

13 https://kokkai.ndl.go.jp/#/detail?minId=118105254X00120121029(검색일: 2019년 11월 30일).

14 일본의 총리는 정기국회 개회식 후에는 시정방침연설을, 임시국회나 특별국회 개회식 뒤에는 소신표명연설을 한다. 이 글에서 인용한 총리의 연설 내용은 일본 국회도서관 검색 시스템에 의해 확인한 것임을 밝혀두며 별도로 출처를 밝히지 않는다. 중의원과 참의원에서의 연설리스트는 다음을 참조하라. https://rnavi.ndl.go.jp/research_guide/entry/post-562.php#top-(검색일: 2019년 11월 30일).

한 전략적 대응과 종합적인 대책을 추진하기 위해 총리가 본부장을 맡고 모든 국무대신이 참가하는 '납치문제대책본부'를 설치했다. 또한 일본의 주권과 국민이 생명과 안전과 관련한 중대 문제인 납치문제는 국가의 책임 하에 해결해야 한다면서 납치문제의 해결 없이 북한과의 국교정상화는 있을 수 없다는 방침을 견지하면서 모든 납치 피해자의 안전 확보와 즉시 귀국, 진상규명, 실행범의 인도를 요구한다는 기본방침을 결정했다(拉致問題対策本部決定, 2013). 1월 28일 2차 아베 정권 출범 후 첫 번째 국회 연설(소신)에서 아베 총리는 납치문제대책본부가 결정한 납치문제 해결을 위한 세 가지 기본방침을 공개적으로 천명했다. 2013년 10월 15일 연설(소신)에서는 "나의 내각에서 전면 해결을 위해 전력을 다할" 것이라고 강한 의지를 표명했지만, 2002년 9월 관방부(副)장관으로서 북일 정상이 서명하는 것을 지켜봤던 '평양선언'이나 '국교정상화'라는 말 자체가 국회 연설에서 자취를 감추게 된다.

2011년 12월 김정일의 사망 후 권력을 세습한 약관의 김정은은 핵과 미사일 개발에 박차를 가했다. 2013년 2월 북한은 통산 세 번째, 김정은 집권 이후 첫 번째 핵실험을 한 데 이어 3월 31일 20년 만에 열린 당 중앙위원회 전원회의에서 핵 무력 건설과 경제 건설의 병진 노선이 채택되었다. 2016년 북한이 두 번의 핵실험과 20발 이상의 탄도미사일 시험 발사를 하자 일본 정부는 12월 2일 유엔안보리 결의 2321호(11월 30일)와는 별개로 인적왕래의 규제 강화, 북한에 기항했던 일본 선박의 입항 금지(사실상 북한에 기항했던 모든 선박의 입항 금지), 북한 핵과 미사일 관련 개인과 기업을 대상으로 한 자산동결 대상의 확대를 담은 독자적인 대북 제재 조치를 발표했다.[15]

15　"我が国独自の対北朝鮮措置について(平成28年12月2日)," https://www.mofa.go.jp/mofaj/a_o/na/kp/page3_001907.html(검색일: 2019년 11월 30일).

2017년 7월 북한이 미국 본토를 위협하는 대륙간탄도미사일급인 화성-14형을 발사하자 일본의 방위백서는 북한이 핵무기의 '소형화·탄두화'를 실현했을 가능성이 있다면서 북한의 핵과 미사일 능력을 '새로운 단계의 위협'이라고 규정했다. 9월 3일 북한이 6차 핵실험을 하자 아베 총리는 소자고령화와 북한의 위협을 '국난'으로 간주하고 국난극복을 명분으로 내걸고 9월 28일 중의원을 해산했으며, 10월 22일 실시된 선거에서 자민당과 공명당 연립정권은 전체 의석 465석 가운데 312석을 획득해 압승했다. 11월 29일 북한이 화성-15형을 발사하고 '국가 핵 무력의 완성'을 선언하자 아베 총리는 '대화와 압력' '행동 대 행동'이라는 기존 방침을 버리고 북한에 대해 최대한의 압력을 가해야 한다는 강경론을 폈다.

나아가 2017년 11월 17일 연설(소신)에서 아베 총리는 북한의 정책 변경을 위해 국제사회와 함께 북한에 대한 압력을 더욱 강화해갈 결의를 표명했으며, 12월 24일과 25일 참의원과 중의원은 북한의 탄도미사일 발사를 규탄하는 결의안을 각각 통과시켰다. 2018년 신년사를 통해 김정은 위원장이 평창올림픽 참가와 이를 위한 남북대화 용의를 표명한 뒤인 1월 22일 국회 시정방침연설에서 아베 총리는 북한 핵과 미사일이 '지금까지는 없었던 중대하고 긴박한 위협'이라면서 북한이 '완전하고 검증 가능하며 되돌릴 수 없는 방법'으로 포기할 것을 요구했으며, 이를 위해 일본은 북한의 도발에 굴하지 않는 의연한 외교를 전개하겠다고 밝혔다.

3월 정의용 청와대 국가안보실장을 비롯한 한국 정부의 대북 특사단 파견을 계기로 남북정상회담과 북미정상회담이 잇달아 개최되면서 아베 총리의 대북 정책에도 변화가 나타나기 시작했다. 특히, 판문점 남북정상회담 직전인 4월 21일 중의원 예산위원회에서 공명당 의원이 북일정상회담의 개최 가능성을 묻자 아베 총리는 "북일평양선언에 입각해 납치, 핵, 미사일 등의 제 현안을 해결하고 불행한 과거를 청산하며 국교정상화를 추진하겠다는 생각에는 변함이 없다"고 답변했다. 아베 총리가 평양선언을 언급한 것은 처음이었다(조진구, 2018: 231-235).

판문점 남북정상회담 전후 문재인 대통령과의 전화회담에서 북일 간의 관계정상화 의지를 피력했던 아베 총리는 6월 18일 참의원 예산위원회에서 정상회담을 하는 이상 '납치문제 해결에 기여하는 회담'이 돼야 한다는 조건부이기는 했지만 김정은 위원장과의 정상회담 개최 가능성을 처음으로 언급했다. 또한 9월 25일 유엔총회에서는 오로지 북한에 대한 격렬한 비난에 17분간의 연설 시간을 모두 썼던 2017년과 달리 북한 비판과 비난을 자제하고 상호불신의 틀에서 벗어나 새로운 시작을 하고 싶다면서 김정은 위원장과의 정상회담에 의욕을 표명했다. 10월 24일 국회 소신표명연설에서 아베 총리는 '전후 일본 외교의 총결산'이란 새로운 목표를 제시하면서 북일 관계정상화를 과제의 하나로 제시했다. 29일 중의원 본회의에서 아베 총리는 납치문제의 조기 해결을 위해 어떠한 기회도 놓치지 않겠다는 결의로 북일 정상회담에 임할 생각이라고 말했는데, 종래의 '납치문제 해결에 기여하는 정상회담'이란 수식어가 사라졌다.

납치문제의 해결에 방점이 놓여있기는 했지만, 북한에 대한 아베 총리의 유화적인 태도는 계속됐다. 특히, 5월 1일 보수적인 산케이신문과의 인터뷰에서 아베 총리는 전제조건 없이 김정은 위원장을 만나 솔직하고 허심탄회하게 논의하고 싶다는 기대감을 표시하면서 납치문제만이 아니라 북한이 중시하는 과거청산 문제도 논의할 수 있음을 시사했다. 또한 김정은 위원장을 '국가에게 무엇이 최선인지를 유연하고 전략적으로 판단할 수 있는 지도자'라고 추켜세우기도 했다(産経新聞, 2019년 5월 2일).

그렇지만, 이러한 유화적인 태도가 일본 국민의 여론을 반영한 것이라고는 할 수 없었다. 5월 11일과 12일 TBS 방송 계열의 JNN이 실시한 여론조사에 따르면, 북일 정상회담에 대해 가능한 빨리 개최해야 한다는 응답은 27%에 지나지 않은 반면 62%가 신중하게 검토해야 한다고 응답했다. 전제조건 없는 정상회담 추진에 대해서도 '납득할 수 없다'가 45%로 '납득할 수 있다' 40%보다 5%p 높았는데, 10월 초의 같은 조사에서는 '납득할 수 있다'는 3%p 감소한 37%, '납득할 수 없다'가 2%p 증가한 47%로 나타나 10%p 차이로 벌어졌다.[16]

북한이 단거리탄도미사일을 포함한 다양한 종류의 발사체를 발사했던 것이 일본 국민에게 부정적인 이미지를 심어주었던 것으로 보이는데, 북한의 미사일 발사에 대해 매우 억제적으로 대응했던 일본 정부도 미사일이 일본의 배타적경제수역(EEZ) 내에 낙하했던 10월부터 강경 반응으로 선회하게 된다. 10월 2일 잠수함발사탄도미사일(SLBM)에 이어 31일 단거리탄도미사일(북한은 초대형방사포라고 발표)을 발사하자 아베 총리는 일본과 지역의 평화와 안전을 위협하는 것이라고 강하게 비난했으며, 11월 초 방콕에서 열린 아세안 관련 회의에서 유엔안보리 결의에 대한 명백한 위반이라고 비판했다. 북한에 대한 일본의 위협인식에는 변화가 없었지만, 북일정상회담에 대한 아베 총리의 의지를 반영해 일본 정부가 상황 관리를 한 측면이 강했다고 할 수 있었지만, 북한의 반응은 예상 외로 강경했다.

북일 국교정상화 교섭의 물꼬를 텄던 고 가네마루 신 의원의 차남이 9월 중순 평양을 방문했을 때 송일호 대사는 민간차원의 교류에는 적극적으로 응할 자세를 보였지만 정부 간 대화나 정상회담에 대해서는 부정적인 견해를 표명했다. 특히, 11월 7일 송일호 대사는 담화를 발표해 아베 총리는 '정말 보기 드문 기형아' '머저리는 죽을 때까지 머저리'라는 원색적인 욕설까지 동원하면서 "평양문턱을 넘어설 꿈조차 꾸지 말아야 한다"고 비난했다.

---

16   매월 초순 실시되는 JNN의 정기 여론조사는 아래 링크에서 확인할 수 있다. https://news.tbs.co.jp/newsi_sp/yoron/backnumber/backnumber. html(검색일: 2019년 11월 30일).

2011년 12월 김정일 국방위원장의 사망한 뒤 2012년 4월에 개최된 제 4차 당대표자회의를 계기로 김정은 체제가 출범한 이후에도 정부 간 접촉이 없었던 것은 아니었다. 고이즈미 전 총리의 비서관으로 평양 방문에 동행했던 이지마 이사오 내각관방참여가 2013년 5월 북한을 방문해 김영남 최고인민회의 상임위원장과 회담했으며, 2014년 3월에는 북일 적십자회담이 중국 선양에서 열렸다. 후자를 계기로 1년 4개월 만에 외교 당국 과장급 접촉이 이뤄졌으며, 3월 말의 정부 간 협의를 거쳐 5월 26일부터 28일까지 3일간 스톡홀름에서 송일호 대사와 이하라 준이치 외무성 아시아대양주국장이 양국의 관심사항에 대해 '집중적이고 진지하고 솔직한 논의'를 했다.[17] 그 결과가 29일 발표된 '스톡홀름 합의'인데, 북한이 일본인 납치 피해자를 포함한 모든 일본인에 대한 포괄적이고 전면적인 재조사를 약속하는 대신 일본이 북한에 대해 취했던 독자적인 제재 일부를 해제하기로 합의했다.

이후 7월 북한이 포괄적 조사를 위한 특별조사위원회의 설치를 발표하자 일본은 인적 왕래의 규제조치, 송금보고 및 휴대수출 신청금액과 관련해 북한에 취한 특별한 규제조치, 인도적 목적의 북한 국적 선박의 일본 입항금지 조치 등의 해제를 실행에 옮기기로 했다. 10월에는 이하라 국장이 평양을 방문하여 특별조사위원회 관계자와 면담을 했지만, 북한의 조사 진척상황에 일본은 불만을 표했다. 양측 간 공방이 계속되는 가운데 2016년 1월 북한이 네 번째 핵실험을 하자 일본은 독자적인 대북 제재조치를 발표했으며,[18] 이에 반발한 북한이 특별조사위원회의 해체를 결정하면서 북일 정부 간 공식 협의는 단절되었다.

---

17 "日朝政府間協議(概要)(平成26年5月30日)," https://www.mofa.go.jp/mofaj/a_o/na/kp/page4_000494.html(검색일: 2019년 11월 30일).

18 "我が国独自の対北朝鮮措置について(2016.2.10.), https://www.mofa.go.jp/mofaj/a_o/na/kp/page4_001766.html(검색일: 2019년 11월 1일).

V. 결론

일본의 역사학자 다카사키 소지는 고이즈미 총리의 두 번째 방북 직전에 출간된 저서에서 전후 북한과 일본이 국교를 수립할 수 있는 기회가 네 번 있었다고 지적한다. 첫 번째가 1953년 스탈린 사후 평화공존을 배경으로 일본과 소련이 국교를 정상화했던 1956년이며, 두 번째가 1970년대 초반 국제적인 데탕트 시기로 미중화해에 이어 중일이 국교를 수립했던 1972년이다. 세 번째가 냉전 종식 후의 1990년 9월 자민당과 사회당 대표단의 북한 방문을 계기로 국교 정상화 교섭이 시작된 시기였으며, 네 번째가 2002년 9월 고이즈미 총리가 북한을 방문해 김정일 국방위원장과 회담을 했던 시기다(高崎宗司, 2004: 14-15). 네 번 모두 국제정세에 커다란 변화가 나타났던 시기였다. 아베 총리가 김정은 위원장과의 정상회담에 의욕을 보이고 있는 지금이 다섯 번째 기회일지도 모르겠다.

이 글에서는 다카사키가 말한 세 번째와 네 번째의 시기에 초점을 맞춰 북일 정부 간 교섭에서의 쟁점 등에 대해서 살펴보았다. 1990년 9월의 조선로동당과 일본의 자민당과 사회당의 공동선언을 계기로 예비교섭이 열렸던 1990년 11월부터 이미 30년 가까운 시간이 경과했으니 예비교섭에서 타결까지 13년 8개월 걸렸던 한일 국교정상화 교섭 기간의 두 배 이상의 시간을 이미 흘려보낸 셈이다. 아베 총리가 판문점 남북정상회담 직전인 2018년 4월 21일 중의원에서 처음으로 평양선언에 입각한 현안의 해결과 과거 청산, 국교정상화에 대해 언급한 이후 김정일 위원장과의 정상회담 용의 표명에 이르기까지 다양한 방법으로 '구애'를 폈지만, 김정은 위원장은 아무런 반응을 보이지 않고 있다.

아베 총리가 납치문제 해결을 최대 과제라고 강조해왔던 만큼 납치문제 해결을 위해 '노력하고 있는 모습'을 보여주기 위한 정치적인 제스처인지 속단할 수는 없다. 지난해 11월 20일 역사상 재임일수가 가장 긴

최장수 총리가 된 아베 총리의 정치적, 외교적 업적이 없다는 점을 고려하면 '전후 일본 외교의 총결산'의 실현은 분명히 역사적 업적으로 남을 것이다. 경제협력을 지렛대로 러시아와 영토문제를 해결하고 평화조약을 체결할 가능성은 현실성이 떨어지며, 2019년 봄에 예정된 시진핑 중국 국가주석의 일본 국빈방문을 계기로 중일관계를 한 단계 높은 곳으로 끌어올리는 정치문서에 합의하는 것도 쉽지 않다.

그렇다면 북일 국교정상화는 실현가능할까? 앞에서 이미 살펴본 대로 북한과의 교섭 과정에서 일본은 청구권의 상호포기와 경제협력 제공이라는 한일 경제협력방식을 주장했고, 2002년 9월의 평양선언에서 관철시켰다. 북한이 명시적으로 파기를 선언하지 않는 한 '평양선언에 입각해 납치, 핵, 미사일의 현안을 포괄적으로 해결하고 과거를 청산해 국교정상화'를 한다는 기본원칙은 유지될 것이다. 그렇지만, 북일 교섭이 재개될 경우 2015년 12월 28일의 한일 일본군 '위안부' 합의 이후 이를 둘러싼 한일 간의 갈등이나 2018년 10월 30일의 한국 대법원의 일본기업에 대한 배상 판결 이후의 한일관계가 적지 않은 영향을 미칠 것이다.

문재인 정부는 2015년의 한일 위안부 합의의 파기와 재교섭을 요구하지 않았지만, 합의에 따라 설립된 화해치유재단을 해산시켜 합의에 대한 사실상의 사망선고를 했다(조진구, 2019). 1992년 1월 말에서 2월 초에 열린 제6차 회담에서 북한은 일본군 '위안부' 문제에 관해 진상규명과 사죄, 보상을 요구했었는데, 2018년 9월 14일부터 23일까지 노동신문에 일본연구소(외무성 산하로 추정) 상급연구원 조희승 명의의 "일본은 성노예범죄의 책임에서 절대로 벗어날 수 없다"는 제목의 논설기사를 네 차례 실었다(로동신문, 2018년 9월 14, 16, 20, 23일). 조희승은 '20만 명의 조선여성'과 수많은 아시아 여성들을 "조직적으로 강간, 륜간한 다음 대량학살하고도 아무러한 사죄와 배상을 하지 않고 법적처벌도 받지 않고 있는 것이 바로 오늘의 일본"이라고 비판하면서 '철저한 사죄와 배상'을 요구했다. 9월 19일자 기명 기사도 "일본의 과거 성노예범죄는 정부의 적극적인 관여 밑에 군부가 직접 조직하고 감행한 특대형 반인륜 범죄로서" '구차스럽게 부정하거나 변명하지 말고' 범죄를 인정하고 깨끗하게 청산하는 것만이 "일본이 국제사회에서 머리를 들고 나설 수 있는 유일한 길"이라고 주장했다.[19]

또한 리용호 외상이 2018년 12월 몽골 외교장관을 통해 북일 교섭에서 강제동원 피해자 문제를 제기할 수 있다는 뜻을 일본 측에 전달했다고 한다. 12월 8일 몽골에서 척트바카르 외교장관을 만난 리용호는 ①일본이 이미 사망한 납치피해자나 북한에 들어오지 않은 인물의 송환을 요구하고 있어 합리성이 결여되어 있다, ②일본이 납치문제에 고집하면 강제동원된 840만여 명의 조선인 문제를 제기하지 않을 수 없다는 뜻을 일본 측에 전달해달라고 요청했고, 12월 중순 일본을 방문한 몽골 외교장관이 고노 외상에게 전달했다는 것이다.[20]

한국 정부도 정확한 수를 파악하지 못하고 200만 명 정도로 추산하고 있는데, 리용호가 언급한 840만 여명은 2018년 11월 17일자 로동신문에 실린 림원이란 기자 명의의 기사 "〈을사5조약〉을 날조한 일제의 만고죄악"에 등장한다. 림원은 "일제가 랍치, 유괴, 강제련행해간 조선의 청장년은 중일전쟁 도발후에만도 840만여명에 달"했음에도 불구하고 사죄는커녕 역사 왜곡과 날조를 하는 "일본의 무분별한 망동은 조선민족의 대일적개심을 불타오르게 하고" 있다고 비판했다.[21]

일본군 '위안부' 문제나 강제동원 피해문제는 일본과의 교섭 재개 시

---

19   리철혁, "성노예범죄는 절대로 용납할 수 없는 반인륜죄악."

20   共同通信, "日朝交渉で強制動員提起も 北朝鮮外相'日本へ警告 拉致問題に揺さ
      ぶり," 2019년 1월 12일.

21   아시아태평양전쟁 당시 일본은 한반도에서 사람, 물자, 자금을 동원했는데, 인적 동
      원은 군인과 군속(군무원), 노무자, 일본군 '위안부'로 동원되었다. 2015년 12월말
      까지 활동했던 '국무총리 소속 대일항쟁기강제동원피해조사및국외강제동원희생자
      등지원위원회'가 산출한 피해자는 780만 4,376명인데, 여기에는 한 사람이 여러
      차례 동원되었던 중복 동원이 포함되어 있다(정혜경, 2019: 109-112).

북한이 납치문제에 대한 지렛대로 활용할 수 있는 수단이기는 하지만, 근거가 없거나 약한 주장이나 문제 제기가 오히려 북한 측 주장의 발목을 잡을 수도 있다는 점도 가볍게 봐서는 안 된다.

중국의 부상과 미중경쟁, 한중일 간의 힘의 균형의 변화, 북한의 사실상의 핵보유 등으로 인해 동북아시아 정세는 역사적 전환기라 할 수 있다. 북일 관계정상화 없이 동북아시아에서 냉전의 잔재 해소와 '전후 일본 외교의 총결산'은 있을 수 없다. 아베 총리의 주장대로 북일 양국이 불신의 벽을 깨고 납치와 핵, 미사일 문제를 해결하고 불행한 과거를 청산하고 국교정상화를 이루기 위해서는 북일정상회담이 필요하다.

북한으로서는 북일 국교정상화의 정치적 효과도 중요하지만, 불행한 과거청산을 통한 일본의 경제협력이 더 매력적일 것이다. "1965년의 한일 국교정상화 때의 경제협력을 바탕으로 계산해보면 총액 1조 엔에 달할 것"이라는 일본 정부 관계자의 비공식적인 의견이 일본 언론에 소개된 적이 있지만,[22] 현재 북한에 대한 국제사회의 경제제재가 계속되는 한 경제협력을 수반하지 않는 일본과의 정치적인 국교정상화를 서두를 이유를 찾기 어려울 것이다. 북일 국교정상화에 대한 일본 국민들의 관심도 적어 아베 총리의 의욕이 앞선 감이 있지만, 2000년 4월 결성된 일조 국교정상화추진의원연맹이 2018년 남북 및 북미 정상회담을 계기로 활동을 재개해 7월 27일 북일 정상의 직접대화가 '새로운 북일 관계 구축'에 기여할 것이며 의원연맹이 정상회담 실현을 뒷받침하겠다는 결의를 채택하는 등 정치권의 분위기도 예전과는 다르다.

북미 간의 비핵화 교섭의 진전 여부가 북일 관계에도 영향을 미칠 것이지만, '전후처리'라는 본래의 문제로 돌아가 북일 국교정상화 문제를 생각해야 한다. 샌프란시스코 강화조약 발효 이후 일본은 1950년대부터

---

22 https://www.sankei.com/politics/news/180614/plt1806140005-n3.html(검색일: 2019년 11월 30일).

1970년대까지 아시아 국가들에 대해 15억 달러의 배상을 했지만, 여기에는 전쟁으로 인한 손해 배상 이외의 의미가 포함되어 있었다. 가능하면 일본의 부담을 줄이면서 일본과 이들 국가와의 경제협력, 즉 아시아 국가들이 구입하는 일본 제품 대금을 일본 정부가 배상의 이름으로 제공한 자금에서 일본 기업에 지불하는 형태를 취해 결국 일본 기업의 수출 시장을 개척하는 계기가 되었다.

주한일본대사와 외무사무차관을 역임한 스노베 료조는 말한다. 일본이 경제적으로 여유가 없었던 시기라는 점도 작용을 했겠지만, 일본의 전후처리는 "일본의 부담을 줄이는(値切る) 것에 중점"이 놓여 있어 조약이나 법적으로 해결되었는지 몰라도 "어딘가 석연치 않고 불만이 남았다"고 스노베는 전후 일본의 전후처리 외교에는 '일본의 품격'이나 '국덕(國德)'이 필요했지만 보이지 않았다면서 '전후처리'의 원점(原點)으로 돌아갈 필요가 있다고 지적한다(須之部量三, 1992: 2-3). 경험 풍부한 외교관의 충고대로 전후처리의 원점이 무엇이지 생각하고 북한과의 국교 정상화를 추진해야 진정한 의미의 '전후 일본 외교의 총결산'이 이뤄지고 일본과 일본 외교에 대한 국제사회의 평가도 높아질 것이다.

역사문제를 둘러싸고 갈등을 빚고 있는 일본에 대해 남북이 협력하여 대응하자는 지적도 한국 내에서 들리지만, 얼마나 효과적일지 의문이다. 문재인 대통령은 북일관계 개선을 지지하고 협력할 의사를 밝혀왔는데, 이를 위해서는 우선 과거 어느 때보다 악화되어 있는 한일관계를 개선할 필요가 있다. 세계에서 가장 빈곤한 나라에서 반세기만에 선진국 대열에 진입한 한국과 전후 개발도상국에 대한 경제와 기술 지원을 했던 일본이 협력하여 북한을 지원하면 북한 경제발전에도 기여할 수 있을 것이다.

참고문헌

1. 단행본

정혜경. 2019, 『일본의 아시아태평양전쟁과 조선인 강제동원』(서울: 동북아역사재단).

高崎宗司. 2004, 『検証 日朝交渉』(東京: 平凡社).

磯崎敦仁. 2019, 『北朝鮮と観光』(東京: 毎日新聞出版).

吉見義明. 1995, 『従軍慰安婦』(東京: 岩波書店).

拉致問題対策本部. 2017, 『北朝鮮による日本人拉致問題-1日も早い帰国実現に向けて!』(東京: 内閣官房拉致問題対策本部事務局).

拉致問題対策本部決定. 2013, "拉致問題の解決に向けた方針と具体的施策," 平成25年1月25日.

徐大粛. 1996, 『金日成と金正日』(東京: 岩波書店).

田中均. 2009, 『外交力』(東京: 日本経済新聞出版社).

飯島勲. 2007, 『実録小泉外交』(東京: 日本経済新聞出版社).

2. 논문

조진구. 2018, "북일 관계의 변화와 한반도 평화," 박재규 외, 『새로운 동북아 질서와 한반도의 미래』(파주: 한울아카데미): 193-242.

_____. 2019, "문재인 정부의 대일정책 – 일본군 '위안부' 문제를 중심으로 - ," 『한일민족문제연구』, 제36호: 165-205.

小此木政夫. 1995, "日本の北朝鮮政策: 国交正常化交渉とその展望," 『法学研究』, Vol.68, No.2.

松本英樹. 2003, "日朝国交正常化交渉の経緯と朝鮮半島をめぐる最新の動向," 『レファレンス』, 平成15年8月号: 31-52.

須之部量三. 1992, "日本外交への提言 "国徳" をもって入亜入欧を," 『GAIKO FORUM』, 1992.2.: 2-3.

3. 기타 자료

NHK. 2009, 『NHKスペシャル—秘録日朝交渉—知られざる核の攻防』(2009.11.8. 방영).

4장

일제강점기 강제동원피해 진상규명
- 한국 정부의 궤적과 전망 -

정혜경
일제강제동원&평화연구회 대표

IFES

경남대 극동문제연구소
국제관계연구 시리즈 35

Ⅰ. 문제 제기
- 죽창으로 넘을 수 없는 한일관계의 벽 -

일본은 1938년 국가총동원법을 제정한 후, 국가 총동원 체제를 운영하며 조선과 일본, 중국과 만주, 남사할린, 동남아시아, 태평양 지역의 인력과 물자, 자금을 동원해 아시아태평양전쟁을 수행했다. 1945년 8월 14일 일본 정부와 천황의 포츠담선언 수락 조서의 서명으로 15년에 걸친 전쟁이 끝나고, 한반도는 광복을 맞았다. 광복 후 남은 과제는 신국가 건설과 전후청산이었다.

일본의 식민지배와 전시 강제동원에 대한 적정한 배상은 전후청산 과정 가운데에서 매우 비중이 높았다. 그러나 전후 국제관계 속에서 한국 측의 배상 요구 관철은 쉽지 않았고, 한국은 광복과 동시에 맞은 분단 상황 속에서 신생 독립 국가가 자력으로 일본을 상대로 배상을 쟁취해야 하는 부담을 안게 되었다. 1965년 한일 양국은 국교정상화와 청구권 회담을 마무리했지만 현재 다시금 한일관계의 걸림돌로 자리하고 있다.

강제동원 피해 진상규명은 전후청산에 필요한 또 다른 기둥이다. 배상문제가 양국 간 회담을 통해 합의할 수 있는 사안이라면, 강제동원 피해 진상규명은 정치권의 합의로 마무리할 수 있는 사안이 아니다. 한일 양국 사회가 전쟁피해문제에 대해 진정성을 가지고 대면해야 하는 일이기 때문이다.

또한 강제동원 피해 진상규명은 한일 양국이 진정으로 전후청산을 할 수 있는 가장 중요한 방법이다. 강제동원 피해 진상규명을 통해 한일 양국 사회는 피해자성을 공유하며, 이를 토대로 미래지향적 관계를 유지할 수 있다. 1965년 한일협정 체제가 낳은 불충분한 배상문제를 충분한 상태로 만드는 것도 역시 강제동원 피해 진상규명이다. 그러나 현재 한일 양국은 강제동원 피해 진상규명에서 배상문제 이상으로 진전을 보지 못하고 있다. 강제동원 피해 진상규명을 제대로 하지 못한 대가는 불충분한 배상문제와 맞물리면서 현재 최악의 한일관계를 만든 원인이 되었다고 생각한다.

2019년 가을, 대법원 판결(2018.11)에 대한 일본 측의 입장은 일관된다. 일본이 전쟁 가해국이고 일본기업이 패소했건만, 오히려 한국이 국제법을 어긴 몰염치한 대상인 듯 몰아대고 있다. 이에 대한 한국 정부의 전략은 대일 촉구 외에 찾기 어렵다. 정책 대신 불매운동 등 대중 운동에 의존하고 있는 듯하다. 한국 사회의 불매운동은 일본에 대한 압박을 통해 한국 정부의 협상력을 높이는 동력이다. 그러나 한국 정부는 이러한 동력을 제대로 활용하지 못하고 있다. 대일 촉구는 필수적이지만 그것만으로는 해결할 수 없다. 또한 문희상 의장 등 정치권의 제안은 '원고단의 현금 자산화 막기'에 치중되어 있는 무책임한 '던짐'에 가깝다.

한국 정부나 정치권의 대응은 모두 문제에 대한 명확한 인식이 부족한 결과라고 생각한다. 문제를 명확하게 인식하면 해답도 어렵지 않게 도출할 수 있다. 그렇다면 해결의 열쇠는 무엇인가. 양국 정상의 통 큰 결단이 아니라 피해 진상규명이라고 생각한다. 강제동원 피해진상 규명이 해결책이라는 점은 그간 한일 양국 정부와 사회가 걸어온 길이 증명하고, 독일이 전후 걸어간 길이다. 양국 정상의 통 큰 결단이 오히려 해결을 어렵게 만들었음은 2015년 한일 일본군위안부 합의가 증명해주었다. 역사의 교훈은 멀리 있지 않다.

이 글에서는 광복 후 현재까지 강제동원 피해 진상규명(일본군위안부 피해문제 제외)과 관련해 기울인 한국 정부의 정책을 분석하고 향후 전망을 위해 제언하고자 한다. 광복 이후 현재까지 강제동원 피해 진상규명과 관련한 한국 정부의 여정을 '국무총리 산하 대일항쟁기 강제동원피해조사 및 국외강제동원희생자등 지원위원회(이하 강제동원위원회)' 설립을 기준으로 세 시기로 나누었다.

II. 대일배상에 목말랐던 시기 :

광복 후 강제동원위원회 설립 이전수립까지

1. 광복 후 한국 정부의 주요 성과

대일배상은 광복 후 한국 사회의 화두 가운데 하나였다. 약 100만 명 정도 되는 국외 강제동원 피해자들이 임금을 받지 못한 채 고향으로 돌아오면서 대일배상 요구는 강해졌다. 이들의 배상요구는 대한민국 정부를 움직이는 동력이었다. 정부 수립 후 이승만 정부는 '대일배상요구조서'를 작성하는 등 적극적으로 대응했다. 그러나 GHQ(연합국 최고사령부 총사령부, General Headquarters. 정식 명칭 Supreme Commander of the Allied Powers)를 상대로 추진했던 대일배상 정책 방향은 1951년 샌프란시스코 대일강화조약에 따라 한일 국교정상화 회담으로 바뀌었다.[1]

〈그림 1〉	〈그림 2〉
대일배상요구조서 표지	일정시피징병징용자명부 겉표지
(이상호 제공)	(충남)

1　대일강화조약은 제4조에 일본이 해당 지역 당국 및 주민과 특별 협정을 통해 청구권을 처리하도록 했다.

총 7회에 걸친 한일회담 중 제1공화국 시기에는 4차례 회담이 열렸다. 이승만 정부는 대일배상을 위해 총 두 차례에 걸쳐 전국 단위로 피해 신고를 받고 결과를 일정시피징용징병자명부와 왜정시피징용자명부로 정리했다. 이승만 정부가 명부를 만들었던 이유는 대일배상이 당시 강력한 사회적 요구였고, 전후청산의 방법이었기 때문이었다.

그러나 어렵게 만든 명부는 제 역할을 하지 못했다. 배상문제 해결 과정에서 명부라는 '무기'는 꺼내 보지도 못한 채 이승만 정부 시절의 회담은 막을 내렸다. 진상규명이라는 점에서도 명부는 활용할 수 없었다. 두 종류의 명부 모두 신고에 그친 자료였으므로 생명력을 부여하기 위해서는 분석을 통해 신뢰성을 부여해야 했다. 그러나 이승만 정부는 신고만 받았을 뿐이었다. 명부에 생명력을 부여하는 작업은 강제동원위원회 설립 이후에 가능했다. (정혜경, 2017: 89-98)

〈 표 1 〉 일정시 피징용징병자 명부와 왜정시 피징용자 명부 개요

일정시 피징용징병자 명부	왜정시 피징용자 명부
● 수록인원: 228,724	● 수록인원: 285,771
● 작성배경: 제2차 한일회담 준비를 위해 전국 단위로 조사하고 도별로 취합해 제출한 명부로써 1953년 1월 내무부가 최종 취합본	● 작성배경: 제4차 한일회담에 대비하여 1957~1958년에 걸쳐 노동청이 전국 단위로 신고를 받아 도별로 취합한 명부
● 내용: 성명, 생년월일, 주소(면리 단위), 동원기간, 동원지, 귀환 및 사망 여부 등 수록. 군인, 군속, 노무자 등 포함	● 내용: 성명, 동원 당시 연령, 주소(면리 단위), 동원일, 귀환 및 사망 여부, 귀환일 등 수록. 군인, 군속, 노무자 등 포함
● 특징: 현존하는 最古의 강제동원 명부로써 정부 수립과 6.25전쟁 등 혼란한 시기에 정부가 국가의 책무를 다하기 위해 노력한 사례 *13.6. 주일 한국대사관 신축 이전과정에서 발견된 명부 3종 중 하나	● 특징: 위원회가 전국 시군구 공무원 약 2천여 명과 합동으로 '06.6.~'08.12.(총 2년6개월)에 걸쳐 전수조사를 실시. 211,342명에 대한 검증을 완료하여 118,520명을 피해자로 확인 '검증—왜정시피징용자명부'로 활용

중단된 한일회담은 장면 정부 수립 직후 예비회담을 재개했으나 1961년 5.16쿠데타를 거쳐 박정희 정권 때 마무리했다. '대한민국과 일본국간의 기본관계에 관한 조약 및 부속협정문'(이하 한일협정)에서 최종 합의한 청구권 관련 내용은 일본이 한국에 대해 무상공여 3억 달러, 정부 차관(유상) 2억 달러, 민간상업차관 3억 달러 이상 제공이다.

이후 강제동원 진상규명의 토대 마련에 성과를 낸 정부로는 노태우 정부를 꼽을 수 있다. 노태우 정부는 1987년 6월 민주항쟁의 산물인 직접선거를 통해 출범했다. 전두환의 장기집권 기도를 무너뜨렸으나 민주 정부를 수립하지 못한 한국 사회에서 정부에 대한 시선은 곱지 않았다. 또한 정부 출범 시기는 국제적으로 냉전이 종식되는 시기였다. 이에 따라 정부는 냉전 종식과 민주화라는 두 가지 큰 시대적 흐름에 영향을 받아 한러수교를 했으며 대일외교정책도 추진했다. 1990년 5월 방일 과정을 통해 이룬 강제동원 노무자와 군인·군속 관련 명부 총 12종 입수는 강제동원 분야에서 획기적인 성과이다. 이 자료를 통해 1990년대 소송과 강제동원위원회의 진상조사가 가능했다.

2. 광복 후 아시아태평양전쟁 피해자 단체 현황

1945년 9월 응징사원호회를 필두로 전쟁피해자 단체가 출현하기 시작했다. 일본과 동남아시아 한인 귀환이 완료된 1947년 이후에는 태평양동지회, 화대천도재류동포 구출위원회, 중일전쟁 태평양전쟁 전국유가족 동인회 등이 탄생했다. 1948년 10월, 태평양동지회는 국회에 '대일강제노무자 미제금(未濟金) 채무이행요구에 관한 청원'을 제출했고, 다른 두 단체도 각각 '대일 청장년 사망배상금 요구에 관한 청원'과 '화태·천도 재류동포 환국운동에 관한 청원'을 제출하고 사망배상금을 요구했다. 당시 국회는 세 가지 청원을 모두 채택한 뒤 정부에 시급한 대책 수립을 요청했고, 정부도 '대일배상요구'에 부분적으로 반영했다.[2]

이후 이들 단체의 활동 내용은 알 수 없다. 피해자단체는 1965년 한일

협정 체결과 관련한 대일보상금청구 과정을 통해 다시 출현했다. 한국 정부는 '대일민간청구권 자금'에 의한 인적·물적 보상을 통해 인적피해 보상 8,552명(25억 6,560만원)과 물적피해보상 74,967건(66억 2,209만원)을 지급했다. 인적피해보상 지급 건수가 8천여 명에 그쳤던 가장 큰 이유는 정부의 의지 부족이었다. 정부 차원의 홍보도 부족했고 신청 기간도 짧았으며, 지급 대상도 현지 사망과 행방불명으로 제한했고 신고자가 스스로 문서를 통해 입증해야 했다. 이렇듯 대일민간청구권 보상금 지급은 아쉬움을 남겼으나 피해자 사회에 자극이 되었다. 피해자들은 자신들의 권리를 인식했고, 1973년 4월 친목단체 수준으로 탄생한 '태평양전쟁희생자유족회'는 전국 규모의 단체로 성장했다.

일본에서 제기한 소송은 국내 피해자단체 성장과 다변화에 영향을 미쳤다. 1980년대에는 재일동포 중심으로 진행하다가 1990년부터 한국 거주 피해자 소송으로 이어갔다. 한국의 피해자단체들은 일본(정부와 기업)을 상대로 소송을 제기했고, 이 과정에서 '태평양전쟁희생자유족회' 독점 체제는 막을 내리고 지역별로 여러 단체가 각각 소송에 나섰다.

그러나 일본 법정에서 얻은 판결은 대부분 '기각'이었다. 승소(인용)나 '화해'로 확정판결 받은 소송은 원폭 관련 소송을 제외하면 2건에 불과했다. '광주 천인소송'을 정점으로 일본지역 소송은 소강상태에 접어들었다. 2000년대에 들어 미국 캘리포니아와 국내에서도 일본기업을 상대로 제소했으나 진상규명 없이 시작한 소송의 결과는 참담했다. 기본 자료도 제시하지 못하는 궁색한 소송이었다. 이스라엘 정부 차원의 진상규명이 선행되었던 홀로코스트소송과 비교할 수 없었다.[3]

한국에서도 기각 판결이 이어지자 일본과 미국에서 제기한 오랜 소송에 지친 피해당사자와 유족들은 법정을 떠나 방향을 한국 사회로 돌렸

---

2   조병옥, 김창숙, 오세창, 이극로 등 당대 명망가들이 단체의 고문이나 회장으로 활동 했다.

다. 이들은 2000년부터 시민단체와 함께 특별법 제정 운동으로 전환했다. 운동 방향의 전환은 피해자 사회의 주도권을 피해자가 아닌 시민단체와 명망가들이 잡는 계기가 되었다.

3. 한국 정부가 운영했던 진상규명 기관

아시아태평양전쟁으로 아시아태평양 민중들이 입은 피해에 대한 진상규명의 책임은 가해국 일본에 있다. 그러나 일본 정부 차원의 진상규명은 이루어진 적이 없다. 다른 아시아태평양전쟁 관련국들도 마찬가지였다. 전쟁 관련국 가운데 정부 차원의 진상규명을 시도한 나라는 한국이 유일하다. 2004년 11월 10일 출범한 강제동원위원회는 세계 유일의 '일본이 일으킨 아시아태평양전쟁에 의한 피해를 조사하는 공적 기관'이었다. '전후 역사상' 첫 시도와 성과를 기록했으나 아쉽게도 11년 만에 중단했다. 그러나 강제동원위원회 활동을 통해 대일역사갈등 해결과 미래지향적 한일관계의 가능성을 확인한 점은 큰 성과라고 생각한다.[4]

1) 특별한 경험, 진상규명 특별법제화

강제동원위원회 발족 배경에는 한국의 민주화와 시민사회의 성장, 국제연대의 성과라는 두 가지가 있었다. 아시아태평양전쟁 강제동원 피해

---

3   미국에서 소송이 가능했던 것은 전쟁 중 강제 노역했던 미군 포로들이 일본기업을 상대로 소송을 제기했기 때문이다. 캘리포니아 주는 나치 정권과 동맹국에 대해 2010년까지 시효를 연장한다는 징용배상특별법(일명 헤이든 법)을 제정해 소송의 길을 터주었다.

4   강제동원위원회 폐지를 막기 위해 2015년 11월, 일본의 대표적인 역사학자들과 일본 시민단체는 연명으로 대한민국 국회와 대통령에게 존속을 청원했고, 국내 주요 언론에서도 폐지의 문제점을 제기했다. 폐지 직후부터 유족들은 강제동원위원회의 복원을 원하는 입법 활동을 벌이기 시작했다. 현재 국회 상임위원회에 계류된 강제동원 특별법 개정안 3건은 모두 강제동원위원회의 운영을 담고 있다. 여전히 강제동원위원회의 존재의미가 있음을 입증하는 사례이다.

는 한일관계에 그치지 않는다. 당시 조선은 물론, 동남아시아와 중국, 일본, 태평양 민중들도 피해자였기 때문이다. 그러므로 국제연대를 통해 전쟁 피해의 상흔을 치유하고 평화의 길로 나아가야 한다. 이 길을 걷기 위한 국제연대의 역사가 있었고, 이 역사는 한국이 정부 차원의 진상규명작업을 시작하는 밑거름이 되었다.

민간 재판 이벤트인 '일본군 성노예 전범 국제법정(2000년 12월 8~12일, 일본 도쿄)'은 대표적 국제연대이다. 참가 시민들은 일본의 전쟁책임 문제가 한일 양국을 넘어 세계시민 사회가 함께 지속·조직적으로 대응할 문제라는 점을 인식했다. 국제법정 실행위원회는 민중과 여성의 이니셔티브를 통한 변화를 전망했다. 변화란, 국제사회와 시민사회가 판결을 받아들여 실천하고 각 정부가 법을 제정하는 것이었다. 이러한 분위기는 한국 사회에 영향을 미쳤다.

한국에서 강제동원 진상규명 법제화 움직임은 국제법정을 전후로 본격화했다. 2000년 9월, 피해자·연구 단체, 시민단체 대표들이 모여 진상규명 특별법 제정을 위한 일제강점기 강제동원진상규명모임을 발족했다. 이 모임은 12월 11일 '일제강점하 강제동원피해 진상규명 등에 관한 특별법 제정 추진위원회(이하 법추진위)'로 이어졌다. 10월 12일, 법안도 발의(김원웅 외 69명 공동 발의)했다.

그러나 3년간에 걸친 법제화 과정은 쉽지 않았다. 진상규명에 대한 한국 정부의 인식은 '외교 관계 지장 초래'에서 벗어나지 못했다. 2002년 12월 대선에서 노무현 후보가 당선된 이후에도 상황은 달라지지 않았다.[5] 법추진위는 돌파하기 위해 '자료 공개와 국적포기운동, 한일수교회의기록 공개요구소송' 등 세 가지 운동에 나섰다. 이 활동은 여론 확산

---

5 2002년 2월 관련 부처의 의견을 반영해 국회 행정자치상임위 수석전문위원이 작성한 검토보고서에는 '피해 사실 및 피해자 확인의 어려움' '외교관계 지장 초래 우려' 등 문제점이 적시되어 있었다.

에 기여했으나 정부 입장은 변함없이 '법 제정 반대'였다. 피해자단체 간 의견 차이로 국회 본회의 상정이 난항을 겪는 등 우여곡절 끝에 간신히 2004년 2월 13일 오후 국회 본회의를 통과했다. 출석 의원 175명 중 찬성 169명, 반대 1명, 기권 5명의 압도적 찬성으로 진상규명의 길을 열었다.

법안은 통과되었으나 아쉬움은 남았다. 심의 과정에서 기능이 약화된 형태로 수정되었기 때문이다. 권한의 약화(대통령 소속 → 국무총리 소속), 조사 권한 일부 삭제, 조직력 약화(위원장 등 전원 비상임), 짧은 존속 기한(2년)은 진상규명 작업 수행에 걸림돌이었다. 법이 규정한 업무와 역할은 방대한데 턱없이 부족한 연한과 조직 규모는 무리한 출발이었다. 형식상 조직으로 그칠 것이라는 우려는 컸다. 그러나 시민의 힘으로 한국 역사상 처음 진상규명의 길을 열었다는 점은 한국사회의 소중한 경험이자 자산이다(정혜경, 2017:147-153).

2) 광복 60년 만에 진상규명의 닻을 올리고, 진상규명을 위해 출항한 배

법에 명시한 강제동원위원회 업무(제3조)는 크게 여섯 가지다. 이 업무는 2010년 통합법 제정으로 '위로금 등 지원업무'가 추가할 때까지 큰 변화가 없었다. 특별법이 규정한 진상규명의 목적은 '역사의 진실을 밝히는 것'(제1조)이다. 2010년 제정된 '대일항쟁기 강제동원 피해조사 및 국외강제동원 희생자 등 지원에 관한 특별법' 제1조 등 2건의 법률에서 명시한 목적의 핵심은 역사의 진실규명 → 희생자와 유족의 고통 치유, 국민화합으로 이어지는 단계이다. '진실규명'의 핵심 업무는 '피해·진상조사' '국내외 자료수집·분석, 진상조사보고서 작성' '유해 발굴 및 수습'이다. 유해 발굴과 수습 및 자료 입수를 위한 작업은 한일유골협의체 구성에서 출발했다.

2004년 12월 17일, 일본 규슈 가고시마(鹿児島)현 이부스키(指宿)에서 열린 한일정상회담은 강제동원 진상규명의 역사에서 매우 중요하다. 노

무현 대통령이 제기한 강제동원 피해사망자 유골봉환 문제에 대해 고이즈미(小泉) 총리가 '협조'로 화답했기 때문이다. 유골봉환문제를 논제에 포함하기 위해 강제동원위원회가 꾸준히 문제 제기하고 관계기관과 협의를 거친 성과였다.

정상회담 이후 강제동원위원회 노력으로 2005년 5월부터 국장급 '한일유골협의체'가 출범했다. 한일유골협의체는 한인 피해사망자 유골봉환에 관련해 '인도주의, 현실주의, 미래 지향주의' 3대 기본 원칙에 합의했다. 강제동원위원회는 '피해자와 유족의 의사를 존중하고, 일본 정부의 책임·사죄·성의 표시를 분명'하게 한다는 2대 원칙을 세우고 준수했다. 강제동원 한인 유해봉환 등을 위해 양국 정부가 참가한 국장급 및 실무자급 협의회는 한국(한국 측 대표 강제동원위원회)과 일본(일본 측 대표 외무성)에서 번갈아 개최했는데, 2011년 상반기 협의체 한국 측 대표가 위원회에서 외교부 동북아시아국으로 바뀔 때까지 국장급 협의(총 7차)와 실무자급 회의(총 9차)가 열렸다.

강제동원위원회는 처음부터 한일유골협의체를 유골 문제에 국한하지 않고 자료 입수 및 각종 현안 토의 등 강제동원 진상규명과 관련한 모든 문제를 협의하는 창구로 설정했다. 공탁금과 후생연금명부를 입수 대상 자료로 설정하고 '유골봉환을 위해서는 조사와 관련 자료 공유가 선행되어야 한다'는 논리와 전문성으로 대응했다(정혜경, 2017:159-161).

3) 자료, 진실규명과 대일역사문제 해결을 위한 무기

강제동원피해 진상규명은 평화를 향한 장정이며, 자료 확보와 분석은 가장 중요한 작업이다. 강제동원위원회는 자구책으로 확보한 자료를 토대로 두 단계로 작업했다. 첫 번째는 기존 자료에 대한 철저한 분석이고, 두 번째 단계는 피해조사 결과를 통한 다듬기이다. 국내 소장 자료 가운데 가장 규모가 크고 진상규명 업무에 바로 활용할 수 있는 자료는 국가기록원이 '일제강제연행자명부'라 명명한 일명 '48만 명부'(중복 인원 포함)이다. 이 자료는 대부분 자료 인수 이전에 '원질서'가 파괴되어 생산배경과 과정에 대한 정보를 파악할 수 없는 상태였다.[6]

자료 분석에 도움을 준 것은 226,583건의 피해신청서와 위원회가 자체적으로 수집한 명부와 사진 등 다양한 자료, 그리고 자체 수립한 명부 분석시스템이었다. 11년간 위원회가 수집한 자료는 5,377건이고, 유형별로 문헌류, 박물류, 시청각류로 구분할 수 있다. 이 가운데 피해 사실 입증에 가장 큰 도움이 되는 명부류는 총 339종(429건)·총 180만 건이 수록되어 있다. 강제동원위원회 발족 당시 국가기록원이 확보한 48만 명부 외에 130만 건을 추가로 수집 · 발굴한 것이다(정혜경, 2019: 179-180).

어렵게 수집한 자료는 피해조사와 진상조사, 위로금 등 지원업무에만 필요한 것이 아니다. 법 제3조 '국내외 관련 자료수집 분석 업무'는 역사의 진실규명 → 고통 치유, 국민화합의 진상규명 과정의 첫 단계이다. 자료는 진상을 파악하는 열쇠이기 때문이다. 진상규명은 대일역사문제 해결의 출발점이고, 자료 활용의 최종 단계는 대일역사문제 해결이다.

<그림 3> 수집자료 활용 흐름도

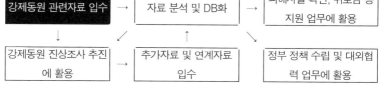

4) 유골조사 및 봉환을 통해 거둔 성과 — 인간의 보편적 가치와 신뢰

아시아태평양전쟁 기간 중 현지에서 사망하거나 행방불명으로 돌아오지 못한 약 23만 위(강제동원위원회 추산)의 유골봉환은 진상규명의 최종

---

6   위원회가 발견한 오류와 이에 대한 교정내용은 2006년에 관련기관에 통보를 했고, 주요 내용은 학술지를 통해 공개했다(정혜경, 2007, 2009).

단계이다. 귀환의 한 종류이기 때문이다. 강제동원위원회가 발간한 『한
· 일유골정책자료집』과 『유골봉환백서』에 따르면, 강제동원 피해사망자
유골봉환은 1945년 일본 패전 직후부터 있었다. 총 20회에 걸쳐 유골과
위패를 봉환했다. 주로 재일한국인거류민단이나 단체 차원의 봉환이지
만 이 가운데 9회는 정부 차원의 봉환이었다. 그러나 정부 차원의 봉환
이라 해도 강제동원위원회가 유골봉환 업무를 시작하기 이전에는 '전달'
이었다. 유족에게 알리지도 않았고, 추도식도 없었다. 한인 여부를 검증
하지 못하거나 유족을 확인할 수 없는 유골이 다수였고, 북한적 유골도
있었다(강제동원위원회, 2009:3-8).

　강제동원위원회 발족 이후 유골봉환이 이전 시기와 다른 점은 '정부가
정부 차원의 조사를 통해 검증한 유골을 유족의 의사에 따라 봉환한다.'
는 점이다. 이 원칙에 따라 먼저 유골 실태를 파악하고, 실태를 파악한
유골을 대상으로 신원을 확인한 후 유족을 찾고 봉환 의사를 확인해 정
부 차원의 예를 갖추어 봉환하는 절차를 밟았다. 이 원칙은 첫 사례인 도
쿄 유텐사(祐天寺) 유골 봉환 후 현재 사할린 유골봉환까지 정부 주도의
유골봉환에서 지키고 있다.[7]

　한일 정부 간 기본방침에 따라 2008년 1월 23일부터 2010년 5월 19일
까지 총 4회에 걸쳐 유텐사 안치 한인 유골 중 우키시마호 사망 유골(유
골봉환 이전에 자료 공개 및 보상을 요구한 유족 의사에 따라 봉환 보류)을 제
외한 군인 · 군무원 유골 총 423위를 봉환했다(강제동원위원회, 2009).

　국립 망향의동산에서 열린 추도식 및 안치식은 유족이 '유골과 대면'
하는 자리이자 '완전한 귀향' 절차였다. 유텐사에서 창씨명으로 추도식
을 지내고 고국으로 돌아온 유골은 국립 망향의 동산에서 일본 유골함과

7　　유텐사는 1718년에 건립한 정토종(淨土宗) 사찰인데, 일본 정부가 위탁한 동남아
시아와 태평양 지역에서 사망한 군인 · 군무원 유골과 우키시마호 사망자 유골이 안
치되어 있었다.

상자, 보자기를 벗고 본명을 새긴 한국 유골함으로 옮겨 담긴다. 60년이 넘게 제 이름을 잃고 창씨명으로 지냈던 주인공이 비로소 고국에 돌아와 제 이름을 찾는 순간이다.

유골봉환은 피해자의 슬픔을 통해 한국과 일본 사회가 사실의 무게를 느끼고, 진실에 다가서는 과정이다. 그 중심에는 순수한 피해자의 아픔이 있다. 남편 없이 아비 없이 살아오며 겪어야 했던 신산(辛酸)함을 담은 통곡 소리는 주변 사람의 마음을 움직였다. 유족들의 순수한 애도의 표현은 일본 정부 담당자가 처음 목격한 모습이자 일본 전후 세대가 전쟁 피해를 생각하게 하는 현장이었다. 현재 아시아태평양전쟁으로 인한 슬픔과 상처를 일본 사회는 잊고 있다. 전후 세대가 이 슬픔과 아픔을 기억하기는 쉽지 않다. 쉽지 않은 기회를 한국의 유족들이 제공했다.

〈그림 4〉
일본 유텐사 추도식
(2009.7. 일본정부 주관)

〈그림 5〉
국립 망향의동산 추도식
(2009.7. 한국정부 주관)

제1차 유텐사 봉환 후 한일유골협의회는 자료 입수에서 성과를 쏟아냈다. 후생연금명부 DB 작업을 필두로 군인군속 공탁금 명부 일괄 입수, 노무자 공탁금 명부 전격 입수, 후생연금보험 자료 조회 등등이다. 특히 노무자공탁금 명부 입수는 '판도라의 상자'가 열리는 획기적 성과였다.

동원 기업과 미불금 내역이 상세히 기록되어 강제성 입증에 결정적 자료이기 때문이다.

이 같은 성과는 단지 자료입수성과를 넘어서 대일역사문제 해결 가능성을 확인한 사례라는 점에서 의미가 있다. 당시 강제동원위원회를 둘러싼 여건은 좋지 않았다. 한시 기구였던 강제동원위원회는 한국의 대통령 선거 이후 풍전등화에 놓여 불안한 시기였다. 한일관계도 불편한 시기였으나 한일유골협의체는 순항했다. 순항한 이유는 두 가지다. 첫째, 전문성과 사명감을 갖춘 강제동원위원회의 노력이다. 둘째, 한일유골협의체에 대한 기대감이다. 일본 측은 유골봉환이 가져온 긍정적 효과를 인정하고 기대감을 증폭시켜 나갔다(정혜경, 2017:176-181).

5) 피해조사와 진상조사 결과의 축적 — '위로금 등 지원'의 지름길

피해조사와 진상조사는 진상규명의 또 다른 축이다. 법 제12조(진상조사 신청 및 피해신고)에 근거해 이루어졌다. 강제동원위원회는 2005년 2월부터 3차례(2005.2.1~6.30, 2005.12.1~2006.6.30, 2008.4.1~6.30) 피해신고를 접수했다. 피해 접수 기간은 3년이었으나 총 접수 기간은 15개월에 불과했다. 이 기간 중 228,126건의 피해 신고와 52건의 진상조사를 접수해 조사했다

그러나 총 15개월이라는 짧은 신고 기간마저 3차례에 나누어 접수했고, 2008년 6월 이후로는 신고 자체를 할 수 없도록 법으로 규정했다. 피해조사 신청기한을 제한하지 않는 이스라엘 야드바셈(Yad Vashem, 히틀러와 나치에 의해 자행된 피해역사를 조사하고 전 세계와 인류에게 역사적 교훈을 남기기 위해 1953년 이스라엘 국회가 설치한 상설 조사기구 및 기념시설)이나 중국 대학살동포기념관(1937년 일본군에 의해 자행된 난징학살피해를 조사하고 국제사회와 공유하기 위해 1985년 중국 정부가 설치한 상설조사기구 및 기념시설)의 난징학살피해조사와 달리 피해신청 권리 자체를 정부 스스로 제한해 진상규명 의지 부족을 드러낸 것이다.

또한 청와대부터 피해자단체까지 진상조사업무에 대한 몰이해로 인해 진상조사는 지속적으로 수행하기 어려웠다. 그런 가운데 어렵게 수행한 진상조사 결과는 피해조사와 대일협상자료 입수, 추도 사업에 큰 도움을 주었고, 피해자 사회가 바라던 최소한의 '위로금 등 지급'으로 이어졌다.

정부는 2006년 3월, 1970년대의 미흡한 보상에 대한 후속 조치로써 '위로금 등 지원'에 관한 대책을 발표하고, 위로금(사망 및 행방불명, 부상장애자)과 지원금(미수금, 생존자의료지원금)을 지급하는 내용의 법(2007년 12월 10일 법률 제 8669호 '태평양전쟁 전후 국외 강제동원희생자 등 지원에 관한 법률')을 제정했다. 이 법에 따라 '태평양전쟁전후국외강제 동원희생자 지원위원회'를 설립하고 '위로금 등 지원' 업무를 시작했다(강제동원위원회, 2016;74). 위로금 지급을 위한 신청 접수도 한시적으로 이루어졌다.

'위로금 등 지원' 업무는 정부가 6천억 원의 예산을 집행하고도 네 가지 이유로 인해 긍정 평가를 받지 못했다. 첫째, 피해신고와 신청기간의 제한이다. 가장 큰 제도적 결함이다. 둘째, 미수금은 피해자가 당연히 돌려받아야 할 권리임에도 강제동원위원회에서 정보를 공지하지 않아 일부 피해자만이 미수금을 수령했다. 위원회가 확보한 미수금 관련 기록 175,000건 가운데 수령 인원은 16,228건(9.3%)에 그쳤다. 셋째, 유족의 사망에 의한 지원금 수령자격 박탈이다. 위원회에서 희생자(사망과 행방불명 피해자)의 유족으로 인정한 경우라도 지원금 수령 전에 사망했다면 지원금 수령 자격을 박탈했다, 넷째, 한반도 피동원자의 제외 문제이다. 피해신고대상에 포함하고 지원 대상에서 배제하는 행정적 모순을 정부 스스로 만들고도 시정 노력을 하지 않았다. 이 네 가지는 1970년대 보상 정책 집행 과정에서 취한 박정희 정권의 입장을 그대로 계승했다(정혜경, 2017: 201-205).

〈그림 5〉 진상조사 역할

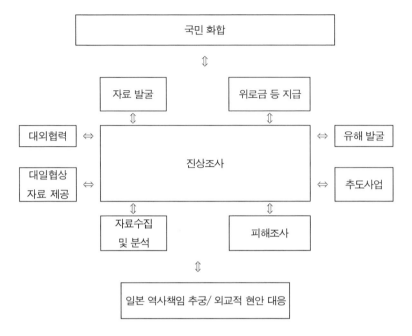

6) 태풍급 정치적 외풍 앞에 멈춘 진상규명의 항해

2015년 말 18대 국회 종료와 함께 강제동원위원회 연장을 위한 11개 법안은 자동 폐기되었고, 강제동원위원회는 문을 닫았다. 강제동원위원회가 문을 닫은 원인은 세 가지다. 첫째, 정부의 대일역사인식 문제이다. 특정 정권의 문제만이 아니라 역대 정부의 역사 인식 한계이기도 하다.

둘째, 피해자 사회의 변화였다. 강제동원위원회 설립 이후 유골봉환과 자료 입수, 피해조사 성과에 의한 위로금 등 지원의 과정을 경험한 피해자 사회는 새로운 환경을 원했다. 소송과 보상입법이었다. 위로금 등 지원금을 지급받은 일부 유족들은 현행법으로 '위로금 등 지원' 금액의 증액 지급은 기대할 수 없다고 판단하고, 보상 입법이라는 새로운 길을 찾았다. 또한 2012년 5월 24일 일본기업(미쓰비시중공업, 신일본제철)을 상대로 8인의 강제동원피해자가 제기한 손해배상 청구소송에 대한 대법원 판결로 승소 가능성에 대한 기대감이 상승했다.

물론 이 판결에 대해 법조계의 전망은 낙관적이지 않았다. 대법원 판결에 즈음해 발표된 국회 입법조사처 소식지『이슈와 논점』464호(2012년 6월 4일자)에서는, 판결이 '식민지배와 직결된 불법행위에 관한 손해배상으로서 과거청산의 의미'가 있으나, 법리적 판단에 불과하다는 점을 지적했다. 법학계에서도 대법원 판결이 피해자들에게 큰 희망을 주었으나 피해자 구제 및 정의의 구현이라는 목표에 도달했다고 보기 어렵다고 판단했다(남효순 외, 2014:11-30). 이러한 우려는 2019년에 현실로 돌아왔다. 그러나 소송은 대세가 되었고, 승소 가능성에 대한 기대감은 높았다.

세 번째 원인은 스스로 역할과 방향을 망각한 강제동원위원회 고위급들이다. 강제동원 진상규명 업무를 챙겨야 할 위치에 있는 사람들이 본분을 망각했다. 강제동원위원회 구성원이라면 당연히 가져야 할 사명감과 역사 인식은 이명박 정부 출범 후 뒷방 신세가 되었다(정혜경, 2017:205-214).

7) 위원회 출범 후 시민사회와 유족단체 현황

위원회 출범 후 피해자 사회의 변화는 크게 세 가지라고 생각한다.

하나는 달라진 리더들이다. 피해자와 유족이 담당하던 리더의 역할을 법제화 과정을 통해 자연스럽게 명망가들이 이어받았다. 새로운 리더들은 피해자 사회에 객관적인 정보를 제공하거나 일관된 방향으로 이끄는 노력이 부족해 긍정적 역할보다는 오히려 피해자 사회의 분열에 일정한 역할을 했다고 생각한다. 피해자 사회의 입장이나 의견을 존중하는 노력이 부족하기 때문이다. 사실과 다른 내용을 피해자 사회에 전파하는 등 무책임한 주장은 그치지 않고 있다.

둘째는 정부에 대한 신뢰를 잃은 피해자 사회이다. 피해자 사회는 2007년 8월 2일 국회 본회의를 통과한 보상법안(태평양전쟁전후 국외 강제동원희생자 지원법)이 노무현대통령의 거부권 행사로 폐기되는 과정을 경험했다.[8] 2007년에 지원금 제도를 마련했으나 제한적으로 운영하다가 중단했고, 위원회 폐지 이후 정부의 창구는 사라졌다. 또한 지원금 제도의 중단은 위원회 설립 이전까지 지속된 정부의 피해자 외면이라는 상황의 부활이었다.

세 번째 변화는, 이로 인해 피해자성을 잃고 분열된 피해자 사회이다. 현재 피해자단체는 단체의 규모는 늘었으나 방향성은 불투명해졌다. 징용소송을 통해 피해자 사회는 소송을 제기하면, '적극적으로 권리를 요구하는 피해자'로써 정부 정책의 대상이 된다는 점을 알게 되었으나 동시에 기업을 상대로 소송을 할 수 없는 피해자(군인 군무원, 일본기업 관련 자료가 없는 피해자)는 정책에서 배제된다는 점도 실감했다. 이로 인해 남는 것은 피해자 사회의 혼란과 방향감 상실이다.

4. 진상규명위원회 폐지 이후 현재

1) 스스로 진상규명을 포기한 결과

2015년 12월 8일, 강제동원위원회가 폐지 직전 국회와 각계각층에 제출한 보고서('대일항쟁기위원회 관련 현안', 이하 현안보고서, 정혜경 작성)는 위원회 폐지 및 업무 이관에 따른 세 가지 문제점을 제시했다.

첫째, 특별법 취지 및 국민적 열망 외면, 국가적 책무의 회피이다. 피해자와 유족을 위로하고 국민통합에 기여하고자 한 특별법 제정 취지를 훼손해 국가적 책무를 한국 정부 스스로 포기하는 결과를 낳을 우려가 높다는 점이다. 둘째, 왜곡된 역사인식 조장 우려이다. 한국 정부 스스로 일제 강제동원 진상규명을 포기함으로써 일본 정부나 우익들에게 한국

---

8 거부권 행사 이유는 '사망자 유족 : 일시금 5,000만원 연금 월60만원, 귀환생존자 : 일시금 3,000만원 연금 월50만원, 귀환생존자 유족 : 일시금 2,000만원'을 지급하도록 한 법조문 때문이었다. 6.25전쟁 등 보훈정책 수혜대상자보다 높은 강제동원 지원금에 대해 사회적 여론이 뒷받침되지 않았던 것이다.

정부 스스로 가해 사실에 종지부를 찍었다는 그릇된 메시지를 전달할 우려가 있다는 점이다. 셋째, 일본지역 노무동원 사망자 2천 7백여 위의 유해봉환이나 자료수집 사업 등 추진 중인 사업의 중단 가능성이다. 후생연금보험자료나 우편저금자료 조회 등 지원금 지급 관련한 사업의 중단은 정부 스스로 피해자 권리를 훼손하는 상황을 낳을 것이라 지적했다.

2019년 현재, 우려는 현실로 드러났다. 사라진 것은 조직만이 아니었다. 강제동원위원회가 수집하고 소장했던 자료는 흩어졌다. 전문가들의 해산으로 공들여 축적한 전문성도, 11년간 간신히 마련한 진상규명의 토대도 사라졌다. 국가의 책무도 사라졌다.

또한 현안보고서는 최소한의 잔여 업무를 제시했다. 이 가운데 현재 명맥을 유지한 업무는 사할린 지역 유골봉환이다.

〈표 2〉 강제동원위원회 잔여업무 예상 현황표

업무 주제	업무 성과	잔여 업무
피해조사 및 위로금 지급 신청	—피해조사 : 226,583건 처리 * 강제동원 피해자 총 782만 명 대비 3% —위로금 등 신청 : 121,261건 처리 * 강제동원 피해자 총 782만 명 대비 1% 이하	—일정시피징용자명부 등재자 중 미신청자 14,867건, 피해결정자 중 미신청자 7,433건, 사할린영주귀국자 추가 신청 400건 등 총 22,700건 예상
강제동원 관련 추가 자료 입수 및 분석	—총 180만 건 명부 수집 및 분석 —일정시피징용자 명부 229,784건 중 23,110명 조사 완료	—일본 소장 우편저금명부, 예탁금 자료, 사할린 소재 한인기록물 등 수집 필요 —일정시피징용자명부 229,784건 중 미분석 잔여건 206,674건

강제동원 사망자 유해 조사 및 봉환	—일본지역 군인군속 423위 봉환 —일본지역 노무자 유골 2700위 현황 확인 —러시아 사할린 유해 36위 봉환 완료 —사할린 공동묘지 전수 조사 완료 —시베리아 및 중국 해남도 유해 조사 및 봉환 협의 중	—일본지역 노무자 유골 2700위 봉환 —사할린 잔존유해 14,000위 중 희망유골 봉환 추진 —시베리아 유해 조사 및 중국 해남도 봉환 추진 —유족 대상 DNA은행 운영

2) 자료 입수만이라도

잔여 업무 가운데 진상규명 작업에서 가장 핵심은 강제동원 관련 추가 자료 입수이다. 2015년 말에 파악한 추가 수집 가능한 자료는 4종(약 2천만 건)이다. 강제동원 진상규명 작업은 물론 피해자 권리 찾기에 필수 자료이다. 민간의 접근이 어려운 자료이므로 정부 차원에서 해야 할 일이다.

<표 3> 추가 수집 대상 주요 자료

제목	내용	규모
우편저금 자료	·전비조달을 위해 강제적으로 운영한 우편저금 제도 ·내지통상우편저금, 군사우편저금, 외지우편저금 등 세 종류 ·수집 대상: 군사우편저금, 외지우편저금 자료	·합계 약 1,936만 건 *대만인 등 포함(외지우편저금 : 1,866만 계좌, 약 22억여 엔 / 군사우편저금 : 70만 계좌, 약 21억여 엔)
예탁금 자료	·1945.9. 해외로부터 자금유입에 따른 인플레를 우려한 GHQ 지침에 따라 외지에서 귀국자의 통화와 증권을 위탁하도록 함 ·1953년부터 반환하였으나 미반환 통화와 증권이 잔존(주로 한국인으로 추정) ·2014.8. 나고야총영사관 확인	·총 87만건 추정 * 일본인 포함
시베리아억류포로 관련 자료	·1945.8. 소련 극동군이 소만 국경을 넘어 진격한 후 소련군에 의해 시베리아 및 몽골지역에 이송된 군인(한인 포함) ·일본정부가 러시아에서 입수한 46,303명 중 한인 포로 포함	·총 1만 1천여건 추정 ·한인포로 10,206명 ·한인포로사망자 1천여명
사할린 한인 기록물	·국립사할린주 역사기록보존소, 국립사할린주 개인기록보존소, 지자체 기록보존소 등지에 소장된 한인기록물 ·2013.5. 외교당국간 교섭을 통해 한러정부간 기록물 사본화 합의 ·2014년도 1차년도 사업추진[명단 7천여건 확보] 후 2015년도 예산 미반영으로 중단	·총 4만건 추정

이 가운데 일본과 협의가 필요한 2종(우편예금, 예탁금 자료)의 입수는 난망해 보인다. 공탁금자료 제공으로 절정을 이뤘던 대일자료입수창구

는 노무동원 피해 소송이 본격화한 후 막혔다. 일본과 달리 러시아 정부와 협의 전망은 밝다고 생각한다. 이 점은 이미 사할린 한인 기록물 입수를 위한 외교 교섭 과정에서 확인했다. 러시아 정부와 새로운 교섭이 필요한 자료는 시베리아 억류포로관련 자료이다(강제동원위원회, 2010: 21-23).

3) 한일관계의 발화점 — 역사문제

전후 한일 간 역사에서 대일역사문제는 늘 한일관계의 발화점으로 작용하고 있다. 가장 바람직한 한일관계의 사례로 꼽히는 김대중 시절에도 1999년 신한일어업협정은 1998년 김대중-오부치 공동선언(21세기 새로운 한일 파트너십 공동선언)으로도 넘을 수 없는 벽이자 한일관계를 냉각시키는 중심축이었다. 독도는 한국이 점유하고 있는 유리한 상황인 데 비해, 강제동원 문제는 점차 복잡해지고 있다.

2018년 10월 말 대법원 판결은 취약한 한일관계의 토대를 허무는 작용을 했다. 양국 모두 전후 독일과 이스라엘이 걸어온 역사청산의 사례(진상규명을 통한 피해자성 유지)를 무겁게 받아들이지 않고 외면하며 외교 현안의 하나로 대응해왔다. 강제동원문제는 양국이 지속적이며 일관성을 가지고 노력해야 하는 과제임에도 정권의 향배에 영향을 받고 있다. 정략적으로 활용 가능한 주제라는 점을 인식하고 적용한 결과이다.

이러한 상황 조성에는 언론의 과잉 반응도 일정한 몫을 담당했다고 생각한다. 이같이 한국 법원의 판결은 광복 74주년이 지났으나 여전히 강제동원문제가 미해결과제이며, 앞으로도 재현될 발화점이라는 점을 명확히 보여주었다. 그러므로 장기적인 대응 자세가 필요하며, 원인과 과정에 대한 객관적인 진단을 통해 해법을 도출해야 한다고 생각한다.

한국 사회의 가장 큰 문제는 강제동원 자체에 대한 이해 부족과 피해자성의 상실이다. 학계는 안일한 자세로 기존의 오류를 시정하지 않고 연구를 활성화하지 못했고, 한국 사회는 일본기업의 중국 피해자 조치나

독일재단에 대한 오해로 일관하고 있다. 제2차 세계대전 피해국의 진상 규명 노력은 국가책무로서 세계 보편적인 추세임에도 한국 정부는 진상 규명의 필요성을 인식하지 못하고 미봉책으로 대응해왔다. 이스라엘이 야드바셈을 통해 기울이고 있는 진상규명작업은 전쟁 피해국의 노력과 역할이 문제 해결의 열쇠이자 얼마나 중요한가 하는 점을 보여준 사례이 다. 또한 국민들의 관심과 요구가 피해국 정부를 움직이고, 피해국 정부 가 가해국 정부를 움직일 수 있음을 보여주는 사례이기도 하다.

Ⅳ. 제언
- 강제동원 문제 해결을 위한 한국의 대응 방향 [9]-

1. 강제동원 피해문제를 둘러싼 상황 진단 — 미봉책으로 대응한 한국 정부

2019년 6월 19일, 한국과 일본기업의 자발적 출연금으로 재원을 조성 해 피해자에게 위자료를 주는 방안(1+1)을 일본 측에 제안했으나 일본 정부는 즉각 거부했다. 한국 정부가 제안한 배경은 전체 피해 문제에 대 한 인식의 부족이 자리하고 있다. 소송 원고단 중심의 선별적 피해자를 대상으로 한 정책 수립이자 인식의 틀 때문이다. '현금 자산화'라는 급한 불만 끄면 된다는 안일한 인식이 지배적이다. 또한 피해자 사회와 무관 한 논의로 일관한 결과이기도 하다. 정부는 현재 피해자 사회의 실태와 재단에 대한 거부감을 고려하지 못하고 있다.

---

[9]   거부권 행사 이유는 '사망자 유족 : 일시금 5,000만원 연금 월60만원, 귀환생존자 : 일시금 3,000만원 연금 월50만원, 귀환생존자 유족 : 일시금 2,000만원'을 지급 하도록 한 법조문 때문이었다. 6.25전쟁 등 보훈정책 수혜대상자보다 높은 강제동 원 지원금에 대해 사회적 여론이 뒷받침되지 않았던 것이다.

왜 피해자 사회는 재단을 거부하는가. 박근혜 정부 시절 명망가들이 강제동원피해자지원재단 설립 과정에서 피해자 사회를 기만한 결과이다. 이 과정을 통해 피해자 사회는 재단이라는 존재가 갖는 기능과 역할 자체를 부정적으로 인식하게 되었다. 또한 재단 설립은 대안 가운데 하나일 뿐 전체일 수 없음에도 현재 한국 정부는 재단 설립 제안 외에 다른 대안은 제시하지 못하고 있다.

대법원 판결에 대한 일본의 대응 모습은 소송을 통한 해결 방법의 한계를 명확히 드러냈다. 일본 기업은 위자료 지급을 거부했고, 원고단의 의도와 무관하게 '현금 자산화'는 한일관계에서 폭풍의 눈으로 작용하고 있다. 게다가 '현금 자산화'는 '진정한 사과'라는 원고단의 취지나 명분과는 거리가 있다.

또한 원고단의 소송 대상은 확대되고 있다. 미쓰비시중공업과 신일본제철 소송의 피고는 일본기업이었지만, 소송의 피고에는 모두 한국 정부가 들어 있다. 일본기업이 위자료 지급을 이행하지 않으면서, 해결의 주체도 한국 정부가 되었다. 현재 한국 시민사회는 이런 상황을 쉽게 이해하기 어렵다. 노무자를 동원한 주체는 일본 정부와 기업이므로 배상의 주체도 일본 측이라고 생각하기 때문이다. 그러나 피해자 사회는 한국 정부를 해결의 주체로 설정하고 있다. '나라를 잃어서 생긴 일이므로 나라를 되찾았으면 나라에서 해결해야 한다.'는 입장이다. 피해자 입장에서 보면 무리한 요구가 아니다

2. 한국 정부가 인식해야 할 방향과 정책 추진 방안

이제 한국 정부에 필요한 것은 해결의 주체라는 점을 인식하고 해결 방향을 모색하는 일이다.

첫째, 대일역사문제의 중요성에 대한 인식이다. 대일역사문제는 74년 전에 끝난 문제이거나 피해자(연인원 782만 명)만의 문제가 아니라 정부가 책임감을 가지고 해야 할 국가적 책무이며 국민들에게 정부의 신뢰와

사회통합 추진력을 입증할 수 있는 중요한 사안임을 인식해야 한다.

둘째, 피해자 중심주의에 대한 인식이다. 정부가 상대해야 하는 피해자는 일본기업을 상대로 한 소송원고단이 아니라 전체 피해자 사회임을 인정하고 정책을 수립할 필요가 있다.

셋째, 강제동원 피해문제는 남북한 공동의 과제라는 점을 인식해야 한다. 피해자의 30%가 북한지역 출신자이며, 남측 피해자가 북측 강제동원 노역장에 동원되었다. 조일수교에 대비해 북측이 갖는 중요성을 인식하고 남북공동대응과제로 설정할 필요가 있다. 민간단체(민화협 등)를 통한 대응 방식은 지양하고 정부 책임 아래 추진해야 한다(일제강제동원&평화연구회, 2018).

넷째, 피해자 사회에 대한 정확한 진단이 필요하다. 74년이 넘는 동안 피해자 사회의 역사는 정부에 대한 신뢰를 잃음과 동시에 피해자성을 잃어가는 시기였다. 피해자성이란 진상규명에 대한 의지와 피해가 반복되지 않도록 사회적으로 확산하려는 의지이다. 이러한 상황을 토대로 피해자 사회와 대면할 준비를 해야 한다.

네 가지 방향을 토대로 한 정책의 실천적 추진 방안은 다음과 같다.

- 정책의 일관성·지속성·책임성 : 한국 정부가 책임지는 모습을 통한 신뢰 회복이다. 대일역사문제를 외교 현안으로만 파악해 즉자적으로 대응하는 과정에서 피해자 사회에 준 상처를 인정하는 것에서 출발해야 한다. 그러나 국가보훈 정책의 틀은 유지해야 한다.

- 정부 차원의 진상규명 기능 회복 : 강제동원 진상규명 작업은 국가적 책무이자 세계적 추세이다. 정부는 법에 근거해 인력이나 예산, 외교력과 행정력 등을 토대로 민간 차원에서 할 수 없는 일을 지속적으로 해야 한다. 현재 국회에 계류 중인 강제동원 특별법 개정안 통과를 통해 가능하다. 진상규명 기능의 회복은 피해자성 회복을 위한 길이다. 진상규명을 통해 한국 사회는 평화를 추구하는 세계시민으로 나아갈 수 있다. 또한 일본 측에 강력한 추진 의지를 보이는 방법이기도 하다.

- 적극적 자료수집과 공유 : 자료수집의 대상 지역을 확대(일본, 러시아, 스위스, 영국, 호주 등 국제적십자와 포로 관련 국가 포함)하고, 일본의 아시아역사자료센터와 같은 자료 공유시스템 마련을 통해 한국 사회 전반으로 확산해야 한다.

- 한국 사회가 한일관계를 넘어선 인식의 확산으로 나아가도록 방향 설정하고 지원 : 아태전쟁의 피해자는 아시아태평양지역 전체 4천만 민중이므로 한일간 문제라는 인식을 넘어서 아태전쟁 피해자의 범위를 명확히 인식할 필요가 있다.

- 미래지향적 교육 방향 설정 : 현재 관련 교육자료는 피해 사실 강조에 치중되어 있다. 이러한 교육은 반일감정을 높이는 효과는 있으나 젊은 세대에게 미래지향적인 역할을 제시하지 못하고 있다. 미래 세대에 강제동원 피해가 평화를 위한 마중물이라는 점을 강조하고, 세계시민으로서 균형감 있고 미래지향적인 교육 방향을 설정할 필요가 있다.

참고문헌

1. 단행본

국무총리 소속 일제강점하 강제동원진상규명위원회. 2009, 『유골봉환백서』(서울).

국무총리 소속 대일항쟁기 강제동원피해조사 및 국외강제동원희생자 등 지원위원회.
2010, 『시베리아 억류 조선인 포로문제 진상조사보고서 – 중국 동북지역 강제동원 조선인을 중심으로』(서울).

국무총리 소속 대일항쟁기 강제동원피해조사 및 국외강제동원희생자 등 지원위원회.
2016, 『위원회 활동결과보고서』(서울).

남효순·석광현·이근관·이동진·천경훈. 2014, 『일제강점기 강제징용사건 판결의 종합적 연구』(서울: 박영사).

정혜경. 2011, 『일본제국과 조선인 노무자 공출』(서울: 도서출판 선인).

_____. 2017, 『터널의 끝을 향해 – 아시아태평양전쟁이 남긴 대일역사문제 해법 찾기』(서울: 도서출판 선인).

_____. 2019, 『일본의 아시아태평양전쟁과 조선인 강제동원』(서울: 동북아역사재단).

최영호·이상의·허광무·배석만·오일환·정혜경. 2015, 『강제동원을 말한다 – 일제강점기 조선인 피징용 노무자 미수금 문제』(서울: 도서출판 선인).

2. 논문

하승현. 2010, "일제강점기 강제동원 피해구제," 성균관대학교 국제전략대학원 석사학위 논문.

정혜경. 2009, "조반(常磐)탄전 명부자료를 통해 본 조선인 노무자의 사망자 실태," 『한국 민족운동사연구』 Vol.59.

鄭惠瓊. 2007, "日帝强占下强制動員被害眞相糾明委員會調査を通してみる勞務動員," 『季刊 戰爭責任研究』 Vol.55.

3. 기타 자료

일제강제동원&평화연구회. 2018, "일제강제동원 진상규명, 남북한의 공동 과제다," 『P's
　　　　Letter』, 53호.

_____. 2019, "미봉책은 이제 그만, 한국의 대일역사문제 해법을 찾아," 『P's Letter』, 58호.

참고자료: 위원회 관련

〈 법으로 규정한 업무 〉

○ 강제동원 피해 진상조사

○ 피해관련 국내외 자료수집·분석, 진상조사보고서 작성

○ 위로금 및 지원금 지급

○ 유해 발굴 및 수습

○ 희생자 및 유족의 심사 결정

○ 사료관 및 추도공간(제정 법률에는 '위령공간') 조성

○ 호적 등재 사항

○ 재단 설립 운영

〈표 1〉 피해조사 결과 현황 (단위:건)

구분	계	군인	군무원	노무자	위안부	기타
피해자	218,639	32,857	36,702	148,961	23	96
각하	449	21	23	339	7	59
기각	1,318	195	104	966	1	52
판정불능	6,177	325	204	5,213	305	130
계	226,583	33,398	37,033	155,479	336	337

〈표 2〉 피해조사 피해유형별 결과 현황 (단위:건)

구분	계	군인	군무원	노무자	위안부	기타
사망	19,205	3,305	8,704	7,180	-	16
행방불명	6,380	1,062	974	4,334	-	10
후유장해	3,398	414	583	2,398	1	2
귀환 후 사망	145,944	16,549	19,689	109,643	7	56
귀환 후 생존	43,712	11,527	6,752	25,406	15	12
계	218,639	32,857	36,702	148,961	23	96

〈표 3〉 진상조사 결과 현황 (단위:건)

구 분	합계	조사개시			각하	취하
		소계	완료	판정불능		
신청접수	52	28	27	1	4	20
직권조사	5	5	5		-	-
계	57	33	32	1	4	20

〈표 4〉 지원금 등 지급내역 (단위 : 건)

구분	위로금		지원금		계
	사망·행불	부상장해	미수금	의료지원금	
지급	17,880	13,993	16,228	24,530	72,631
기각	1,852	17,775	10,903	656	31,186
각하	950	1,509	6,198	82	8,739
결정금액	360,073	102,185	52,182	103,990	618,430

〈표 5〉 강제동원 피해규모 : 연인원

노무자동원			계	군무원 동원		계
한반도 내	도내동원	5,782,581	6,488,467	일본	7,213	60,668
				조선	12,468	
	관 알 선	402,062		만주	3,852	
				중국	735	
	국민징용	303,824		남방	36,400	
				군인 동원		계
한반도 외	국민징용	222,217	1,045,962	육군특별지원병	16,830	209,279
				학도지원병	3,893	
	할당모집 관 알 선	823,745		육군징병	166,257	
				해군 (지원병 포함)	22,299	
총계						7,804,376

※ 범례

1. (총계) 1인당 중복 동원 포함

2. (동원 실수) 최소 2,021,995명(한반도 노무자동원 중 도내동원 제외한 수) 이상으로
추산

3. (지역 구분)

—(국내) 6,552,883명[노무자 6,488,467, 군무원 12,468, 군인 51,948]

—(국외) 1,251,493명[노무자 1,045,962, 군무원 48,200, 군인 157,331]

4. 군무원 총수는 피징용자 동원수를 제외한 수

5. 위안부 피해자 제외

6. 군인(병력)동원수 가운데 1945년 8월 기준 한반도 주둔군 숫자는 51,948명

※ 근거자료

—大藏省 管理局 編,「戰爭と朝鮮統治」,『日本人の海外活動に關する歷史的調査』통권
제10책 朝鮮篇 제9분책, 1947, 69쪽, 71쪽.

—厚生省 調査局,『朝鮮經濟統計要覽』, 1949년판.

—朝鮮總督府,「第85回 帝國議會說明資料」,(『조선근대사료연구집성』제4호 수록).

—近藤釖一 編,「最近に於ける朝鮮の勞務事情」,『太平洋戰下の朝鮮(5)』, 友邦協會,
1964, 170쪽.

—內務省 警報局,『在日朝鮮人の槪況』,「第3節 志願兵制度と徵兵制による渡來」
(「특심자료제 1집」, 1949).

—朝鮮軍司令部,『朝鮮軍槪要史』(복각판, 宮田節子 編, 不二出版社, 1989).

—朝鮮總督府,『朝鮮事情』1941~1943년 각년도판.

〈표 6〉 일본지역 대일과거청산 소송 현황

						(2012.11.28 현재. 제소일 기준. 강제동원위원회 작성)
연번	소송명	제소일		결과	판결일	재판소
1	손진두피폭수첩 신청각하처분 취소소송(孫振斗手帳裁判)	1심	72.3.7.	인용	74.3.30	후쿠오카 지방법원
		2심	74.4.12.	인용	75.7.17.	후쿠오카 고등법원
		3심	78.3.30.	인용	78.3.30.	대법원
2	사할린억류자소송(사할린잔류 한국인보상 청구 소송)	90.8.29.		취하	95.7.14.	도쿄 지방법원

3	태평양전쟁희생자유족회사죄·배상의무확인소송(한국태평양전쟁유족회 국가 배상 청구소송)	90.10.29.			도쿄 지방법원
4	재일한인정상근원호지위확인소송(재일한국·조선인원호법옹호를 받을 지위 확인 소송)	1심 91.1.31.	기각	95.10.11.	오사카 지방법원
		2심 95.10.25.	기각	99.9.10.	오사카 고등법원
		3심 99.9.	기각	01.4.13.	대법원
5	제암리사건 소송	91.7.15.	휴지 만료	99.3.26.	도쿄 지방법원
6	사할린가미시스카(上敷香)학살사건소송(사할린 가미 시스카 한국인학살사건 진상등 청구소송)	1심 91.8.18.	기각	95.7.27.	도쿄 지방법원
		2심 95.8.9.	기각	96.8.7.	도쿄 고등법원
7	김경석日本鋼管소송(일본강관 손해배상청구소송)	1심 91.9.30.	기각	96.8.7.	도쿄 지방법원
		2심 97.5.29.	화해	99.4.6.	도쿄 고등법원
8	BC급전범소송(한국인BC급전범국가보상등청구소송)	1심 91.11.12.	기각	96.9.9.	도쿄 지방법원
		2심 96.9.19.	기각	98.7.13.	도쿄 고등법원
		3심 98.7.14.	기각	99.12.20.	대법원
9	태평양전쟁희생자유족회 소송 (아시아태평양전쟁 한국인 희생자 보상 청구 소송)	1심 91.12.6.	기각	01.3.26.	도쿄 지방법원
		2심 01.	기각	03.7.22.	도쿄 고등법원
		3심 03.	기각	04.11.29.	대법원
10	강원도유족회 소송(강제징병·징용자등에 대한 보상 청구 소송)	1심 91.12.12.	기각	96.11.22.	도쿄 지방법원
		2심 96.12.6.	기각	02.3.28.	도쿄 고등법원
		3심 02.	기각	03.3.28.	대법원
11	재일한인 이창석 은급지위 확인 소송	1심 92.1.9.	기각	98.3.27.	교토 지방법원
		2심 98.4.1.	기각	00.2.23.	오사카 고등법원
		3심 00.	기각	02.7.18.	대법원

12	김순길 미쓰비시중공소송(김순길 미쓰비시조선 손해 배상 청구소송)	1심	92.7.31.	기각	97.12.2.	나가사키 지방법원
		2심	97.12.9.	기각	99.10.1.	후쿠오카 고등법원
		3심	99.10.	기각	03.3.28.	대법원
13	재일한국·조선인 장해연금 지급 각하처분 취소소송	1심	92.8.14.	기각	94.7.15	도쿄 지방법원
		2심	97.7.26.	기각	98.9.29.	도쿄 고등법원
		3심	98.10.13.	기각	01.4.5.	대법원
14	우키시마루소송(우키시마루 피해자국가보상청구소송)	1심	92.8.25.	일부 승소	01.8.23.	교토 지방법원
		2심	01.9.3.	기각	03.5.30.	오사카 고등법원
		3심	03.6.13.	기각	04.11.30.	대법원
15	대일민간법률구조회 소송(대일민간법율구조회 불법행위 책인 존재 확인 등 청구소송)	1심	92.8.28.	기각	96.3.25.	도쿄 지방법원
		2심	96.3.26.	기각	99.8.30.	도쿄 고등법원
		3심	98.10.13.	기각	03.3.27.	대법원
16	후지코시 강제동원 소송(도야마 후지코시 강제연행 소송)	1심	92.9.30.	기각	96.7.24.	도야마 지방법원
		2심	96.8.6.	기각	98.12.21.	나고야 고등법원 가나자와 지부
		3심	98.12.25.	화해	2000.7.11.	대법원
17	김성수 전쟁 상해소송(김성수 국가배상 청구 소송)	1심	92.11.5.	기각	98.6.31.	도쿄 지방법원
		2심	98.7.6.	기각	00.4.27.	도쿄 고등법원
		3심		기각	01.11.16.	대법원
18	시베리아 억류 재일한국인 국가 배상청구 소송	1심	92.11.5.	각하	96.6.23.	도쿄 지방법원
		2심	98.7.6.	기각	00.4.27.	오사카 고등법원
						대법원

19	부산 '위안'부 · 근로정신대 소송 (부산 종국 위안부 · 여자근로 정신대 공식사죄 등 청구소송 (關釜재판))	1심	92.12.25.	일부 용인	98.4.27.	야마구치 지방법원 시모노세키 지부
		2심	97.12.9.	기각	01.3.29.	히로시마 고등법원
		3심	01.4.12.	기각	03.3.25.	대법원
20	재일한인 '위안부' 송신도 소송 (재일 한국인 전 종군위안부 사죄 · 보상 청구 재판)	1심	93.4.5.	기각	99.10.1.	도쿄 지방법원
		2심	99.10.7.	기각	00.11.30.	도쿄 고등법원
		3심	00.12.20.	기각	03.3.28.	대법원
21	광주 1,000인 소송	1심	93.6.30.	기각	98.12.21.	도쿄 지방법원
		2심	98.12.21.	기각	99.12.21.	도쿄 고등법원
22	재일 한인 강부중 장해연금 각하 처분 취소 소송(재일 한국인 강부중 원호법 원호를 받을 지 위 확인 소송)	1심	93.8.26.	기각	97.11.17.	오쓰 지방법원
		2심	97.1.21.	기각	99.10.15.	오사카 고등법원
		3심	99.	기각	01.4.13.	대법원
23	김성수 은급 청구 기각 처분 취소 소송	1심	95.1.18.	기각	98.7.30.	도쿄 지방법원
		2심	98.8.4.	기각	99.12.27.	도쿄 고등법원
		3심		기각	01.11.16.	대법원
24	BC급전범소송(한국인 BC급 전범공식사죄 · 국가보상 청구소송)	1심	95.5.10.	기각	99.3.24.	도쿄 지방법원
		2심	99.4.6.	기각	00.5.25.	도쿄 고등법원
		3심	00.	기각	01.11.22.	대법원
25	신일철 징용 손해배상 · 유골 반환 소송(일본제철 한국인 전 징용공 손해배상 등 청구소송 (일철부석재판))	1심	95.9.22.	화해	97.9.18.	도쿄 지방법원
		2심		기각	03.3.26.	
26	미쓰비시 중공업 징용 · 피폭 소송 (미쓰비시 히로시마 전 징용공 피폭자 미불임금 등 청구 소송)	1심	95.12.11.	기각	99.3.25.	히로시마 지방법원
		2심	99.4.2.	일부 인용	05.1.19.	히로시마 고등법원

27	도쿄 아사이토 방적 근로정신대 소송(한국인 전 여자 정신대 공식사죄·손해배상 청구 소송)	1심	97.4.14.	기각	00.1.17.	시즈오카 지방법원
		2심	00.	기각	02.1.15.	도쿄 고등법원
		3심	02.	기각	03.3.27.	대법원
28	일철 오사카 제철소송(일철오사카 제철소 전 징용공 손해배상 청구소송)	1심	97.12.24.	기각	01.3.27.	오사카 지방법원
		2심	02.7.31.	기각	02.11.19.	오사카 고등법원
		3심	03.1.29.	기각	03.10.9.	대법원
29	곽기훈 피폭자 지위 확인 소송(재한 피폭자 건강관리 수당 수급 권자 지위 확인 소송)	1심	98.10.1.	인용	01.6.1.	오사카 지방법원
		2심	01.6.15.	인용	02.12.5.	오사카 고등법원
30	미쓰비시 중공업 나고야 근로정신대 소송(미쓰비시 비행장 노동자 손해 배상 청구 소송(나고야 미쓰비시·조선여자근로정신대 등		99.3.1.		기각	05.2.24.	근로정신대 피해자 (박해옥, 김혜옥, 진상정, 양금덕, 외
31	최규명 일본생명의 기업책임을 묻는 소송		99.3.1.				오사카 지방법원
32	이강령 건강 관리수당 지급중 지처분 취소 소송(재한 피폭자 이강녕 건강관리 수당 수급권자 지위 확인소송)	1심	99.5.31.	인용	01.12.26.	나가사키 지방법원
		2심	02.1.8	인용	03.2.7	후쿠오카 고등법원
		3심	03.2.17.	기각	06.6.13.	대법원
33	한국인징용공공탁금 반환 청구 소송 제1차 소송(일철/가마이시)	1심	00.4.27.	기각	04.10.15.	도쿄 지방법원
		2심	04.10.	기각	05.12.14.	도쿄 고등법원
34	군인·군속 피해자 야스쿠니 합사 취소, 유골반환, 손해배상 소송	1심	01.6.29.	기각	06.5.25.	도쿄 지방법원
		2심	06.6.2.	기각	09.10.29.	도쿄 고등법원
		3심	09.2.26.	기각	11.11.30.	대법원
35	이재석피폭자 지위 확인 소송		01.10.3.	인용	03.3.20.	오사카 지방법원
36	징용피해자 공탁금 반환 청구 각하 처분 2차 소송(일철가마이시)		02.12.24.	기각	04.12.27.	도쿄 지방법원

37	후지코시 강제동원 2차 소송	1심	03.4.1.	기각(1명은 청구각하)	07.9.19.	도야마 지방법원
		2심	07.10.1.	기각	10.3.8.	나고야 고등법원
		3심		기각	11.10.24.	대법원
38	최수철 피폭자 건강관리수당 인정 신청 각하 처분 취소 소송	1심	04.2.22.	인용	04.9.28.	나가사키 지방법원
		2심		인용	05.9.26.	후쿠오카 고등법원
39	최수철 피폭자 장제료지급 각하 처분 취소 소송	1심	04.9.21.	인용	05.3.8.	나가사키 지방법원
		2심		인용	05.9.28.	후쿠오카 고등법원
40	이상협 피폭수첩 신청 각하 처분 취소 소송		05.6.15.	기각	06.9.26	히로시마 지방법원
41	군인·군속 합사 취소·손해배상 소송		07.2.26.	기각	11.7.21.	도쿄 지방법원

※ 소송현황 근거자료

1. 김창록, 일본에서의 대일과거청산소송, 법학논고27, 2007
2. 안자코유카, 일본의 전시동원관련재판의 진전과 현황, 중한인문과학연구6, 2001
3. 일본군위안부할머니들의 민족과 여성 역사관, 관부재판의 기록(시모노세키)
4. 전후보상문제자료집 제11집, 상이군속보상재판관계자료집
5. 태평양전쟁한국인희생자유족회, 후지코시강제연행미불임금소송보고집

□ 대일강화조약

제2조 : 일본은 한국의 독립을 인정하고 제주도, 거문도 및 울릉도를 비롯한 한국에 대한 모든 권리와 소유권 및 청구권을 포기한다.

제4조 : (a) 본조 (b)규정을 유보하고, 제2조에 규정된 지역에 있는 일본 및 일본국민의 재산 및 현재의 해당지역의 시정 당국 및 주민(법인을 포함한다)에 대한 청구권(채권을 포함한다)의 처리와 일본에 있어서의 전기 前記 당국 및 주민의 재산 및 일본과 일본 국민에 대한 청구권(채권을 포함한다)의 처리는 일본과 전기 당국 간 특별 협정에 의하여 결정된다. 제2조에 규정된 지역에 있는 연합국 또는 그 국민의 재산은 아직 반환되어

있지 않는 한 시정당국이 현상대로 반환하여야 한다. (b) 일본은 제2조 및 제3조에 규정된 지역의 미합중국 군정에 의해 또는 그 지령에 의하여 행하여진 일본과 일본 국민의 재산의 처리의 효력을 승인한다.

제14조 : (a) 일본의 전쟁 중 일본에 의해 발생된 피해와 고통에 대해 연합국에 배상해야 한다는 것은 주지의 사실이다. 그럼에도, 일본이 생존 가능한 경제를 유지하면서도 그러한 모든 피해와 고통에 대한 완전한 배상을 하는 동시에 다른 의무들을 이행하기에는 일본의 자원이 현재 충분하지 않다는 것 또한 익히 알고 있는 사실이다. (b) 연합국은 본 조약에 특별한 규정이 있는 경우를 제외하고, 연합국의 모든 배상청구권과 전쟁 수행과정에서 일본 및 그 국민이 자행한 어떤 행동으로부터 발생한 연합국 및 그 국민의 다른 청구권, 그리고 점령에 따른 직접적인 군사적 비용에 관한 연합국의 청구권을 포기한다.

<표 8> 한일회담 진행 현황표

회담기간	한국 수석대표	일본 수석대표	주요 의제	경과
예비회담 1951.10.20— 1952.2.27	양유찬	이구치 사다오 (井口貞夫)	공식회담 의제 결정 재일한인법적지위 선박반환	한일회담 의제 선정 평화선 선포(1952.1)
제1차 회담 1952.2.15— 1952.4.25	김용식	마쓰모토 슌이치 (松本俊一)	기본관계 재일한국인법적지위 선박반환 청구권 어업	일본의 대한청구권 주장으로 회담 결렬 평화선 대응으로 성과 없이 종료.
제2차 회담 1953.4.15— 1953.7.23	김용식	오쿠무라 가쓰조 (奧村勝蔵)	기본관계 재일한국인법적지위 선박반환 청구권 어업	일본, 휴전협정 체결 (1953.7)과 제네바회담 개최를 이유로 휴회 제의 한국, 회담 준비를 위해 일정시피징용징병자 명부 등 3종의 명부 생산
제3차 회담 1953.10.6— 1953.10.21	양유찬 김용식	구보타 간이치로 (久保田貫一郎)	기본관계 재일한국인법적지위 선박반환 청구권 어업	평화선 합법성에 대한 토의 집중 구보타 망언으로 중단
제4차 예비교섭 1957.5— 1957.12.31	김유택	오노 가츠미 (大野勝巳) 후지야마 아이이치로 (藤山愛一郎)	일본의 대한청구권과 구보타 발언 취소문제 구술서 8개 항목, 회담재개합의서 서명, 공동성명문안 합의 (1957.12.31)	일본, 구보타 발언 취소하고 대한청구권 포기 선언

제4차 회담 1958.4.10— 1960.4.19	임병직 허정 유태하	사와다 렌조 (澤田廉三)	재일한국인법적지위 선박반환 청구권 어업 문화재	상호 억류자 석방 재일한인 북송 문제로 잠시 중단 후 재개 한국, 회담 준비를 위해 왜정시피징용자명부 생산 4.19혁명으로 중단
제5차 회담 (예비회담) 1960.10.25— 1961.5.15	유진오	사와다 렌조 (澤田廉三)	재일한국인법적지위 선박반환 청구권 어업 문화재	5.16.쿠데타 발발로 중단
제6차 회담 1961.8.30— 1964.11.5	배의환	스기 미치스케 (杉 道助)	기본관계 재일한국인법적지위 선박반환 문화재 반환 어업	김종필 오히라 메모로 청구권 문제 타결
제7차 회담 1964.12.3— 1965.6.22	김동조	다카스키 신이치 (高杉晋一)	기본관계 재일한국인법적지위 재산 및 청구권 어업협정 문화재 및 문화협정	정식 조약 조인

<표 9> 대한민국정부 수립 후 한국정부의 대일민간보상 추진 현황

구분	1970년대 대일민간청구권 보상	2000년대 강제동원피해 지원
법률	1. 청구권자금의 운용 및 관리에 관한 법률 (1966.2) 2. 대일민간청구권 신고에 관한 법률(1971.1) 3. 대일민간청구권 보상에 관한 법률(1974.12)	1. 태평양전쟁전후 국외 강제동원희생자 등 지원에 관한 법률(2008.6) 2. 대일항쟁기강제동원피해조사 및 국외 강제동원희생자 등 지원에 관한 특별법 (2010.3)
주관	재무부, 대일민간청구권 신고관리위원회	대일항쟁기강제동원피해조사 및 국외강제동원희생자 등 지원위원회(최종)
시기	신고 : 1971.5.21.—1972.3.20. 보상 : 1975.7.1.—1977.6.30.	신고 : 2008.9.1—2014.6.30(4차례) 지급 : 2008.11.27—2015.12.17
대상	1945.8.15이전 사망자(인적 피해보상)	동원중 사망자, 행방불명, 부상장해, 생존자
금액	인적피해보상(피징용사망자) : 30만원 물적피해보상 : 1엔당 30원	희생자 위로금 : 최고 2천만원 생존피해자 지원금 : 매년 80만원 미수금 지원금 : 1엔당 2천원 부상장해 위로금 : 300만—2000만원
유족범위	1.처 2.자녀 3.부모 4.성년남자인 직계비속이 없게 된 조모	1.배우자 및 자녀 2.부모 3.손자녀 4.형제자매
접수건수	인적피해보상 : 11,787건 물적피해보상 : 97,753건	112,908건(사망,행방불명 20,681건, 부상자 33,278건, 미수금 33,329건, 생존자의료지원금 25,268건)
지급	인적피해보상 : 8,552건(2,673,000) 물적피해보상 : 94,368건(6,848,645)	72,631건(618,430 백만원)
자료 : 하승현, 「일제강점기 강제동원 피해구제」, 성균관대학교 국제전략대학원 석사학위논문		

5장

한일경제협력의 빛과 그림자

이지평
LG경제연구원 상근자문위원

IFES

경남대 극동문제연구소
국제관계연구 시리즈 35

I. 일본의 무역규제로 나타난 한국산업의 취약성

1. 일본 무역규제의 충격

일본이 한국에 대해 반도체 및 디스플레이 재료인 플루오린 폴리이미드, 고순도 불화수소, 포토레지스트 등 3개 품목에 대한 수출 및 기술이전 규제를 7월 4일(7월 1일 공포)부터 강화함으로써 우리나라 경제계뿐만 아니라 사회전반에서 막대한 파장을 일으켰다. 일반국민들이 예전에는 알지도 못했던 이들 생소한 이름의 화학 소재를 기억하게 될 정도로 큰 화제가 되었다.

이번 사태는 한일 간의 역사 및 정치적인 문제가 배경에 있고 일본정부가 이러한 정치적인 문제에서 한국의 양보를 얻기 위해 무역규제라는 경제적 수단을 동원한 것이 큰 충격을 주었다고 할 수 있다. 불확실성이 거의 없을 것이라고 믿었던 일본 산업의 공급 안정성에 불확실성이 발생했기 때문이다. 따라서 반도체, 디스플레이와 같이 중요 산업분야에서 일본제 소재·부품·장비를 거의 100% 의존하고 있는 데에 대한 위험성을 억제해야 할 필요성이 대두했다고 할 수 있다.

그러한 측면에서 보면 이번 사태는 한일경제 관계의 어두운 측면을 여실히 보여 주었다고도 할 수 있다. 일본에 대한 한국의 무역의존도가 계속 낮아져 왔으나 아직도 의존하고 있는 분야의 경우 기술 및 상업성 측면에서 일본제품에서 탈피하는 데에 어려움이 존재하고 있다는 것이다. 사실, 그동안 우리나라 무역 중에서 일본의 비중은 낮아져 왔으며, 일본은 중국, 미국, 베트남에 이어 제4위의 수출 대상국에 불과하다.

그러나 일본에 대한 의존도의 문제는 양적 규모가 아니라 특정분야에 집중된 질적인 문제에서 비롯되고 있다. 사실, 우리나라가 일본으로부터 수입하고 있는 반도체 및 디스플레이 관련 3개 품목의 수입 규모는 2018년 기준으로 3-4억 달러에 불과하다. 그러나 우리나라는 이들 제품이 없으면 연간 1,500억 달러 이상이나 되는 반도체 수출에 심각한 타격이 예상되는 구조를 가지고 있다.

반도체는 우리 수출의 20% 정도, 그리고 수출은 우리 경제의 40% 정도에 달하기 때문에 일본의 무역규제가 큰 타격이 될 수밖에 없는 것이다. 물론, 일본이 실제로는 수출규제조치의 운영에 관해서는 부분적인 수출허가를 하면서 2019년 11월까지도 반도체 등의 생산차질은 발생하지 않았다. 일본정부의 수출허가는 포토레지스트 3건, 불화수소 중 에칭가스 3건, 플루오린 폴리이미드 1건 등 총 7건에 불과하며, 액체형태의 불화수소는 한 건도 허가가 지연되었지만 11월 들어서는 1건이 허가되었다. 일본정부로서는 한국정부의 WTO(세계무역기구) 제소 등의 견제도 염두에 두어야 해서 1차적으로는 무역규제의 위협만을 주는 데에 그치고 한국에서 생산차질 등의 실질적인 피해가 발생하는 것은 피하고 있는 상황이라고 할 수 있다.

다만, 일본으로서는 반도체 및 디스플레이 관련 규제 대상 3개 품목에 관해서 우리 기업의 재고가 충분히 축적될 것을 견제하고 있다고도 할 수 있다. 이는 강제징용 재판과 관련해서 이미 압류된 일본기업의 재산이 실제로 매각될 때 우리 기업에게 실제로 피해를 줄 정도의 보복을 위해 대비한 것이라고도 볼 수 있다. 과거 중국이 영토문제와 관련해서 희토류의 대일수출을 금지하는 무역규제를 가했을 때 일본은 그 이전까지 재고를 축적한 상황에서 중국의 규제가 발동하자 그동안 검토해 왔던 대체 광산개발, 희토류 재료 절약기술, 희토류 대체기술 등을 총동원하여 중국의 공세를 막는 데 성공한 바 있다. 일본으로서는 이러한 경험도 있기 때문에 일본제 중요물자의 대한국 수출을 제한적으로 관리하고 우리 정부의 수출규제완화 요구에 대해서도 강경한 거절 태도를 보여 강제징용 문제 등에 대비할 수 있는 일정의 수단을 유지하려고 했던 것으로 볼 수 있다.

따라서 우리 정부의 외교적인 노력과 미국 정부의 중재 및 압력으로

인해 일본의 무역규제 해제 협상과 우리 정부의 한일군사정보보호협정
(GSOMIA)의 파기 잠정 보류가 합의되고 2019년 12월에 한일정상회담
이 개최하게 된 것은 환영할 일이라고 할 수 있다.

2. 일본의 수출규제 내용의 문제점

일본정부는 3개 품목에 대한 규제조치에 이어서 한국을 캐치올 규제
(Catch-All Controls)의 대상으로 변경했다. 이 제도는 화이트 국가군(새로
운 규정상 26개의 A군 국가)의 경우 적용이 제외되지만 일본정부는 한국을
B국가로 분류하기로 각의결정 해, 지난 8월 28일부터 한국에 대해 규제
를 가하기 시작한 것이다.

〈표 1〉 일본의 수출통제제도 적용 내용

구분		품목 수	허가방식	세부설명
List 규제 (전략물자)	민감품목	263개	모든 국가가 개별허가 필요	- 무기 또는 무기와 직접적으로 관련성이 높은 품목 - 미사일, 생화학무기, 핵물질 원자로, 군용차량 등
	비민감 품목	857개	A국(백색 국가): 일반 포괄허가	- 무기와 직접적인 관련성이 낮은 품목
			B국: 특별일반포괄 허가 (ICP 기업), 개별허가	- 공작기계, 집적회로, 통신 장비, 레이저 등 (한국은 B국이지만 반도체 및 디스플레이 관련 3개 품목은 개별허가)

	HS제 25~40류, 제54~59류, 제63류, 제68~93류, 제95류. 중점감시 대상 74개(재래식 무기 관련 34개, 대량살상무기 관련 40개)	A국(백색 국가) : 허가 불필요	- 전략물자와 같은 품목이라도 성능이 낮은 대형발전기, 진공펌프, 원심분리기, 동결건조기, 자이로스코프, 산업용섬유 등
Catch-All 규제 (비 전략물자)		통제요건에 해당할 경우 개별허가, 그 이외는 허가 불필요	

주 : ICP(Internal Control Program) 수출물품 내부 통제 관리 여건 정비한 기업. 한국에 대해 반도체 및 디스플레이 관련 3개 품목에 대해 특별일반포괄허가도 허용하지 않는 것은 C형 국가군인 중국, 대만보다도 낮은 취급이며, 분쟁국인 아프가니스탄 등의 D급 국가군에 상응하는 조치이며, 일본정부의 정치적인 작위성, WTO 위반 소지가 분명하게 나타나는 부분임.

자료 : 전략물자관리원, 일본 경제산업성

캐치올 규제는 〈표 1〉에 나와 있는 바와 같이 군수용 전략물자에 대한 리스트 규제 이외의 비민감 품목 전체(식품, 목재 등 제외한 기계, 전자, 수송, 정밀, 금속, 요업, 완구, 산업용 섬유 등 포함)에 대해 수출허가 규제를 가하는 것이다. 군수용 기술과 민수용 기술의 경계성이 기술의 발전과 함께 애매해지면서 민수용 기술도 군사용으로 활용될 소지가 있기 때문에 신뢰도가 낮은 B 이하의 국가에 대해서는 규제를 가하겠다는 것이다.[1]

일본정부의 설명으로는 한국이 B국이 되어 캐치올 규제를 받게 되어

---

1   일본 경제산업성. 2019.8.7, 安全保障貿易管理課 安全保障貿易審査課, "大韓民國向け輸出貿易管理に係る取扱いについて";
     일본 경제산업성. 2019.7, 貿易管理部, "安全保障貿易管理について";
     일본 경제산업성. 2017, "安全保障貿易管理ハンドブック".

도 일본제품의 사용 용도가 무기 등이 아니면 지금까지와 같이 수입허가 심사가 필요 없다는 것이 강조되고 있다. 캐치올 규제는 수입기업의 신뢰도, 사용목적 등에 따라서 심사 여부가 결정되는 것이다. 다만, 한국이 캐치올 제도상의 규제 대상이 됨으로써 일본정부, 경제산업성이 통제요건에 해당한다고 판단할 경우 어떤 품목이라도 한국에 대한 수출품이 규제를 받게 되는 구조가 되었다. 즉, 일본정부가 정치적인 의도로 제도를 운영할 경우 한국에 대한 수출을 규제할 수 있는 수단을 갖게 된 셈이다. 이는 만약, 강제징용 문제로 현금화가 이루어질 경우 일본정부가 반도체 관련 소재, 부품, 장비나 그 이외의 품목에서 한국 산업에 타격을 줄 수 있는 수출규제를 할 수 있게 되었다는 것을 의미한다.

이와 같은 일본정부의 행태로 볼 경우 일본정부는 강제징용 문제, 위안부 문제 등이 이미 해결된 것이라는 입장에서 일본기업에 대한 재산 압류나 매각은 허용할 수 없다는 것이다. 한편 한국 국민은 기존의 한일 협정에 기초한 관계에 불만을 가지고 있으며, 인권을 중시한 사법부의 판결도 국제적 추세에 맞는 것이라는 판단이다. 그리고 이제 한일 간의 경제력 격차가 1965년 한일조약 당시와 결정적으로 달라진 것도 고려하면 한일관계의 구조적 불안정성은 부정하기 어려운 상황이라고 할 수 있다. 한국의 민주화, 한일 역사 인식 격차, 일본의 우경화, 한반도 평화 프로세스에 대한 일본의 경계 등도 고려하면 이러한 어려운 한일 관계의 개선이 쉽지 않은 상황이다. 따라서 항상 문제가 발생할 수 있다는 인식 하에서 의욕적으로 한일 협력 프로젝트를 강화하거나 상대국과의 교류와 협력에 주력해야 할 시점이기도 한다.

3. 한국산업의 대일의존 문제

한국의 대일 의존도는 계속 하락해 왔으며, 국제산업 연관표를 기초로 할 경우 우리 수출의 투입재에 대한 대중국 의존도가 대일의존도를 압도하는 상황으로 전환하였다. 〈표 2〉에 나와 있는 바와 같이 한국 수출의 부가가치 원천 중에서 일본이 차지하는 비중은 지난 2003년에는 9.7%에 달했으나 2018년에는 4.7%로 떨어졌다. 반면 중국의 비중은 2003년 3.8%에서 2018년에는 8.2%로 높아졌다. 이번 일본의 무역규제로 인해 대일의존 구조를 해결하기 위해 중국 거점의 활용이나 중국기업으로부터의 수입 조달에 대한 의존도를 높일 경우 대중 의존도가 극심해질 우려도 존재한다.

다만, 일본에 대한 의존도는 양적 통계 지표로 볼 수만은 없는 측면도 존재한다. 일본의 핵심 소재, 부품, 장비에 대한 의존이 한국경제에 치명적인 영향을 줄 수 있는 상황이기 때문이다. 일본 수출의 자국 내 부가가치 비중이 2018년에 79% 이상인 반면, 한국의 경우 63.2%에 불과해 국산화의 비중 확대를 통해 단순 조립 가공형 구조에서 벗어나 내실이 있는 제조 강국으로 도약해야 할 과제를 안고 있는 상황이다.

〈표2〉 한일 양국 수출의 지역별 부가가치 원천 비중

		수출국			
		한국		일본	
		2003	2018	2003	2018
부가가치 원천 비중 (%)	한국	62.9	63.2	0.7	1.1
	일본	9.7	4.7	87.5	79.4
	중국	3.8	8.2	1.5	4.2
	ASEAN10	3.1	4.4	1.4	3
	EU28	6.6	5.2	2.4	2.7
	미국	5.3	3.4	2.5	2.4
	기타	8.6	10.9	4.1	7.3
연간수출액 (억 달러)		1,938	6,049	5,650	7,378

자료 : Eora Global Supply Chain Database, 亜細亜大学アジア研究所教授
　奥田 聡, 韓国の「突破力」は侮れない !, Diamond online, 2019.8. 2019.9.4.

〈그림 1〉한일 간 품목 포지셔닝 비교

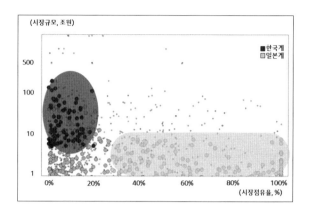

사료 : 산업통상자원부. 2019.8.5, "대외의존형 산업구조 탈피를 위한
소재·부품·장비 경쟁력 강화대책 발표"

한국의 수출품을 보면 시장 규모는 크지만, 기술 난이도가 상대적으로 낮은 범용제품 위주로 성장해 왔다(그림1 참조). 반면, 일본의 경우 시장 크기는 작아도 오랜 기술축적을 통해 수많은 품목에서 높은 시장점유율을 갖고 있는 구조를 가지고 있다. 1990년대 이후의 장기불황과 급격한 엔고로 인해 일본의 수출산업이 위축되면서 강력한 경쟁력을 가진 제품만 살아남은 측면도 있다. 한국·일본의 공동 생산품목 931개 중 세계시장 점유율 50% 이상인 일본 제품은 309개에 달하고 있다.[2]

한국으로서는 이러한 범용제품 위주로 성장하면서 기술축적에 시간이 걸려 진입장벽이 높은 핵심 품목에 진출하기 쉽지 않았고 대기업과 중소기업의 분업이 부진했던 측면도 존재한다. 기술적으로 가능해도 한국 기업으로서는 시장규모가 작고 일본의 선행기업이 있는 품목에 대한 진출을 주저하기도 했던 것이다.

---

[2]   산업통상자원부. 2019.8.5, "대외의존형 산업구조 탈피를 위한 소재 · 부품 · 장비 경쟁력 강화대책 발표."

이미 일본기업들이 설비에 대한 감가상각이 끝난 측면이 강해 한국기업이 뒤늦게 진출해 기술을 개발해도 국산화 시점에서 일본기업들이 저가격 공세를 가할 우려가 있어서 한국기업으로서는 진출하는 데에 심리적인 부담감을 가진 측면도 존재한다. 이러한 부담감은 대기업의 경우 공정거래 규제 측면에서도 있다. 계열사나 관계회사를 통해 일본제 소재, 부품, 장비를 국산화해 추후 일본기업이 저가 공세를 펼칠 경우 관계회사로부터의 조달은 시장가격보다 높다는 주주들의 비판과 함께 정부로부터 계열사 및 관계회사에 대한 부당지원으로 적발될 위험이 있기 때문이다.

〈그림 2〉 한국의 산업별 국산화 비율(%)

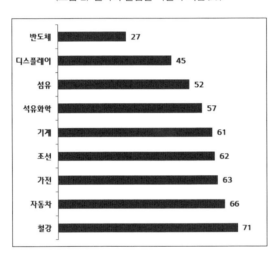

자료 : 제조업 현황 (산업연구원, 2018)

산업별로는 반도체, 디스플레이와 같은 첨단 분야일수록 대외의존도가 높고 국산화 비율이 낮은 것으로 나타나고 있다. 반도체는 600여개 이상 공정에서 수백여 개의 소재와 장비가 필요한데, 한국기업으로서는 해외의 안정적인 공급망에 의존하여 자체조달 수준은 27%에 불과하다. 반면, 철강, 자동차, 가전 등의 국산화 비율은 상대적으로 높게 나타나고 있다. 우리나라는 공업화 과정에서 일본이 개척했던 산업이나 제품을 추격하면서 이들 분야의 생산에 필요한 기술을 도입하고 일본제 소재, 부품, 장비를 활용한 후 생산량이 확대되면서 점진적으로 국산화에 주력해 왔다고 할 수 있다. 따라서 신산업, 신제품일수록 대외의존, 대일의존 구조가 강하게 나타나고 있다고 할 수 있다.

일본은 역사적으로 보면 아시아의 고립된 제조입국이었기 때문에 제조업 전반에서 각종 소재, 부품, 장비를 자급적으로 조달할 수 있는 산업구조(One Set형 구조)를 형성했다고 할 수 있다. 그리고 이러한 기반을 통해 신제품을 지속적으로 개발하면서 해당 기술과 연계된 소재, 부품, 장비의 경쟁력을 강화해 왔다. 그리고 해당 신산업이 성숙해지고 조립 분야를 중심으로 기술이 일반화되면서 한국이나 아시아 각국으로 생산기반이 이전된 단계에서 일본은 이들 소재, 부품, 장비 수출에 특화하는 패턴을 보여 왔던 것이다.

그리고 우리나라의 반도체, 디스플레이 등의 해외 의존 구조는 이들 분야에 대한 중국의 추격 견제에 부정적으로 작용할 수 있다. 한국기업이 이제 반도체, 디스플레이에서 새로운 제품과 공정을 세계 최초로 개발하고 있는데, 한국의 이러한 제조 기술이 일본 등의 소재, 부품, 장비 기업을 통해 중국 기업에게 유출 및 이전될 수 있는 문제점이 존재한다. 한국기업이 새로운 제품, 사업을 개발할 단계가 되었으나 이를 뒷받침한 것은 일본의 소재, 부품, 기계 기업이었다고 할 수 있으며, 한일 양국 산업 간에는 이노베이션을 위한 공생관계가 형성되어 왔다.

〈표 3〉 첨단 부품 및 소재에 강점이 있는 일본 기업 사례

	기업명	제품	점유율	개요
완성품 및 장비	동북전자산업	초 미약 발광계측 장치	거의100%	물질의 산화 상황 등을 조사하는 기기
	니콘, 캐논	L C D , O L E D 노광장치	거의 100%	회로패턴傳寫
	제일시설공업	반도체 LCD 공장용 수직 반송기	80% 이상	외부 충격이 없도록 반송
	동경일렉트롱	반도체 제조용 도포 현상 장치	80%	반도체의 회로를 형성할 때에 사용하는 장치
	호리바제작소	자동차 배기 가스 분석계	80%	배기가스 중의 성분을 검출
부품	스미토모중기계 공업	MRI용 냉동기	80~80%	액체헬륨을 기화시키지 않기 위해 사용
	아사히화성	스마트폰용 전자 콤파스	80%	지구자기를 검출하고 방향 측정에 사용
	일본전산	HDD용 정밀 소형 모터	약 80%	에너지절약 및 저소음을 실현
	르네서스 일렉트로닉스	장착형 카내비게 이션용 시스템LSI	약 80%	카내비게이션을 제어

소재	아사히화성	재생 셀로스 섬유	100%	고급양복의 이면이나 내의에 사용
	일본금속	온간 압연 마그네슘 박판	거의100%	휴대폰이나 PC에서 사용
	일본화성	태양전지 봉지재용 첨가제	90%	봉지재의 내구성 향상, 변색방지
	미쓰이금속	스마트폰용 초박형 동박	90%	회로의 형성 재료
	HOYA	마스크 블란크스	80%	반도체 등의 회로 패턴을 轉寫하는 원판
	스미토모금속공업	高니켈합금 유정관	80%	유화수소 등을 포함하는 석유 및 가스에 대응

자료 : www.nikkei.co.jp, 世界一の秘密 ニッポンの知られざるオンリ-ワン企業(2011.10.12.)

그동안 소재, 부품, 장비 기술을 강화해 왔던 일본 산업은 세계적인 경쟁력을 갖고 있을 뿐만 아니라 압도적인 점유율을 가진 품목도 많기 때문에 우리기업이 세계적인 경쟁력을 가진 제품을 개발하기 위해서는 이들 일본기업과 협력해야 할 측면도 있다. 한일 양국은 기간산업과 함께 차세대 산업의 중요 파트너라고도 할 수 있다. 사실, 〈표 3〉에서 보는 바와 같이 일본 기업은 반도체뿐만 아니라 우리 산업에도 중요한 제품 분야에서 세계시장 점유율이 80% 이상이 되는 품목 사례들이 많으며, 이들은 일본정부의 추가 무역 공격 잠재력을 보여 주고 있기도 한다.

예를 들면 자동차 분야에서는 한국 자동차에도 일본제 특수 반도체 등 활용하는 공생관계가 형성되고 있으며, 스마트폰의 경우는 일본제 전자부품인 동박(銅箔, 미쓰이금속)이 없으면 생산이 불가능한 상황이다. 우리기업이 세계적인 경쟁력을 가진 배터리 분야에서도 한국이 양극재의 니치아화학, 음극새의 히타치화성, 바인더의 쿠레하, 전해액의 쿠레하 등의 소재에 의존하는 경향이 강하다. 일본이 세라믹(세라믹 컨덴서 등), 희토류 (영구자석 등) 가공 소재 등 첨단재료에서 원천기술과 가공 및 양산

기술을 주도하고 있어서 한국이 신산업, 첨단산업 분야에서 일본에 대한 의존을 피하기가 어려운 구조라고도 할 수 있다.

2) 한일 협력 통한 한국산업의 도약

한국 산업이 일본의 소재, 부품, 장비에 대한 의존 구조를 쉽게 해소하지 못한 것이 현실이지만, 이러한 한일 협력 관계는 한국의 산업과 경제의 발전에 크게 기여해 왔던 것도 사실이다. 기초기술력이 높고 소재, 부품, 장비 산업을 포함한 자급적 제조업 구조, 소위 One Set형 구조를 갖춘 일본과의 분업을 통해 한국 산업은 섬유, 신발 등의 경공업에서 중화학공업, 첨단산업으로 제조업을 고도화할 수 있었다. 새로운 산업, 제품을 개발하기 위해서는 여러 가지 주변 산업을 갖출 필요가 있는데, 한국은 일본 산업을 활용하면서 규모의 경제를 기대할 수 있는 분야에 특화하고 단시일에 산업구조의 고도화에 성공했다고도 할 수 있다.

사실, 한국의 수출규모는 한일협정이 체결된 1965년 이후 급증세를 보여 왔다. 1956년 일본의 100분의 1 이하에 불과했지만 이러한 격차는 그동안 크게 축소되어 왔다. 한국의 수출액은 2018년 6,049억 달러로 세계 6위가 되어 일본의 7,378억 달러와의 격차도 1.2배로 축소되었으며, 이러한 추세가 지속될 경우 한국의 수출규모는 2020년대에 일본을 능가할 가능성도 있다.

〈그림 3〉 일본을 능가하는 추세로 확대해 온 한국의 수출

자료 : 한국무역협회, 일본 재무성(주: 미 달러 환산 기준, 경상GDP 규모 비교)

〈그림 4〉 한일 경제규모 격차의 급격한 축소세

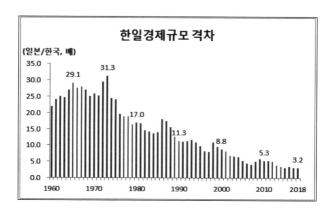

자료 : 한국은행, The World Bank

    한일 간의 경제규모 격차도 크게 줄었다. 1965년에 한일 간 경제규모
(경상GDP) 격차는 일본 엔화 가치의 급격한 상승세에도 불구하고 29대

1이었던 것이 2018년에는 3.2대 1로 축소되었다. 국제통화기금(IMF)에 따르면 한일의 1인당 GDP도 근접했으며, 구매력평가환율(PPP)기준의 1인당 경상GDP로 볼 경우 2018년에는 한국이 4만 3,289달러, 일본이 4만 4,246달러로 거의 같아졌으며, 2021년에는 한국이 일본을 능가하여 2022년에는 일본보다 먼저 5만 달러를 돌파할 것으로 전망되고 있다.[3]

이러한 한국경제의 성장과 함께 한국시장의 중요성이 일본기업으로서도 높아졌다. 일본산 맥주, 유니클로 의류 등이 이번 한일 마찰로 인해 불매 운동의 대상이 되자 일본기업의 경영실적이 악영향을 받고 있다. 한국인 관광객이 급격히 줄어든 일본의 지방관광 도시의 타격과 함께 이들을 뒷받침하고 있는 지방은행의 본업의 업무수익이 적자로 빠지는 경우가 속출하고 있다. 2019년 3분기 일본의 실질GDP 성장률은 전분기 대비 연율 0.2%(1차 발표치)에 그쳤으며, 한국을 포함한 외국인 관광객 소비 수요 둔화도 한 요인으로 작용했다.

〈그림 5〉 일본의 산업별 총생산(GDP) 증가 및 감소 비교

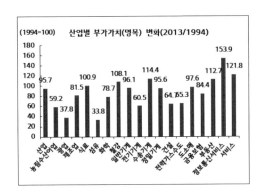

주: 철강은 1994~2012년 기준임
자료: 일본 내각부 국민경제계산연보

---

3   IMF(2019.10.), World Economic Outlook Database

한국경제의 대일의존 구조는 막대한 대일 무역적자 문제를 발생시켜서 그동안 우리 경제의 불안요인으로 작용해 왔던 측면도 있으나, 이러한 문제도 완화되고 있다. 대일무역적자는 연간 200억 달러를 넘는 상황이 지속되고 있으나 한국의 전체 무역수지는 오히려 흑자 구조가 안정화되어 한국이 순채권국으로 발전하면서 대일역조 문제의 중요성이 떨어진 것이다. 일본으로부터 소재, 부품, 장비를 수입하고 이를 가공해서 부가가치를 올린 제품을 세계 각국에 수출함으로써 한국에는 계속해서 무역흑자가 누적되는 구조 속에서 한 국가와의 적자만을 문제로 삼는다는 것은 의미가 약해진 것이다. 심지어 일본의 경우 최근 무역수지가 균형 수준을 보이면서 때로는 적자를 기록하기도 해서 일본으로서는 한국에 대한 무역흑자의 중요성이 커진 상황이기도 하다.

사실, 이번 일본의 수출규제를 통해 한일무역 및 한일 기업 간 협력 관계의 중요성이 여실히 나타났다고 할 수 있다. 우리 기업이 일본의 소재, 부품, 장비를 활용해서 반도체, 디스플레이, 배터리 등의 중요 분야에서 세계시장을 석권할 수 있었던 것은 빠르게 공업화를 이룩하고 성장하기 위해서는 긍정적으로 작용했다고 할 수 있다.

전자산업의 경우 한국은 1997년 IMF 경제위기 당시까지도 일본제 가전제품의 수입을 규제할 정도로 일본 제품의 경쟁력이 막강했으나 2000년대 이후 일본계 기업의 TV, 스마트폰 등의 세계시장 점유율이 급락하여 한국기업이 역전에 성공했다. 그 한편 일본 전자산업은 생산액이 급감하여 지방경제가 타격을 받을 정도가 되었다. 1994-2013년 기준으로 일본 제조업의 경상GDP 기준 부가가치가 18.5% 감소하는 동안 전기전자 산업은 39.5%의 부가가치 감소세를 기록했다. 이러한 변화 과정에서 일본 전자산업은 부품 분야에 특화하게 되었다고 할 수 있다. 세라믹 콘덴서 등 소재 기술에 강점을 가진 부품에서 일본 산업은 경쟁력을 유지해 한국의 반도체, 디스플레이, 스마트폰 산업 등과의 공생관계를 강화해 왔다.

그리고 이러한 한일 간의 공생적인 분업관계는 OLED 등 새로운 제품을 개발하고 이를 순차적으로 아시아 각국에 전파하여 역내경제를 활성화시키는 긍정적인 효과도 나타났다고 할 수 있다. 사실, 이들 일본의 소재, 부품, 장비 기업 입장에서도 한국기업은 중요한 고객이 되었으며, 공생관계의 중요성이 높아졌다. 이번 일본정부의 수출규제로 타격을 받은 불화수소의 100년 기업인 스텔라케미파의 경우 한국에 대한 수출 차질로 인해 2019년 3분기 영업이익이 10분의 1로 감소하는 어려움이 발생했으며, 이 발표도 있어서 일본정부가 11월에 액체불화수소의 한국 수출을 규제조치 이후 처음으로 허가하였다. 일본기업으로서도 한국기업에게 판매하지 않으면 판매처 자체가 없어질 정도의 타격이 불가피한 만큼 첨단분야에서 한일간의 공생관계가 강화되었다고 할 수 있으며, 만약 이번 규제조치로 관련 일본기업의 경영위기나 부도 사태가 발생할 경우 아베정권에 대한 비판이 커질 수밖에 없을 것으로 보인다.

3) 한일협력의 발전방향
(1) 일본제 소재·부품·장비의 국산화

물론, 이번 일본의 무역규제 사건을 계기로 강력하게 연결된 한일 간의 산업 협력 관계가 급격하게 위축될 가능성은 낮다고 할 수 있다. 그러나 우리 기업 입장에서는 반도체, 디스플레이 등 중요 분야에서 거의 100%가까이 일본에게 의존한 품목의 존재는 공급사슬 관리 차원에서 문제가 될 수 있다는 인식이 고조된 것은 사실이다. 따라서 모든 분야는 아니라도 특정한 분야에서 대일의존도를 낮추기 위한 국산화가 지속적으로 진행될 것으로 보인다.

미국에 이어 일본도 산업, 기술 전략을 정치 및 통상문제와 연계하는 전략을 시도하고 있다는 것이 한국 및 세계 각국에 적지 않는 충격이 되고 있다. 한일 간의 강제징용 문제 등 정치 및 외교적인 이슈가 존재하지만, 이것의 해결을 위해서 강제징용 문제와 전혀 무관한 반도체, 디스플레이 산업의 수많은 관련 기업을 압박하는 조치를 일본정부가 감행했다는 것이 충격인 것이다.

〈그림 6〉 국산화를 통해 서플라이 체인의 안정성 확보와 중소기업 육성

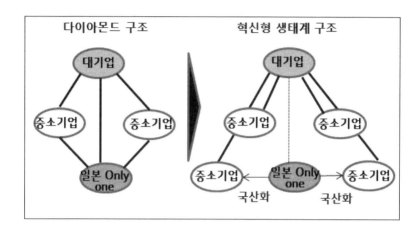

이러한 보호주의 강화의 새로운 비즈니스 환경에 대응하기 위해서 우리기업으로서는 재고 전략, 조달 분산, 국산화 등으로 불확실성에 대응할 수 있는 능력을 강화할 필요성을 실감했다고 할 수 있다. 우리 기업들도 효율성을 추구해 왔던 기존의 방식에 따라서 한일 협력을 추구할 뿐만 아니라 이러한 일본의 불확실성에 대응할 수 있는 능력을 강화해야 한다는 점을 중시하기 시작했다고 할 수 있다.

반도체, 디스플레이와 같이 중요한 분야에서 일본에게 100% 가까운 의존도를 보이는 품목에 관해서는 국산화를 모색해 〈그림 7〉과 같이 일본의 Only One 기업에 의존하는 다이아몬드 형 Supply Chain의 불안정한 구조에서 벗어나 국산화를 통해 피라미드형 구조를 지향하게 될 것으로 보인다.

일본을 포함한 선진국의 보호주의 강화는 글로벌 서플라이 체인에서

의 부가가치 쟁탈전을 반영하고 있으며, 신흥국 기업의 고부가가치화를 견제하는 움직임 속에서 부가가치 쟁탈전을 좌우하는 첨단기술, 기반기술(소재, 부품, 장비)의 일체적 강화가 우리에게도 중요한 시점인 것이다. 대기업과 중견, 중소기업과의 분업 관계를 고도화시키면서 한국 국내에서 보다 밀도 있는 분업구조를 형성할 경우 연구, 기획, 디자인, 마케팅, 법무, 행정 등 제조업과 관련된 서비스 산업의 수요확대 및 고도화에도 긍정적인 효과를 주면서 국내에서의 부가가치를 확대할 수 있다.

다만, 경제적 자원이 우리 산업의 내실을 강화하는 데에 투입되고 금액은 많지 않지만 기술적인 난이도가 높은 소재, 부품, 기계류의 국산화에 주력하면서 대기업, 중견 및 중소기업 간의 심도 있는 분업 관계를 구축해 나가는 데에 따른 부담이 발생하는 것도 사실이다. 이러한 부담이 그동안 신제품, 신사업을 개척하면서 일본 산업을 추격해 왔던 우리 산업의 역동성을 반감시키지 않도록 주력할 필요가 있다.

이를 위해서는 국산화와 신사업 창조 전략을 연계적으로 추진할 필요가 있으며, 〈박스1〉에 나와 있는 바와 같이 일본의 반도체 산업육성책도 참고가 될 수 있다. 국산화 노력으로 기존의 신산업 창조 및 추격 투자가 상대적으로 억제되지 않도록 신사업 창조와 국산화 노력을 연계하는 것이다. 국산화를 통한 기반 기술의 강화가 대기업-중소기업의 연계, 스타트업과의 협업 관계를 강화해 차세대 산업을 창조하는 생태계로서 발전하도록 유도할 필요가 있다.

이러한 신사업, 신제품을 지향하는 국산화 전략은 국산화 자체의 효율을 높이는 효과도 있다. 대기업의 경우 기존에 설치된 생산 라인은 일본 기업과 밀도 있는 대화와 협력을 통해 구축했었다. 따라서 새로 우리 중소기업이 국산화에 성공해도 불확실한 부품이나 소재를 생산라인에 투입하는 것은 각종 불량문제의 발생 위험이 우려되는 부분이기도 하다. 생산시스템은 서로 연계되고 있어서 새로운 소재를 투입했을 때에 해당 공정 전후에서는 문제가 발생하지 않아도 전체적으로 생산라인의 어딘가에 문제가 나타날 것인지 파악하고 다시 개선하고 조율할 필요도 있다. 따라서 대기업으로서는 이미 가동하고 있는 생산라인을 멈추고 수주 및 수개월 동안 금액이 얼마 크지 않는 소재를 시험하는 것은 쉬운 일이 아닐 수 있는 것이다.

〈박스 1〉 일본의 1970년대 반도체 연구 조합 프로젝트

1970년대 후반 통산성(현 경제산업성) 주도로 '초LSI(1976-1980) 기술연구조합'을 설립하고 노광장치, 세정기기 등 반도체 제조장치, 포토레지스트 등의 각종 재료를 공동으로 개발하는 과정에서 관련 기업들이 세밀하게 협력할 수 있는 체제를 구축했다. 이는 첨단 반도체의 제조 기술의 확립과 로드맵을 책정하고 제조설비의 국산화를 지향한 연구조합이었다.

히타치제작소, 도시바, NEC, 후지쓰, 미쓰비시전기 등 일본의 5대 종합전기전자 기업이 주축이 되어 각사의 연구원을 파견하면서 공동연구기관으로서 반도체 제조장치 등의 기반기술을 개발했다. 실제 반도체 생산에서는 경합하지만 생산을 위한 장치, 소재 등의 기반 기술에 관해서는 통산성의 지원으로 각사가 협력한 것이다.

단순히 공동연구 프로젝트를 수행하는 데에 그치지 않고 반도체와 관련된 기반 기술과 지식을 제조장치 기업, 재료 기업을 포함해서 전체적으로 공유하고 관련 기업 전체를 유기적으로 연결하는 분업 생태계를 형성해 국산화에 주력했다. 제조장치의 경우 70% 이상의 국산화에 성공하는 등 성과를 거둔 산업정책이었다

(자료 : 이지평. "시장이 작아도 지금 주목 못 받아도...일본의 틈새 시장 1등 전략에 주목을," 동아일보 DBR 280호, 2019.9월 Issue1)

반면, 새로운 제품의 경우 처음부터 우리 대기업과 중견, 중소기업이 협력해서 생산라인을 구축하는 데에 주력하기 때문에 이러한 문제는 크지 않을 것이다. 우리 대기업이 반도체의 새로운 공정, OLED나 전기차와 같은 신제품을 세계적으로 주도하기 시작했기 때문에 이러한 도전적인 과제에 우리 중견, 중소기업이 함께 협력해서 새로운 소재, 부품, 장비의 개발에서 성과를 보일 경우 자생력과 함께 경쟁력을 높일 수 있을

것이다.

즉, 포괄적으로 차세대 산업을 육성하는 노력이 중요하다. 차세대 배터리, 차세대 반도체(시스템 반도체 등도), 차세대 자동차 등의 개발 프로젝트의 핵심이 되는 기반 기술인 소재, 부품, 장비를 포함해서 동시에 개발하는 프로젝트를 확대하는 것이 효과가 있을 것이다.

(2) 산업의 축이 되는 신소재 개발

소재, 부품, 장비 등의 육성에 있어서는 각광 받지 못하는 기반기술(불화수소와 같은)을 꾸준히 강화하는 한편 고위험 기술연구 과제를 과감하게 시도할 필요가 있다. 이미 강력한 경쟁력을 구축한 일본기업의 존재를 고려할 때 국산화 분야의 선택과 함께 각종 분야를 망라한 시너지 효과도 중요할 것이다. 이를 위해서는 산업의 축이 되는 차세대 핵심 소재 개발에 주력할 필요도 있다.

〈박스 2〉 일본의 국가적 세라믹 소재 육성책

일본 산업은 1970년대 이후 세라믹 재료 개발에 전략적으로 주력해 세라믹 소재 혁신을 주도함으로써 이를 전자부품, 자동차, 전지, 센서, 터빈, 촉매, 각종 구조재 등으로 응용해 왔다. 경제산업성이 1978년에 moon light(에너지 위기 대책 중 하나) 계획에서 고효율 가스 터빈 기술개발 프로젝트를 발족, 그 핵심으로서 세라믹스 부품의 개발에 착수했다.

경제산업성은 1981년에 '차세대 산업기반 기술 연구개발연구개발 제도'를 발족하여 세라믹을 그 대상으로 선정, 설계, 가공, 소결, 평가 등의 요소 기술개발에 주력했다. 또한 1998년에는 원자단위, 분자단위, 나노, 마이크로, 매크로 등 복수의 계층구조에 걸쳐서 구조적 요소를 동시에 제어하는 고차 구조제어기술의 개발프로젝트인 '시너지 세라믹스 연구개발 프로젝트'에 착수하여 신기능물질, 구조제어 등의 노하우의 축적에 주력했다.

경제산업성 주도로 이루어진 가스 터빈용 세라믹 재료 기술개발은 가스터빈을 위한 내열성 소재 개발로서의 성과와 함께 1980년대 이후 일본 자동차 산업의 세라믹 소재 활용 전략에 기여했다.

(자료 : 이지평·류상윤. "기술융합 트렌드 활용한 이노베이터로의 도약," LG경제연구원, 2013.11.)

사실, 일본이 소재, 부품, 장비 분야의 강자가 되는 데 있어서는 강점을 가진 핵심소재 기술을 다방면에서 활용한 것이 효과가 있었다고 할 수 있다. 즉, 일본이 세라믹이나 실리콘, 희토류 가공소재 등의 핵심소재에서 강점을 구축하고 여러 분야의 경쟁력 강화에 성공했다고 할 수 있다. 이와 같이 국가 산업의 축이 될 수 있는 핵심 소재 분야를 장기적으로 개발 및 육성하는 노력이 우리에게도 중요한 시점이라고 할 수 있다.

차세대 반도체, 디스플레이, 헬스케어의 기초가 될 수 있고 비약적 성능 향상을 가져 올 수 있는 재료 기술 후보에 투자하여 산업경쟁력을 강화할 수 있다. 이러한 신소재의 후보에는 여러 가지가 있으나 자원이 풍부하면서 비용 경쟁력도 확보할 수 있는 탄소(CNT, 그래핀 등) 재료 등도 고려할 수 있다. 차세대 핵심소재에 관해서 기업, 공공연구소, 대학 등에서 다양한 연구를 실시해서 노벨상급의 기초연구에서 기업 응용연구, 관련 분석 및 장비 기술 등 포괄적인 기술체계를 구축할 수 있다. 그리고 이렇게 개발될 이 차세대 소재를 전자, 자동차, 화학, 의료, 우주 산업 등에서 첨단 제품의 기초가 될 수 있도록 유도하는 것이다. 이러한 정책적 노력을 기반으로 보호주의 강화 등 어떤 경제 및 통상환경에서도 세계의 고객이 필요로 하게 될 Only One 경쟁력을 강화할 수 있다.

일본의 모노즈쿠리 경쟁력의 모방과 함께 우리만의 독자적인 경쟁력을 모색하는 것도 중요하다. 기반 제조기술 뿐만 아니라 AI 등 디지털 경쟁력과 서비스 역량도 강화해 기반기술의 파괴적인 혁신을 도모할 수 있다.

(3) 아날로그 노하우의 축적과 함께 새로운 디지털 경쟁력 적용

소재, 부품, 장비 등의 국산화, 이를 위한 기반기술의 축적을 위해서는 일본이 오랫동안 축적해 왔던 아날로그적인 모노즈쿠리 기술을 모방하면서 강화할 필요가 있으나 이것만으로는 부족할 것으로 보인다. 일본의 Only One 기업의 경우 100년 이상 존속해 오면서 제조기술을 계속적으

로 고도화해 왔기 때문에 이들의 노하우를 모방하는 동시에 이들과 다른 방법, 강점을 모색하는 차별화 전략도 중요할 것이다.

현재 모든 산업이 디지털화(Digital Transformation) 되는 과정에 있으며, 각종 소재, 부품, 장비의 경우도 생산시스템의 디지털화가 진행될 것으로 보인다. 과거처럼 인력에만 의존하는 설계, 시제, 수정, 재설계, 양산 등에 이르는 과정도 컴퓨터 시뮬레이션으로 일부 분담하는 방식이 확산 중에 있다. 물론, 컴퓨터 능력이나 AI의 성능에도 한계가 있어서 결국 숙련된 전문가와 AI 등 컴퓨팅 파워를 활용하는 협업이 중요한 단계이지만 이러한 새로운 제품개발, 설계 방식 측면에서 우리 기업이 차별적인 노하우를 축적해 나가야 할 것이다.

예를 들면, 고속 대용량 컴퓨팅 파워를 활용해서 새로운 물질과 소재 개발을 개발하는 MI(Materials Informatics)에 대한 관심이 점차 높아지고 있다. 국가적인 컴퓨팅 파워를 확보하면서 각종 물질의 구성 후보를 대량 발견하여 데이터베이스를 구축하면서 유망 구조를 특허로 선점하는 전략도 중요할 것으로 보인다.

(4) 아시아 및 세계의 제조업 주도하는 한일 협력

소재, 부품, 장비의 국산화가 중요한 시점이지만 모든 분야를 국산화, 자급화하는 것은 어려움이 있고 바람직하지 않으며, 일본과의 분업 효율을 추구할 필요가 있다. 이를 위해서는 무너진 일본과의 신뢰관계를 복원하는 노력이 민간 부문을 포함해서 강화될 필요가 있다.

국산화 과정에서도 일본기업이 보유하고 있는 특허 등의 지적재산의 활용 및 협력이 필요한 분야도 많을 것이며, 일본기업의 유치 및 유치한 일본기업에게 좋은 비즈니스 환경을 보장하는 노력이 중요하다. 무역관리, 교육, 기술 연구, 재계, 환경, 시민단체 등을 통한 다양한 경로에서 한일 협력 사업을 독자적으로 추진하면서 상호이해를 바탕으로 한 뿌리 깊은 협력파트너 관계를 강화할 필요가 있다.

양국 간의 경색된 관계를 개선하고 미래 협력 파트너로서의 관계를 강화할 수 있는 대규모 협력 사업을 통해 관계 개선에 주력할 필요도 있다. 무역 및 서플라이체인 협력, 에너지, 환경, 보호주의 억제, 디지털혁신, 양자컴퓨팅, 동북아 경제협력체, 제3국 공동 진출 등의 유망 프로젝트도 발굴할 수 있을 것이다.

한일 양국은 협력하면서 새로운 제품, 사업을 개척하기 시작했으며, 이러한 성과를 점진적으로 아시아 각국 및 세계 제조업에 보급시키면서 아시아 및 세계경제의 활력을 높일 수가 있다. 실제로 한일 기업의 협력은 아시아 역내 거점과 한국 및 일본 경제, 아시아 역내 거점 간 밀접하게 이루어지고 있다. 예를 들면 일본 제조업의 공동화 현상으로 인해 우리나라의 반도체나 LCD 등의 대일수출이 둔화되었으나, 아시아 역내에 있는 일본기업에 대한 수출이 확대된 측면도 있다. 또한 동남아 지역의 일본 공장에서 생산한 첨단 부품을 한국에서 수입하는 사례도 나타나고 있다.

이와 같이 한일 간의 경제관계는 양국 사이의 무역과 투자뿐만 아니라 아시아 역내에서의 글로벌 활동을 기반으로 강화되어 왔으며, 이러한 한일 협력의 순기능, 상호이익의 확대를 위해 지속적으로 노력하는 것이 중요하다.

참고문헌

1. 단행본

고영선. 2008,『한국경제의 성장과 정부의 역할 : 과거, 현재, 미래』(한국개발연구원).

2. 논문

이지평. 2019, "시장 작아도, 지금 주목 못 받아도…일본의 '틈새시장 1등 전략'에 주목을,"
　　　『Donga Business Review』, 제280호.

_____. 2019, "밉지만 살펴봐야 할 일본 부품·소재 기업 경쟁력,"『Donga Business Re-
　　　view』, 제278호.

정성춘. 2005, "한·일 경제관계의 특징과 협력방향,"『KIEP 오늘의 세계경제』.

向山英彦·大嶋秀雄. 2015, "グロ__バル化で変化する日韓経済関係 ―自動車、電子産業を
　　　例に―,"『環太平洋ビジネス情報 RIM』, Vol.15 No.57.

3. 언론 보도

이지평. 2019.7.8, "일본의 對韓 수출규제, 무엇이 문제인가?,"『ifs POST』.

_____. 2019.4.29, "한·일 관계에 분노하는 일본, 커져가는 한국에 대한 제재 목소리,"『ifs
　　　POST』.

_____. 2019.1.17, "악화일로의 한일관계, 개선 희망 없는가?,"『ifs POST』.

_____. 2019.7.31, "일본의 무역보복을 기회로 삼아서 제조기반을 강화할 때,"『ifs POST』.

『일본경제신문』. 2019.10.5, "日韓対立、長期化に懸念　輸出管理厳格化から3ヵ月."

奥田聡. 2019.9.4, "韓国の「突破力」は侮れない！急所狙い撃ちの輸出規制にも屈しない理
　　　由,"『Diamond online』.

4. 기타 자료

산업통상자원부. 2019.8.5, "대외의존형 산업구조 탈피를 위한 소재·부품·장비 경쟁력 강
　　　화대책 발표."

日本経済産業省. 2019.8.7, 安全保障貿易審査課, "大韓民国向け輸出貿易管理に係る取扱い について."

_____. 2019.7, 貿易管理部, "安全保障貿易管理について."

_____. 2017, "安全保障貿易管理ハンドブック."

6장

일본의 우경화와 한일 관계의 상호작용
-'구조적 악순환'에 빠진 한일관계-

길윤형

한겨레신문 국제뉴스팀 기자

IFES

경남대 극동문제연구소
국제관계연구 시리즈 35

Ⅰ. 나카소네의 느닷없는 등판

2015년 8월, 일본에선 아베 신조(安倍晋三) 총리가 패전 70주년을 맞아 내놓게 될 '아베 담화'에 어떤 내용이 담겨야 할지를 두고 치열한 논쟁이 진행되고 있었다. 논쟁의 핵심은 일본이 과거에 저지른 '식민지배'와 '침략'에 대해 '사죄'와 '반성'의 뜻을 담은 1995년 무라야마 담화의 '핵심 키워드'를 계승할지 여부였다. 일본이 밝힌 전후 '반성적 역사인식'의 총결산이라 할 수 있는 무라야마 담화는 이후 20년 간 이어진 우호적인 한일·중일 관계의 탄탄한 기반이 되어 있었다. 하지만, 아베 총리는 담화를 "계승한다."고 말하면서도, 핵심인 4개 키워드인 '식민지배'와 '침략'에 대한 '사죄'와 '반성'이란 단어를 제 입으로 언급하길 극도로 꺼리고 있었다. 그 때문에 아베 총리가 자신의 담화에서 지난 식민지배와 침략을 어떻게 표현하는지를 두고 일본 뿐 아니라 한국과 중국 등 주변국, 나아가 미국 정부까지 비상한 관심을 기울이고 있었다.

이 같은 긴장을 단숨에 깨뜨린 이는 실로 뜻밖의 인물이었다. 주인공은 1970-1980년대 평화헌법 개정과 자주외교를 주장하고, 총리 재임 시절엔 야스쿠니신사를 참배(1985년 8월 15일)해 중일관계를 격랑에 빠뜨렸던 '보수의 원로' 나카소네 야스히로(中曾根康弘) 전 총리였다. 나카소네 전 총리는 8월 7일 『요미우리신문』, 『산케이신문』 등 보수 일간지와 『분게이슌쥬(文藝春秋)』, 『주오고론(中央公論)』 등 보수 계열 월간지에 인터뷰와 수기를 실어 아베 총리가 주변국과 역사 문제에 대해 좀 더 겸허한 자세를 가질 필요가 있다고 주문했다.

그는 일본이 중국과 동남아시아 여러 국가에 "침략행위를 했다"는 것은 사실이라고 결론내린 뒤, "중국, 한국 양국과 사이에서 발생하는 역사문제의 알력에는 신중한 태도로 임해야 한다. 민족이 입은 상처는 3대 100년 동안은 사라지지 않는다고 생각해야 한다."고 말했다. 보수지인 『요미우리신문』 역시 이날 사설에서 "이번이 마지막이라는 마음으로 무랴야마 담화의 견해를 인용하는 간접표현 방식으로라도 침략과 식민지 배에 대한 마음으로부터의 사죄를 전하는 표현을 넣어야 한다"고 요구했다. 재임 시절 일본 우경화를 이끌었다는 비난을 받아온 나카소네 총리가 30여년의 세월이 흐른 뒤 일본의 '지나친 우경화'를 막는 일종의 방파제 역할을 자임하고 나선 것이다. 나카소네 총리의 '극적인 개입'은 일본 사회가 얼마나 우경화됐는지를 여실히 보여주는 상징적 사건으로 받아들여졌다.

1980년대 말 이후 일본 사회의 변화 양상을 관찰해 온 여러 논자들이 가장 주목해 온 현상은 아마도 '우경화'일 것이다. 그러나 일본의 우경화를 어떻게 정의할지, 그렇다면 그 정도를 어떻게 봐야 할지에 대한 이해는 저마다 다르다. 나카노 고이치(中野晃一) 조치대학 교수는 저서 『우경화하는 일본 정치』에서 이런 혼란의 원인에 대해 "우경화 프로세스는 단선적으로 한 번에 달성된 게 아니라 다가왔다 물러서는 파도 같이 역방향으로 한정적인 후퇴를 하면서 시간을 들여 진전돼 왔기 때문"(中野晃一, 2015: 3-4)이라 설명하고 있다. 일본 내에선 이 '다면적'인 우경화 현상에 대한 섣부른 개념 규정을 피하고 있다(塚田穂高, 2017: 10-11).

실제 일본의 우경화는 복잡한 모습으로 진행돼 왔다. 2006년 9월 집권한 뒤 1년 만에 붕괴된 아베 1차 정권 이후 흐름을 보자. 아베 1차 정권은 집권 이후 ①교육기본법 개정 ②방위청의 방위성 승격 ③국민투표법 제정 ④집단적 자위권 용인 검토 등 여러 우경화 정책들을 쏟아내지만, 경험 부족과 미숙한 국정운영 탓에 1년 만에 붕괴되고 말았다. 이후 상대적으로 진보적이고 리버럴한 정치사상을 가진 민주당이 2009년 8월 중의원 선거에서 압승을 거두며 역사적인 정권 교체를 이뤄냈다. 특히, 간 나오토(菅直人) 전 총리는 2010년 8월 10일 일본의 식민지배가 한국인의 뜻에 반해 이뤄졌다는 간 담화를 발표하며 한국인들에게 깊은 인상을 남겼다.

그러나 민주당 정권이 3년 3개월간의 혼란 끝에 무너진 뒤 등장한 것은 또다시 아베 정권(아베 2차 정권)이었다. 2012년 12월 재집권에 성공한 아베 총리는 단단한 '아베 1강 체제'를 확립한 뒤, 7년째 일본을 이끌며 우경화 흐름을 '돌이키기 힘든 것'으로 만들고 있다. 나카노 교수의 지적처럼 민주당의 등장으로 잠시 주춤했던 우경화 흐름이 아베 2차 정권의 등장으로 급속히 진전되고 있는 것이다.

일본의 우경화는 크게 네 가지 '현상적' 특성을 갖는다. 첫째는 천황·황실에 대한 숭배와 일본의 전통적 가치관에 대한 집착, 둘째는 현행 평화헌법과 그로 상징되는 '전후체제'에 대한 강한 부정, 셋째는 무라야마 담화 등 일본 역대 정부의 반성적 역사 인식에 대한 공격, 마지막은 한국·중국 등 아시아 주변국들과 화해하는 흐름에 대한 저항 등이다. 이런 우경화의 원인에 대해선 ①냉전의 종식으로 인한 좌파 대항세력의 몰락 ②'잃어버린 20년'으로 상징되는 장기 불황과 그로 인한 일본 사회의 자신감의 상실 ③2010년께부터 본격화된 중국의 부상 등으로 인한 안보 불안 등을 꼽을 수 있다.

하지만 한국인이 잊어선 안 되는 '핵심적 이유'가 있다. 1990년대 초 시작된 일본군 '위안부' 문제로 대표되는 한국과의 역사 갈등, 나아가 2002년 9월 김정일 국방위원장의 '사실 인정'으로 대두된 일본인 납치 문제다. 일본과 한반도 사이의 '부정적 상호작용'이 일본 우경화의 방향을 설정하고 그 흐름을 가속해 온 측면을 도저히 부인할 수 없다. 본고에서는 한반도와 일본 사이의 이 부정적 상호작용이 지난 30여 년 동안 일본 사회의 우경화 흐름에 어떤 영향을 끼쳤는지 파악해 보려 한다.

지난 30여 년 간 일본의 우경화는 크게 2단계에 걸쳐 진행됐다. 1단계는 1990년대 시작된 역사적·이념적 우경화다. 이 흐름에 결정적인 영향을 끼친 것은 1991년 8월 14일 김학순의 용기 있는 고백으로 역사의 수면 위로 부상한 위안부 문제였다. 위안부 문제가 일본 중학교 교과서에 본격적으로 다뤄지게 되자 일본 우익들은 1997년 '새로운 교과서를 만드는 모임' 등을 통해 본격적인 반격을 시도한다. 나카노 교수는 그런 의미에서 1997년을 역사 수정주이 세력에 의한 '백래쉬(backlash)의 원년'이라 부른다(中野晃一, 2015: 107).

이후 지속적으로 진행된 일본의 우경화는 '중국의 부상과 미국의 상대적 쇠퇴'로 요약되는 동아시아의 '신 냉전'의 등장과 함께 2단계인 군사안보적 분야에까지 확산됐다. 이 흐름 속에서 일본은 안보에선 집단적 자위권을 행사할 수 있도록 안보법제를 제·개정해 미일동맹을 강화했다. 이후 일본은 미국의 지지를 등에 업고 한일 간 오랜 역사 현안이던 위안부 문제를 12·28 합의를 통해 봉인한 뒤, 여세를 몰아 2016년 11월 한일 군사정보보호협정(GSOMIA)을 체결하는데 성공한다. 이 협정으로 한국은 한-미-일 3각 군사협력으로 가는 첫 발을 내디뎠다.

하지만, 2016년 말 '촛불 혁명'을 통해 탄생한 문재인 정부는 화해치유재단을 해산해 12·28 합의를 사실상 파기했고, 2018년 10월 대법원 판결을 둘러싼 갈등에 대처하는 과정에서 한일 군사정보보호협정을 중단하겠다는 결정을 내렸다. 한국 정부의 이 결심은 11월 22일 한일 군사정보보호협정의 '조건부 연장'을 통해 번복되지만, 이 과정에서 양국 관계는 좀처럼 회복하기 힘든 큰 상처를 입었다. 또 일본이 2018년 초 시작된 문재인 정부의 대북 접근과 북핵 문제 해결을 위한 노력을 사실상 방해하는 모습을 보이면서, 양국은 동아시아의 미래를 둘러싼 화해하기 힘든 '전략적 견해차'를 노출하는 '구조적 불화'에 빠져들고 말았다.

역사와 안보 문제를 둘러싼 양국 간의 치열한 갈등은 이미 진행 중이던 일본의 우경화 흐름을 가속시켰고, 이렇게 우경화된 일본 사회의 변화는 다시 한 번 한일관계에 큰 부담을 주고 있다. 한일은 서로가 서로에 대한 증오를 키워가는 '악순환의 덫'에 빠져들고 말았다.

Ⅱ. 위안부 문제의 역설

일본은 1945년 8월 14일 포츠담 선언을 최종 수락하며 연합국에 '무조건 항복'했다. 그러나 패전 후에도 일본은 천황제를 기반으로 한 전통적 국가관·가족관을 지켜야 하고, 미국이 강요한 헌법을 떨쳐내고 자주 헌법을 만들어야 하며, 지난 전쟁은 '침략'이 아닌 '자위를 위한 전쟁'이었다고 믿는 우익적 신념은 면면히 이어져 왔다.

이런 생각을 가졌던 대표적 인물이 1941년 12월 진주만 공습을 결행한 도조 히데키(東條英機) 내각의 상공대신이자 아베 총리의 외할아버지인 기시 노부스케(岸信介)였다. 전후 A급 전범 용의자로 체포됐지만 기소는 면한 기시는 1953년 정계에 복귀한 뒤 1955년 11월 자민당 창당을 주도하며 초대 간사장에 올랐다. 보수 통합 정당인 자민당의 등장으로 기시와 비슷한 생각을 가진 우익들은 자민당에서 일정 지분을 확보하며 유의미한 정치 세력으로 살아남을 수 있었다. 이들은 평화헌법은 미국이 일본에 강요한 족쇄이며 따라서 일본은 이를 벗어던지고 다시 메이지 시기와 같은 '아름다운 국가'로 돌아가야 한다는 신념을 유지해 왔다.

시민사회 내에서도 이런 생각을 공유하는 이들이 있었다. 대표적인 이들이 최근 아베 정권을 움직이는 '배후 세력'으로 주목받는 일본회의다. 1997년 5월 출범한 일본회의는 '생장의 집(生長の家)' 등 신흥종교와 일본 고유 종교인 신도 관계자들이 1974년 6월 설립한 '일본을 지키는 모임'과 우익 학계·재계·문화계 인사들이 1981년 10월 모여 만든 '일본을 지키는 국민회의'가 합친 단체다.

일본의 독립 저널리스트 아오키 오사무(青木理)의 『일본회의의 정체』 등 관련 서적들을 보면, 이 단체의 핵심을 이루는 활동가들은 일본의 침략전쟁을 옹호했던 신흥종교 지도자인 다니구치 마사하루(谷口雅春)가 1930년 설립한 생장의 집 출신들로 확인된다.

생장의 집은 이후 1966년 당시 사회 내에서 큰 영향력을 발휘하던 좌파 전공투 운동에 대항하는 우파 학생조직인 '생장의 집 학생회전국총연합(생학련)'을 만들었다. 생학련에 몸담았던 우파 학생운동 출신 활동가들은 한편으로 지방의 풀뿌리 운동에 기댄 우파적 운동방식을 발전·진화시키고 다른 한편으로는 신사본청과 기타 신흥종교단체의 자금 지원 등을 얻으며 세력을 키워갔다. 이들은 1979년 6월 연호 법제화를 성공시키는 등 리버럴한 경향이 강했던 1960-80년대 일본 사회 내에서도 꾸준한 성과를 내왔다.

하지만, 수면 아래 잠복해 있던 우익 세력이 본격적으로 제 목소리를 낼 수 있게 된 계기는 아이러니하게도 자신이 위안부였음을 처음 공개한 김학순의 역사적 증언이었다. 그로부터 넉 달이 지난 11월 5일 일본에서 '온건 보수'를 상징하는 미야자와 기이치(宮澤喜一) 정권이 탄생했다. 그로부터 다시 한 달이 지난 12월 6일 김학순 등 위안부 피해자 9명 등은 도쿄 지방재판소에 일본 정부를 상대로 손해배상 소송을 제기했다.

미야자와 총리는 오래 전부터 한일관계를 중시해 온 온건한 인물이었다. 그런 마음을 담아 총리 취임 후 첫 방문지로 한국을 택했다. 하지만 그의 방일을 며칠 앞둔 1992년 1월 11일 『아사히신문』은 일본 정부를 충격에 빠뜨리는 대특종을 보도한다. 이후 일본 사회에서 위안부 연구의 제1인자로 부상하게 되는 요시미 요시아키(吉見義明) 주오대 교수가 일본 방위청연구소 도서관에서 일본군이 위안부 제도를 만드는데 깊숙이 개입했음을 보여주는 자료를 발견해낸 것이다. 이 보도를 통해 위안부 문제는 민간 업자가 일으킨 것으로 일본군이 관여하지 않았다는 일본 정부의 그동안의 해명이 무너지게 된다.

『아사히신문』의 보도 이후 이뤄진 미야자와 총리의 한국 방문은 '사죄의 방문'이 될 수밖에 없었다.(和田春樹, 2017: 67-68) 그는 1월 17일 이뤄진 한국 국회 연설에서 "최근 이른바 종군위안부 문제가 다뤄지고 있지만, 나는 이런 문제에 대해 실로 마음이 아프고, 정말로 드릴 말씀이 없다고 생각한다."고 사죄했다. 일본 정부는 이후 자체 조사를 통해 1993년

8월 4일 역사적인 고노 담화를 발표했다. 이 담화에서 일본 정부는 위안부 동원 과정의 강제성과 군의 관여를 인정하며 "역사 연구, 역사교육을 통해 이런 문제를 오해도록 기억하고 같은 잘못을 반복하지 않겠다는 굳은 결의를 다시 한 번 표명한다."라고 약속했다.

고노 담화가 발표되던 1993년은 일본 보수와 우익에게 충격으로 점철된 한 해였다. 그해 7월 18일 치러진 중의원 선거에서 패배한 자민당은 과반수를 잃고 비자민당 8개 정당·정파로 이뤄진 연립정권에게 권좌를 내주고 말았다. 1955년 시작된 '55년 체제'가 38년 만에 붕괴한 것이다.

연립정권을 이끌게 된 호소카와 모리히로(細川護熙) 총리는 고노 담화가 나온 지 6일 뒤인 1993년 8월 10일 취임 기자회견에서 "지난 대전은 여러 사정이 있었다고 해도 침략적 측면이 있었다는 것인 사실이다. 침략전쟁, 잘못된 전쟁이었다고 인식한다."고 말했다. 8월 23일 국회 소신표명연설에서는 '침략전쟁'이란 표현은 '침략행위와 식민지 지배'라는 말로 톤 다운됐지만, 전후 일본 총리가 지난 전쟁을 '침략'이라고 분명히 인정한 것은 당시가 처음이었다. 자민당의 붕괴를 불안한 눈빛으로 바라보던 일본 우익들은 이 발언에 형용할 수 없는 충격을 받게 된다.

자민당 내 우파 의원들은 반격에 나서기로 결심한다. 이들은 '역사 검토위원회'를 만들어 1995년 8월 15일 「대동아전쟁의 총괄」이라는 보고서를 내놓았다. 이 보고서의 결론은 "일본이 수행한 대동아전쟁은 자존·자위의 아시아 해방전쟁으로 침략전쟁이 아니다."는 것이었다. 이 위원회에 아베 총리는 물론 당시 초선이던 그의 사상 형성에 큰 영향을 끼친 나카가와 쇼이치(中川昭一), 생학련 출신 우익으로 아베의 '형님' 노릇을 했다는 평가를 받고 있는 에토 세이치(衛藤晟一) 등이 이름을 올렸다.

이어, 일본 우익들을 대동단결하게 만든 또 하나의 충격적 사실이 전해진다. 일본 문부과학성이 1996년 6월, 이듬해부터 사용되는 모든 중학교 교과서에 위안부에 대한 기술을 허용하는 검정 결과를 내놓은 것이다. 이 결과가 나오자 후지오카 노부카츠(藤岡信勝), 니시오 간지(西尾幹

二), 다카하시 시로(高橋史朗), 고바야시 요시노리(小林よしのり·만화가) 등 우익 학자와 활동가들이 나서 현재 일본의 '자학교육'에 제동을 걸고 아이들에게 올바른 역사 교육을 시키겠다며 '새로운 역사교과서를 만드는 모임(새역모)'을 만들었다. 새역모를 이끈 주요 인물 가운데 역사학자 다카하시 시로는 일본회의와 직접 연결되는 옛 생학련 출신이다.

새역모가 결성된 다음 달 자민당 젊은 의원들은 '일본의 전도와 역사 교육을 생각하는 젊은 의원의 모임'을 조직해 이들의 움직임에 호응했다. 이 모임의 회장 역시 나카가와 쇼이치였고, 사무국장은 아베 총리가 맡았다. 당시 젊은 우익 의원이었던 아베 총리는 이후 기회가 있을 때마다 고노 담화의 수정을 요구하게 된다.

이후 한일 역사 갈등의 '주전장'은 일본 교과서 문제가 됐다. 일본 시민단체인 '중학역사교과서에 위안부 기술 부활을 요구하는 시민연락회' 자료를 보면, 중학교 교과서에 위안부 기술이 처음 들어간 것은 1993년 고노 담화가 발표된 뒤 나온 뒤인 1996년 검정(실제 사용은 1997년부터) 교과서부터다. 당시엔 7종의 역사 교과서 모두에 위안부 관련 기술이 포함됐지만, 일본 우익들의 반발로 인해 점점 줄어들게 된다.

이후 시간이 흘러 2006년 9월 아베 1차 정권이 등장했다. 그는 취임 후 예상대로 고노 담화에 대한 공격에 나선다. 아베 정권은 2007년 3월 16일, 일본 정부의 "조사로 발견된 자료 가운데서는 군과 관헌에 의한 이른바 강제연행을 직접 보여주는 것 같은 기술이 발견돼지 않았다"는 내용을 각의 결정했다. 이는 고노 담화에 대한 중대한 도전이었다.

이 같은 일본의 역사 수정주의 움직임에 제동을 건 세력이 있었다. 미국이었다. 미 하원은 2007년 7월 30일 "일본군이 젊은 여성들을 성노예로 내몰았다"는 내용의 위안부 결의안을 만장일치로 통과시켰다. 그 여파는 상당했다. 그 전날인 7월 29일 참의원 선거에서 참패한 아베 총리는 결국 9월 12일 "내가 그만둬 국면을 전환하는 게 좋겠다고 결단했다."는 알쏭달쏭한 말을 남기고 정권을 내려놓았다. 일본의 우경화를 주도했던 아베 1차 정권의 쓸쓸한 퇴장이었다(길윤형 2017: 127-183).

III. 우경화의 대중적 확산

2000년대 들어 일본 내 우경화는 다소 소강상태를 보인다. 무라야마 정권이 1995년 아시아 여성기금을 통해 위안부 문제에 대한 봉합을 시도했고, 2000년대 한일관계의 황금기를 연 것으로 평가받는 1998년 김대중-오부치 공동선언(21세기 새로운 한일 파트너십 공동선언)이 나왔기 때문이다. 이 선언은 1987년 6월 혁명을 통해 민주화를 이뤄내고, 비약적인 경제발전에 성공한 한국과 전후 50년 동안 평화헌법을 소중히 지키고 고노 담화와 무라야마 담화 등 반성적 역사인식을 밝혀온 일본이 서로를 동등한 파트너로 인정하면서 새 시대를 열겠다고 다짐한 선언이었다. 이를 통해 한일이 서로의 대중문화를 본격 받아들이며 민간교류가 꽃피게 된다.

그와 함께 2009년 9월 민주당으로 역사적인 정권 교체가 이뤄졌다. 2000년대 이어진 이 같은 한일 간 우호적 분위기 속에서 간 전 총리는 2010년 8월 10일 "3·1독립운동 등의 격렬한 저항에서도 나타났듯이 정치·군사적 배경 아래 한국인들은 그 뜻에 반하여 이뤄진 식민지배에 의해 국가와 문화를 빼앗기고 민족의 자긍심에 깊은 상처를 입었다."고 선언한 담화를 내놓았다. 한국이 요구한 식민지배의 '불법성'은 인정하지 않았지만, 한국인들의 뜻에 반해 이뤄진 식민지배의 '부당성'은 인정한 담화였다. 일본의 역사인식이 1995년 무라야마 담화 때보다 한층 더 진전된 것이다.

물론 이 시기에도 히노마루와 기미가요를 일본의 정식 국기와 국가도 못 박은 국기국가법 제정(1999년) 등 우경화 흐름은 끊임없이 이어져 왔다. 그와 함께 일본 사회에 전에 없던 새롭고 우려스런 움직임이 관찰되기 시작한다. 우익 정치가들의 전유물이던 우경화 흐름이 일반 대중에까지 확산되기 시작한 것이다. 이를 대표하는 움직임으로 '재일특권을 용납하지 않는 시민 모임(재특회)'의 등장을 꼽을 수 있다.

일본의 독립 언론인 야스다 고이치(安田浩一)의 저서『거리로 나온 넷우익』을 보면, 재특회는 2007년 1월 20일 도쿄 에도가와구 친선회관에서 결성됐다. '2채널' 같은 우익 성향의 인터넷 게시판에서 활동해 온 이들이 방구석에서 키보드를 두드리는데 만족하지 못하고 오프라인 공간으로 나와 우익적 언내와 난결을 시향하기 시삭했다. 이 모임의 요네다 류지(米田隆司) 사무국장은 2013년 10월 필자와의 인터뷰에서 넷 우익이 세력을 확장하게 된 두 개의 결정적인 계기로 2002년 한일 월드컵과 납치 문제를 꼽았다.

재특회원인 구로다 다이스케(黑田大輔)는 한-일 월드컵 16강전에서 일본이 터키에 패배하는 모습을 보며 환호하는 서울 거리의 모습을 방송을 통해 목도하게 된다. "한국인의 반일감정에 충격을 받았다. 공동 개최까지 했는데 일본이 졌다고 그렇게 기뻐할 수 있을까. 그래서 한국이라는 나라에 불신감을 가지고 인터넷을 통해 일본과 한국의 관계를 공부했다(야스다 고이치, 2013: 184)" 일반 대중들이 떨어져 있을 땐 서로 인식하지 못했던 서로의 차이점에 위화감을 느끼기 시작한 것이다.

일본 사회의 '우경화' 흐름이 대중으로까지 확산된 배경엔 ①사회의 양극화 ②잃어버린 20년으로 상징되는 경제성장의 둔화 ③인구 감소로 인한 외국인 노동자의 급증 ④그로 인해 생겨난 배외주의적 풍토 등이 복합적인 영향을 끼친 것으로 보인다. 어찌됐든, 일본의 답답한 현실에서 폐쇄감을 느낀 이들은 주변에서 가장 쉽게 찾아낼 수 있는 약자인 재일 조선인·한국인을 표적으로 삼기 시작한 것이다.

야스다의 책에는 한국과 중국에게 두려움과 증오심을 쏟아내는 평범한 일본인들의 발언이 가득 들어 있다. 재특회 출신 20대 후반 여성 다카하시 아야카(高橋亞矢花)는 "지금처럼 중국이나 한국이 하자는 대로 하다가는 일본은 식민지가 되고 말 거예요."(야스다 고이치, 2013: 79)라고 말하고, 기쿠치 나이키(菊池內企) 재특회 미야기 지부장은 "실제로 일본의 영해가 침범당하고 있습니다. 여러 가지 횡포를 확인할 수 있어요. 일본이 얕보이고 있다는 증거 아닙니까. 그런데 언론도, 정치인들도 일반인들도 지금껏 적당히 넘어간 것입니다. 강제연행이나 종군 위안부처럼 근거가 불확실한 사실을 이용해 간섭하고 동요시키고, 게다가 납치까지 했어요. 여기서 화내지 않으면 앞으로 일본의 주권은 없는 거나 마찬가지입니다(야스다 고이치, 2013: 94)"라고 단언한다.

향후 동아시아 정세에 큰 영향을 끼치게 되는 두 개의 변화가 이런 경향을 가속화한다. 첫째는 센카쿠열도를 둘러싼 영토 분쟁이었다. 중국 정부의 강경 대응이 이어지며, 일본은 이러다 '센카쿠열도를 빼앗길 수 있다'는 심각한 안보 불안을 느끼게 된다. 이 무렵부터 가시화된 '중국의 부상'은 현재 미중 간 미래 패권 다툼으로 확대됐고, 일본의 우경화 흐름을 더 부추기고 있다.

두 번째는 위안부 문제의 재부상이었다. 한국인 위안부 피해자들은 1990년대 일본 법원을 상대로 낸 잇단 소송에서 "1965년 청구권 협정으로 모든 문제가 해결됐다"는 이유로 패배했다. 이후 한국 시민사회는 한국 정부를 상대로 지난 1965년 한일협정 문서를 공개하라는 소송을 낸다. 그러자 노무현 정부는 2005년 1·8월 관련 문서를 전면 공개한다는 결정을 내리며, 그해 8월 26일 열린 민관 합동위원회를 열어 한일협정으로 ①위안부 ②원폭 ③사할린 문제는 해결되지 않았다는 공식견해를 내놓았다.

한국 시민사회는 이를 실마리 삼아 2006년 7월 한국 정부가 위안부 문제 해결을 위해 일본을 상대로 외교 교섭을 하지 않는 것은 위헌이라는 위헌심판을 세기했다. 그리고 한국 헌법재판소는 5년에 걸친 심리 끝에 2011년 8월 원고들의 주장을 받아들여 한국 정부의 이 부작위에 대해 '위헌' 결정을 내렸다.

헌법재판소 결정으로 인해 이명박 당시 대통령은 위안부 문제를 해결해 위헌 상황을 해소해야 하는 처지에 몰리게 됐다. 그는 2011년 12월 18일 노다 요시히코(野田佳彦) 당시 총리와 교토에서 마주 앉아 이 문제 해결을 요청했다. 그러나 일본과 교섭이 뜻대로 풀리지 않자 2012년 8월 10일 독도를 전격 방문하며 한일 관계를 격랑 속에 빠뜨리게 된다.

이 여파로 2000년대 이후 크게 개선됐던 일본인들의 한국에 대한 인식이 차갑게 식어 내렸다. 일본 내각부가 매해 조사하는 〈외교에 관한 조사〉에 담긴 여론조사 결과를 보면, 한국에 대해 친근감을 느끼는 일본인은 2011년 62.2%에서 1년 뒤인 2012년 39.2%로 급락했다. 이 수치는 2014년 31.5%로 바닥을 찍는다.

2014년은 일본 사회에서 우경화 열풍이 가장 극에 달했던 해라 할 수 있다. 이 해의 우경화 열풍을 상징하는 두 개의 '풍경'은 서점가를 장악한 혐한 열풍과 전후 일본 리버럴의 단단한 버팀목으로 여겨졌던 『아사히신문』에 대한 공격이었다. 『아사히신문』은 그해 8월 초 위안부 보도에 대한 '오보' 인정[1] 이후 채 한 달을 버티지 못하고 9월 11일 기무라 다다카즈(木村伊量) 사장이 나서 일련의 사태에 사죄하는 이례적 기자회견을 열었다. 일본 우익의 정서를 대변하는 『산케이신문』은 위안부 문제를 둘러싼 한-일 역사 갈등에 '역사전쟁'이라는 이름을 붙였다. 위안부 문제가 일본 사회의 우경화 흐름에 기름을 부은 것이다. 위안부 문제의 '지독한 역설'이 다시 한 번 작동한 결과였다. 그런 의미에서 1991년 위안부 문제의 부상은 전시 하 여성 인권에 대한 인류의 양심을 깨운 동시에 일본 사회의 우경화라는 비극을 몰고 온 '인류사적 사건'이라 평가할 수 있다.

---

1   야마구치현 노무보국회 시모노세키 지부에서 동원부장으로 일했다고 알려진 요시다 세이지(吉田清治 · 2000년 사망)가 1983년 펴낸 『나의 전쟁범죄, 조선인 강제연행』 등의 책에서 제주도에서 여성들을 사냥하듯 연행하는 과정을 생생하게 묘사한 기록을 보도한 사건. 『아사히신문』은 2014년 8월 5일과 6일 이틀에 걸쳐 당시 보도가 오보임을 인정했다.

Ⅳ. 아베 2차 정권의 등장

일본 사회의 우경화 흐름을 결정적으로 만든 것은 아베 2차 정권의 등장이었다. 1차 정권의 몰락 이후 5년 만에 권좌에 복귀한 아베 총리는 지난 실패를 되풀이하지 않으려는 듯 차근차근 우경화 작업을 수행해 나간다. 아베 정권의 재등장과 함께 일본의 우경화 흐름은 1단계(1990년대)인 역사·이념적 단계를 넘어 안보 측면에서 일본의 실질적 변화를 이끌어내며 우익의 비원인 개헌까지 넘보는 2단계로 접어들게 된다.

아베 2차 정권 초기에도 '주전장'은 위안부 문제였다. 한국 헌법재판소 결정 이후 재부상한 위안부 문제로 인해 2013년 2월 등장한 박근혜 정권과 2012년 12월 등장한 아베 2차 정권은 취임 초부터 갈등하기 시작했다. 특히, 박근혜 대통령은 일본에 위안부 문제 해결을 위한 일본의 성의 있는 '선 조처'를 요구하며 정상회담을 거부하는 등 강경한 대일 정책을 이어갔다.

위안부 문제의 핵심인 고노 담화에 대한 공격은 아베 총리가 재집권한 지 10개월이 지날 무렵부터 시작됐다. 2013년 10월 16일 『산케이신문』은 고노 담화 작성과정에서 일본 정부가 한국인 위안부 할머니 16명을 상대로 진행한 '면담 조사' 기록을 내용을 입수해 보도하며, 증언에 허점이 많아 "역사적인 자료로 사용하기 힘들다"고 주장했다. 총리관저의 누군가가 애초 비공개였던 이 면담 기록을 『산케이신문』에 유출했음이 틀림없었다. 아베 총리는 이 여세를 모아 2014년 2월 고노 담화를 검증하겠다며 공세를 높인다.

이번에도 개입에 나선 것은 미국이었다. 버락 오바마 당시 미국 대통령은 위안부 문제로 인해 갈등을 빚고 있는 한일 관계를 정상화하기 위해 2014년 3월 24일 네덜란드 헤이그에서 예정된 핵안보정상회의 자리를 빌려 한-미-일 3개국 정상회담을 열겠다고 선언했다. 그러자 아베 총리는 3월 14일 중의원 예산위원회에서 "아베 내각에서 고노 담화를 수정할 생각이 없다"며 한발 물러섰다. 아베 정권이 흔들 수 없는 위안부 문제의 '하한선'이 고노 담화임이 확인된 순간이었다. 이후 한일 양국은 2014년 4월부터 위안부 문제 해결을 위한 한일 국장급 회의를 시작했다.

양국 간 대화가 시작됐지만, 위안부 문제는 좀처럼 해결의 실마리를 잡지 못한다. 그러자 2015년 봄부터 미국의 노골적인 개입이 시작된다. 웬디 셔먼 당시 미 국무부 정무차관은 2015년 2월 27일 "어느 정치 지도 자든 과거의 적을 비난함으로서 값싼 박수를 받는 것은 어렵지 않다", 애슈턴 카터 미 국방장관은 4월 8일 『요미우리신문』 인터뷰에서 "(한일의) 협력에 의한 잠재적 이익이 과거에 있던 긴장이나 지금의 정치 상황보다 중요하다. 우리 세 나라는 미래로 눈을 돌려야 한다."고 말했다. 한일 사이에 중립을 유지하는 듯 보이지만, 일본이 고노 담화를 유지하겠다고 한발 물러섰으니 이제 한국이 움직일 차례라는 압박이었다.

미국이 한-일 간의 타협을 촉구하고 나선 것은 2010년 이후 본격화된 중국의 부상에 맞서 한-미-일 3각 동맹을 공고하게 만들 필요를 느꼈기 때문이다. 이 같은 미국의 노골적 압박 속에서 박근혜 정부는 일본으로 부터 10억 엔의 돈을 받는 대가로 위안부 문제를 "최종적 및 불가역적으로 해결한다."고 약속한 12·28합의를 맺게 된다. 12·28 합의를 통해 위안부 문제를 재 봉합한 아베 총리는 2016년 10월 한국과 군사정보보호협정(GSOMIA)을 맺는 등 한일 군사협력의 첫 걸음을 떼게 된다.

그와 함께 아베 정권은 일본 우익들이 간절한 염원인 '대등한 미일동맹' 만들기와 일본의 군사적 역할 확대를 위해 여러 중요한 조처를 착착 취해나간다. 아베 정권은 2014년 7월 집단적 자위권을 행사할 수 있도록 헌법의 해석 변경을 끝낸 뒤 이듬해인 2015년 4월 미-일 방위협력지침(가이드라인)을 개정했다. 이어 그 내용을 일본 국내법에 반영하는 안보법제 제·개정작업을 시작했다. 이에 맞선 일본 시민사회의 반대 투쟁의 분수령은 2015년 8월 30일 국회 앞 항의 집회였다. 이날 무려 12만 명의 시민들이 일본 국회의사당 앞에 몰려들어 "전쟁은 필요 없다" "아베 정권 즉시 사퇴" 등의 구호를 외쳤다. 하지만 9월 17일 열린 참의원 특별위원회에선 덩치 큰 자민당 위원들이 고노이케 요시타다(鴻池祥肇) 특별위 위원장을 겹겹이 둘러싼 채 법안을 강행 통과시켰다.

이 작업을 통해 미일동맹은 일본 주변사태(한반도 사태, 양안 사태)에 대응하는 기존의 '지역 동맹'에서 극동에서 인도양에 이르는 너른 지역에서 미국의 군사적 프레젠스를 떠받치는 '글로벌 동맹'으로 역할과 위상이 확대된다. 일본 방위성은 2019년 8월엔 미국의 인도-태평양 전략을 지원하기 위해 해상자위대가 보유한 가장 큰 호위함인 가가와 이즈모를 사실상의 항공모함으로 활용할 수 있도록 수직 이착륙이 가능한 5세대 스텔스 전투기 F-35B를 42기 사들이겠다고 발표했다.

이제 아베 총리 앞에 남은 숙제는 자신이 '필생의 과업'이라고 밝혀온 개헌을 마무리하는 것뿐이다. 그는 2017년 5월 3일 『요미우리신문』과 인터뷰에서 개헌 시점을 "자위대의 합헌화가 내 시대의 사명이다. 2020년을 '새로운 헌법'이 시행과는 해로 삼고 싶다"며 구체적인 개헌시점을 언급하기에 이른다. 이를 위해 일본회의는 2014년 10월 '아름다운 일본의 헌법을 만드는 국민의 모임'을 만들어 1000만인 서명운동을 시작하는 등 지원 작업에 나서고 있다. 하지만, 2019년 7월 23일 치러진 참의원 선거에서 야당이 선전하며 개헌 세력이 보유하고 있던 중·참의원 3분의 2라는 개헌 정족수가 깨지고 말았다. 하지만 아베 총리는 포기하지 않고 개헌 작업을 추진해 나가겠다는 뜻을 거듭 밝히고 있다.

V. 한일관계의 파국

일본은 2015년 12·28 합의로 한일 간 역사 문제를 봉합하고, 이듬해 한일 군사정보보호협정을 통해 양국 간 군사협력의 첫 발을 내디뎠다. 한-일 갈등은 '최종적 및 불가역적'으로 수습된 것으로 보였다.

하지만, 이후 예상치 못한 반격이 시작됐다. 한국 시민사회가 2016년 말 '촛불 혁명'을 통해 박근혜 정권을 타도하고 이 흐름에 강력한 제동을 건 것이다.

지난 촛불 혁명의 직접 원인은 2014년 4월 세월호 참사에 대한 박근혜 대통령의 잘못된 대응과 최순실의 국정 농단이었다. 그러나 12·28 합의와 그 연장선상에서 진행된 한일 군사협력에 대한 한국 사회의 거부감이 당시 촛불 민심 속에 상당 부분 녹아 있었다는 것도 부정할 수 없는 사실이다. 한-미-일 3각 동맹에 빨려 들어가는 박근혜 정권의 선택에 대해 한국 민중이 거센 반대 의사를 밝힌 것이다.

이후 한국에선 2017년 5월 촛불의 염원을 받아 안은 문재인 정부가 출범했다. 문재인 정부는 아베 총리가 박근혜 대통령을 상대로 얻어낸 여러 성과를 무너뜨리기 시작했다. 한국 정부는 2018년 11월 21일 12·28 합의의 핵심 성과물인 화해치유재단의 해산을 결정한데 이어, 2018년 10월 강제동원 피해자에게 위자료 지급을 명한 대법원 판결에 대한 일본 정부의 협의 요청을 무시하는 등 양국 갈등을 사실상 방치하기 시작한다.

그 대신 문재인 정부가 전력을 기울인 것은 2018년 1월 김정은 위원장의 신년사 등을 계기로 시작된 남북관계 개선 작업이었다. 문재인 정부의 초기 노력은 큰 성과를 거둬 그해 봄 북핵 문제 해결을 위한 북미 협상이 시작됐다. 그 결과 2018년 6월 12일 싱가포르에서 사상 첫 북미 정상회담이라는 '세기의 이벤트'가 성사됐다.

하지만 일본은 대화의 초기 단계부터 처음부터 한국의 대북 접근에 적대감을 드러냈다. 아베 총리는 남북 간 본격 대화가 시작되기 전인 2018년 1월 24일 『산케이신문』 인터뷰에서 문재인 대통령을 향해 "북한의 위협이 절박해지는 시점에서 일본과 한국이 연대해야 한다. (중략) 대화를 위한 대화는 의미가 없다. 1994년 제네바 합의, 2005년 6자회담 (9·19 공동선언) 때 북한은 핵을 포기하겠다고 약속했지만, 그들은 이를 시간을 벌기 위한 도구로 사용하고, 핵·미사일 개발을 했다."고 말했다. 북한이 한-미-일 등 주변국의 압박에 굴복해 핵을 포기하겠다고 먼저 꼬리를 내리지 않는 한 북한과의 대화는 무의미하다는 대북 초강경론을 제시한 것이다.

이런 일본의 태도는 "남북관계 개선을 위한 대화와 노력들이 북핵 문제 해결에 도움이 되고, 북핵 문제가 진도가 좀 나가야 남북관계도 발전할 수 있다"는 2018년 1월 10일 문재인 대통령의 신년 기자회견 내용을 정면으로 반박한 것이었다. 그는 평창겨울올림픽을 맞아 2월 9일 한국에서 열린 정상회담에서도 "북한의 미소외교에 속아 넘어가선 안 된다. (남북 대화를 위해 미루기로 했던) 한-미 합동군사훈련은 예정대로 진행해야 한다."고 말했다. 이 발언을 들은 문재인 대통령은 이는 "우리 주권과 내정에 관한 문제"라며 맞섰다. 정상회담의 분위기는 싸늘하게 얼어붙을 수밖에 없었다. 남북관계 개선과 북핵문제 해결을 통해 남북과 미중이 적대적으로 대립하는 동아시아의 '냉전 구조'를 타파하려는 한국과 중국의 부상과 북한의 위협에 맞서 한-미-일 삼각동맹을 강화하는 등 기존 실서를 유지하려는 일본이 정면충돌하기 시작한 것이다. 그런 의미에서 2018년 초는 동아시아의 바람직한 미래상을 둘러싸고 한-일이 화해할 수 없는 견해차를 노출하기 시작한 '역사적 분기점'으로 기록돼야 할 것이다(길윤형, 2019: 236-241).

그러나 2·28일 베트남 하노이에서 열린 2차 북-미 정상회담이 결렬된 뒤 북-미 핵협상은 의미 있는 성과를 내지 못하고 있다. 오랜 줄다리기 끝에 10월 5일 스웨덴 스톡홀름에서 북-미 실무회담이 열렸지만 기대했던 성과는 나오지 않았다.

북-미 간 교착국면을 틈타 일본의 반격이 시작됐다. 문재인 정부가 방치해뒀던 대법원 판결을 둘러싼 한일 갈등이 폭발한 것이다. 일본 경제산업성은 7월 1일 반도체 생산에 꼭 필요한 3개 품목에 대한 일본의 수출 규제 조처와 한국을 화이트 국가에서 배제하겠다는 조처를 발표했다. 이에 대해 한국이 강하게 반발하며 전 국민적인 일본 제품 불매운동이 시작됐다.

한국 정부는 한발 더 나아가 일본의 화이트 리스트 배제 조처에 맞서 8월 22일 한일 군사정보보호협정을 더 이상 연장하지 않겠다는 충격적 결정을 내렸다. 이로서 아베 정권이 전임 박근혜 정부를 상대로 거둔 두 개의 성과인 12·28합의와 한일군사정보보호 협정 모두가 수포로 돌아갈 위기에 빠지게 됐다. 이후 한국 정부는 11월 22일 한·미·일 삼각 공조를 유지하려는 미국의 전방위 압박에 못 이겨 협정 중단 결정을 번복했다. 그러나 합의 내용을 둘러싸고 당국 간 분란이 이어지는 등 양국 관계는 여전히 짙은 안개 속에 머물고 있다. 12월 24일 양국 정상은 1년 3개월 만에 얼굴을 마주했지만, 사태 악화를 피했을 뿐 관계 개선의 실마리를 찾지 못하고 있다.

한일관계는 1965년 국교정상화 이후 '역대 최악'으로 망가진 상태다. 아베 정권이 등장한 뒤인 2013년 1월호부터 2019년 11월호까지 일본 극우의 정서를 대변하는 월간지 『세론(正論)』의 표지 제목을 일일이 검색해 봤다. 한국이 없다면 잡지를 어떻게 만들까 걱정될 만큼 노골적인 '한국 때리기' 기사가 표지를 장식하고 있었다. 위안부 문제로 한-일 간 역사전쟁이 한창이던 2014년엔 12번의 표지 가운데 7번, 2018년 10월 대법원 판결로 한-일 간 역사 문제가 다시 부상한 2019년 11월까지 11번의 표지 가운데 6개가 한국을 공격하는 기사였다. 9월호의 표지 제목은 '한국 붕괴 직전-부정수출안건 리스트', 10월호는 "병의 근원인 문재인 '반일'의 본질을 폭로한다", 11월호는 '한국이 적이 되는 날'이었다.

현재 일본 사회의 우경화는 회복하기 힘들만큼 진척된 상태다. 한일 양국 간의 부정적 상호작용으로 인해 혐한 열풍으로 상징되는 우경화 흐름은 갈수록 강화되고 있다. 처음엔 위안부 문제 등 역사적 비극을 둘러싼 양국 간 견해차에서 발생한 갈등은 이제 양국의 '사활적 국익'과 직결되는 동아시아의 미래상에 대한 이견으로 확대돼 있다. 그런 의미에서 현재 한일 갈등은 쉽게 해결법을 찾기 힘든 '구조적 불화'의 단계에 진입해 있다고 진단할 수밖에 없다. 한일 간의 구조적 불화는 다시 한 번 일본의 우경화 경향에 기름을 부으며 양국 관계를 한층 더 꼬이게 만드는 방향으로 몰아넣을 것으로 전망된다.

　이는 매우 우려스런 상황이지만, 현재 상황을 돌파하기 위한 똑 부러진 해법이 있는 것도 아니다. 강제동원 피해자에 대한 배상 문제가 해결된다고 양국관계가 빠르게 회복되진 않는다. 지금의 위기는 동아시아의 바람직한 미래상에 대한 양국 간의 전략적 견해차를 반영하는 것이기 때문이다. 동아시아의 신 냉전이 몰고 온 충격이 정리되고 새로운 국제 질서가 구축될 때까지 한일의 대립은 이어질 것으로 보인다. 이 치열한 관계 재조정 과정이 가능한 한 빠르고 현명하게 마무리되기 바랄 뿐이다.

참고문헌

1. 단행본

길윤형. 2017, 『아베는 누구인가』(파주: 돌베개).

아오키 오사무. 2017, 『일본회의의 정체』(서울: 율리시즈).

야스다 고이치. 2013, 『거리로 나온 넷우익』(서울: 후마니타스).

中野晃一. 2015, 『右傾化する日本政治』(東京: 岩波新書).

塚田穂高. 2017, 『徹底検証 日本の右傾化』(東京: 筑摩選書).

和田春樹. 2016, 『アジア女性基金と慰安婦問題──回想と検証』(東京: 明石書店).

2. 논문

길윤형. 2019, "구조적 위기 위에 놓인 한일관계," 『황해문화』, 봄호

부록

IFES

경남대 극동문제연구소
국제관계연구 시리즈 35

1.
21세기의 새로운 한일 파트너쉽 공동선언

(1998.10.8., 도쿄)

1. 김대중 대한민국 대통령 내외분은 일본국 국빈으로서 1998년 10월 7일부터 10일까지 일본을 공식 방문하였다. 김대중 대통령은 체재 중 오부치 케이조 일본국 내각총리대신과 회담을 가졌다. 양국 정상은 과거의 양국 관계를 돌이켜보고, 현재의 우호협력 관계를 재확인하는 동시에 미래의 바람직한 양국 관계에 관하여 의견을 교환하였다.

이 회담의 결과, 양국 정상은 1965년 국교정상화 이래 구축되어 온 양국 간의 긴밀한 우호협력 관계를 보다 높은 차원으로 발전시켜, 21세기의 새로운 한·일 파트너쉽을 구축한다는 공통의 결의를 선언하였다.

2. 양국 정상은 한·일 양국이 21세기의 확고한 선린우호협력 관계를 구축해 나가기 위해서는 양국이 과거를 직시하고, 상호 이해와 신뢰에 기초한 관계를 발전시켜 나가는 것이 중요하다는 데 의견의 일치를 보았다.

오부치 총리대신은 금세기의 한·일 양국 관계를 돌이켜보고, 일본이 과거 한때 식민지지배로 인하여 한국 국민에게 다대한 손해와 고통을 안겨 주었다는 역사적 사실을 겸허히 받아들이면서, 이에 대하여 통절한 반성과 마음으로부터의 사죄를 하였다.

김대중 대통령은 이러한 오부치 총리대신의 역사인식 표명을 진지하게 받아들이고, 이를 평가하는 동시에, 양국이 과거의 불행한 역사를 극복하고 화해와 선린우호협력에 입각한 미래지향적인 관계를 발전시키기 위하여 서로 노력하는 것이 시대적 요청이라는 뜻을 표명하였다. 또한 양국 정상은 양국 국민, 특히 젊은 세대가 역사에 대한 인식을 심화시키는 것이 중요하다는 점에 대하여 견해를 함께하고, 이를 위하여 많은 관심과 노력을 기울일 필요가 있다는 점을 강조하였다.

3. 양국 정상은 과거 오랜 역사를 통하여 교류와 협력을 유지해 온 한·일 양국이 1965년 국교정상화 이래 각 분야에서 긴밀한 우호협력 관계를 발전시켜 왔으며, 이러한 협력관계가 서로의 발전에 기여하였다는 데 인식을 같이하였다.

오부치 총리대신은 한국이 국민들의 꾸준한 노력에 의하여 비약적인 발전과 민주화를 달성하고, 번영되고 성숙한 민주주의 국가로 성장한 데 대하여 경의를 표하였다. 김대중 대통령은 전후 일본이 평화헌법 하에서 전수방위 및 비핵 3원칙을 비롯한 안전보장정책과 세계경제 및 개발도상국에 대한 경제지원 등을 통하여 국제사회의 평화와 번영을 위하여 수행해 온 역할을 높이 평가하였다.

양국 정상은 한·일 양국이 자유민주주의, 시장경제라는 보편적 이념에 입각한 협력 관계를 양국 국민 간의 광범위한 교류와 상호 이해에 기초하여 앞으로 더욱 발전시켜 나간다는 결의를 표명하였다.

4. 양국 정상은 양국 간의 관계를 정치, 안전보장, 경제 및 인적·문화교류 등 폭넓은 분야에서 균형되고 보다 높은 차원의 협력 관계로 발전시켜 나갈 필요가 있다는 데 의견을 같이하였다. 또한 양국 정상은 양국의

파트너쉽을 단순히 양자 차원에 그치지 않고 아시아·태평양지역, 나아가 국제사회 전체의 평화와 번영을 위하여, 또한 개인의 인권이 존중되는 풍요한 생활과 살기 좋은 지구환경을 지향하는 다양한 노력을 통해 진전시켜 나가는 것이 매우 중요하다는 데 의견의 일치를 보았다.

이를 위하여 양국 정상은 20세기의 한·일 관계를 마무리하고, 진정한 상호 이해와 협력에 입각한 21세기의 새로운 한·일 파트너쉽을 공통의 목표로서 구축하고 발전시켜 나가는데 있어서 다음과 같이 의견의 일치를 보았으며, 이러한 파트너쉽을 구체적으로 실천해 나가기 위하여 이 공동선언에 부속된 행동계획을 작성하였다.

양국 정상은 양국 정부가 앞으로 양국의 외무장관을 책임자로 하여 정기적으로 이 한·일 파트너쉽에 기초한 협력의 진척 상황을 확인하고, 필요에 따라 이를 더욱 강화해 나가기로 하였다.

5. 양국 정상은 현재의 한·일 관계를 보다 높은 차원으로 발전시켜 나가기 위하여 양국 간의 협의와 대화를 더욱 촉진시켜 나간다는 데 의견의 일치를 보았다.

양국 정상은 이러한 관점에서 정상 간의 지금까지의 긴밀한 상호 방문·협의를 유지·강화하고 정례화해 나가기로 하는 동시에, 외무장관을 비롯한 각 분야의 각료급 협의를 더욱 강화해 나가기로 하였다. 또한 양국 정상은 양국 간 각료 간담회를 가능한 한 조기에 개최하여 정책 실시의 책임을 갖는 관계 각료들의 자유로운 의견교환의 장을 설치키로 하였다. 아울러 양국 정상은 지금까지의 한·일 양국 국회의원 간 교류의 실적을 평가하고, 한·일/일·한 의원연맹의 향후 활동 확충 방침을 환영하는 동시에, 21세기를 담당할 차세대의 소장 의원 간의 교류를 장려해 나가기로 하였다.

6. 양국 정상은 냉전 후의 세계에 있어서 보다 평화롭고 안전한 국제사회 질서를 구축하기 위한 국제적 노력에 대하여 한·일 양국이 서로 협력하면서 적극적으로 참가해 나가는 것이 중요하다는 데 의견의 일치를 보았다. 양국 정상은 21세기의 도전과 과제에 보다 효과적으로 대처해 나가기 위해서는 국제연합의 역할이 강화되어야 하며, 이는 안전보장이사회의 기능 강화, 국제연합 사무국 조직의 효율화, 안정적인 재정기반의 확보, 국제연합 평화유지활동의 강화, 개발도상국의 경제사회개발에 대한 협력 등을 통해 이룩할 수 있다는 데 대해 의견이 일치하였다.

이러한 점을 염두에 두고, 김대중 대통령은 국제연합을 비롯한 국제사회에 대한 일본의 기여와 역할을 평가하고, 금후 일본의 그와 같은 기여와 역할이 증대되는 데 대한 기대를 표명하였다.

또한 양국 정상은 군축 및 비확산의 중요성, 특히 어떠한 종류의 대량파괴 무기일지라도 그 확산이 국제사회의 평화와 안전에 대한 위협이 된다는 것을 강조하는 동시에, 이러한 분야에서의 양국 간 협력을 더욱 강화하기로 하였다.

양국 정상은 양국 간의 안보정책협의회 및 각급 차원의 방위 교류를 환영하고, 이를 더욱 강화해 나가기로 하였다. 아울러 양국 정상은 양국이 각각 미국과의 안전보장체제를 견지하는 동시에, 아시아·태평양 지역의 평화와 안정을 위한 다자간 대화 노력을 더욱 강화해 나가는 것이 중요하다는 데 의견의 일치를 보았다.

7. 양국 정상은 한반도의 평화와 안정을 위해서는 북한이 개혁과 개방을 지향하는 동시에, 대화를 통한 보다 건설적인 자세를 취하는 것이 매우 중요하다는 인식을 공유하였다. 오부치 총리대신은 확고한 안보체제를 유지하면서 화해와 협력을 적극적으로 추진한다는 김대중 대통

령의 대북한 정책에 대한 지지를 표명하였다. 이와 관련하여 양국 정상은 1992년 2월 발효된 '남북 사이의 화해와 불가침 및 교류·협력에 관한 합의서'의 이행과 4자회담의 순조로운 진전이 바람직하다는 데 의견을 같이하였다.

또한 양국 정상은 1994년 10월 미국과 북한 간에 서명된 '제네바 합의' 및 한반도에너지개발기구(KEDO)를 북한의 핵 계획 추진을 저지하기 위한 가장 현실적이고 효과적인 메커니즘으로서 유지해 가는 것이 중요하다는 것을 확인하였다. 이와 관련하여 양국 정상은 북한의 미사일 발사에 대하여, 국제연합 안전보장이사회 의장이 안보리를 대표하여 표명한 우려 및 유감의 뜻을 공유하는 동시에, 북한의 미사일 개발이 중지되지 않는다면, 한국, 일본 및 동북아시아 지역 전체의 평화와 안전에 악영향을 미친다는 데 의견을 같이 하였다.

양국 정상은 양국이 북한에 관한 정책을 추진함에 있어서 상호 긴밀히 연대해 나가는 것이 중요함을 재확인하고, 각급 차원에서의 정책 협의를 강화하는 데 의견을 같이하였다.

8. 양국 정상은 자유롭고 개방된 국제경제체제를 유지·발전시키고, 또한 구조적 문제에 직면한 아시아 경제의 회복을 실현해 나감에 있어서 한·일 양국이 각각 안고 있는 경제적 과제를 극복하면서, 경제 분야의 균형된 상호 협력 관계를 보다 강화해 나가는 것이 중요하다는 데 합의하였다. 이를 위하여 양국 정상은 양자 간의 경제정책협의를 더욱 강화하는 동시에, WTO, OECD, APEC 등 다자무대에서의 양국 간 정책 협조를 더욱 촉진해 나간다는 데 의견을 같이하였다.

김대중 대통령은 금융, 투자, 기술이전 등 여러 분야에 걸친 지금까지의 일본의 대한국 경제지원을 평가하는 동시에, 한국이 안고 있는 경제적 문제의 해결을 위한 노력을 설명하였다. 오부치 총리대신은 일본

의 경제회복을 위한 각종 시책 및 아시아의 경제난 극복을 위하여 일
본이 시행하고 있는 경제적 지원에 관해 설명하는 한편, 한국의 경제
난 극복을 위한 노력을 계속 지지한다는 의향을 표명하였다. 양국 정
상은 재정 투융자를 적절히 활용한 일본 수출입은행의 대한국 융자에
관하여 기본적인 합의가 이루어진 것을 환영하였다.

양국 정상은 양국 간의 커다란 현안이었던 한·일 어업협정 교섭이 기
본 합의에 도달한 것을 마음으로부터 환영하는 동시에, 국제연합 해양
법 협약을 기초로 한 새로운 어업질서하에 어업 분야에 있어서의 양국
관계의 원활한 진전에 대한 기대를 표명하였다.

또한 양국 정상은 이번에 새로운 한·일 이중과세방지협약이 서명되는
것을 환영하였다. 아울러 양국 정상은 무역·투자, 산업기술, 과학기술,
정보통신 및 노·사·정 교류 등 각 분야에서의 협력·교류를 더욱 발전시
켜 나간다는 데 의견의 일치를 보았으며, 한·일 사회보장협정을 염두
에 두고, 장래 적절한 시기에 서로의 사회보장제도에 대한 정보·의견
교환을 실시하기로 하였다.

9. 양국 정상은 국제사회의 안전과 복지에 대한 새로운 위협이 되고 있
는 국경을 초월한 각종 범세계적 문제의 해결을 위하여 양국 정부가
긴밀히 협력해 나간다는 데 의견의 일치를 보았다. 양국 정상은 지구
환경 문제, 특히 온실가스 배출 제한, 산성비 대책을 비롯한 제반 문제
에 대한 대응에 있어서의 협력을 강화하기 위하여, 한·일 환경정책 대
화를 추진하기로 하였다. 또한 개발도상국에 대한 지원을 강화하기 위
하여 원조 분야에서의 양국 간 협조를 더욱 발전시켜 나간다는 데 의
견의 일치를 보았다. 아울러 양국 성상은 한·일 범죄인인도조약 체결
을 위한 협의를 시작하는 동시에, 마약·각성제 대책을 비롯한 국제조
직범죄 대책 분야에서의 협력을 더욱 강화한다는 데 의견의 일치를 보

았다.

10. 양국 정상은 이상 각 분야의 양국 간 협력을 효과적으로 추진해 나가는 기초는 정부 간 교류뿐만 아니라 양국 국민 간의 깊은 상호이해와 다양한 교류에 있다는 인식 하에 양국간의 문화·인적교류를 확충해 나간다는 데 의견의 일치를 보았다.

양국 정상은 2002년 월드컵의 성공을 위한 양국 국민의 협력을 지원하고, 2002년 월드컵 개최를 계기로 문화 및 스포츠 교류를 더욱 활발히 추진해 나가기로 하였다.

양국 정상은 연구원, 교사, 언론인, 시민단체 등 다양한 계층의 국민 및 지역 간 교류의 진전을 촉진하기로 하였다.

양국 정상은 이러한 교류·상호이해 촉진의 토대를 조성하는 조치로써 이전부터 추진해 온 사증제도의 간소화를 계속 추진하기로 하였다.

또한 양국 정상은 한·일 간의 교류 확대와 상호 이해 증진에 이바지하기 위하여 중·고생 교류사업의 신설을 비롯하여 정부 간의 유학생 및 청소년 교류 사업의 내실화를 기하는 동시에, 양국의 청소년을 대상으로 한 취업관광사증제도를 1999년 4월부터 도입하기로 합의하였다.

또한 양국 정상은 재일한국인이 한·일 양국 국민의 상호 교류·상호 이해를 위한 가교로서의 역할을 담당할 수 있다는 인식에 입각하여 그 지위의 향상을 위하여 양국간 협의를 계속해 나간다는 데 의견의 일치를 보았다.

양국 정상은 한·일포럼 및 역사공동연구의 촉진에 관한 한·일 공동위원회 등 관계자에 의한 한·일 간 지적 교류의 의의를 높이 평가하는 동시에, 이러한 노력을 계속 지지해나간다는 데 의견의 일치를 보았다.

김대중 대통령은 한국 내에서 일본 문화를 개방해 나가겠다는 방침을 전달하였으며, 오부치 총리대신은 이러한 방침이 한·일 양국의 진정한 상호 이해에 기여할 것으로 환영하였다.

11. 김대중 대통령과 오부치 총리대신은 21세기의 새로운 한·일 파트너
    쉽이 양국 국민의 폭넓은 참여와 부단한 노력에 의하여 더욱 높은 차
    원으로 발전될 수 있다는 공통의 신념을 표명하는 동시에, 양국 국민
    에 대하여 이 공동선언의 정신을 함께하고, 새로운 한·일 파트너쉽의
    구축·발전을 위한 공동의 작업에 동참해 줄 것을 호소하였다.

대한민국 대통령   일본국 내각총리대신

김대중   오부치 케이조

1998년 10월 8일, 도쿄

※ 부속서: 21세기의 새로운 한일 파트너쉽을 위한 행동계획(생략)

2.
일제 강제동원 피해자의 일본기업을 상대로 한
손해배상청구 사건에 대한 대법원 전원합의체 판결문
(2018.10.30.)[1]

대 법 원

판 결

사건	2013다61381 손해배상(기)
원고, 피상고인	망 소외인의 소송수계인 원고 1.의 가 외 5인
	원고 2 외 2인
	소송대리인 법무법인 해마루
	담당변호사 지기룡 외 1인
피고, 상고인	신일철주금 주식회사
	소송대리인 변호사 주한일 외 2인
환송판결	대법원 2012. 5. 24. 선고 2009다68620 판결
원심판결	서울고등법원 2013. 7. 10. 선고 2012나44947 판결

---

1 대법원 2018. 10. 30. 선고 2013다61381 전원합의체 판결, 〔손해배상(기)〕〈일제 강제동원 피해자의 일본기업을 상대로 한 손해배상청구 사건〕〔공2018하,2317〕.

주 문

상고를 모두 기각한다.
상고비용은 피고가 부담한다.

이 유

상고이유(상고이유서 제출기간이 지난 후에 제출된 상고이유보충서 등 서면들
의 기재는 상고이유를 보충하는 범위 내에서)를 판단한다.

1. 기본적 사실관계
환송 전후의 각 원심판결 및 환송판결의 이유와 환송 전후의 원심이
적법하게 채택한 증거들에 의하면 다음과 같은 사실을 알 수 있다.

가. 일본의 한반도 침탈과 강제동원 등
일본은 1910. 8. 22. 한일합병조약 이후 조선총독부를 통하여 한반도
를 지배하였다. 일본은 1931년 만주사변, 1937년 중일전쟁을 일으킴으
로써 점차 전시체제에 들어가게 되었고, 1941년에는 태평양전쟁까지 일
으켰다. 일본은 전쟁을 치르면서 군수물자 생산을 위한 노동력이 부족
하게 되자 이를 해결하기 위하여 1938. 4. 1. '국가총동원법'을 제정·공포
하고, 1942년 '조선인 내지이입 알선 요강'을 제정·실시하여 한반도 각
지역에서 관(官) 알선을 통하여 인력을 모집하였으며, 1944. 10.경부터
는 '국민징용령'에 의하여 일반 한국인에 대한 징용을 실시하였다. 태평
양전쟁은 1945. 8. 6. 일본 히로시마에 원자폭탄이 투하된 다음, 같은 달
15일 일본 국왕이 미국을 비롯한 연합국에 무조건 항복을 선언함으로써
끝이 났다.

나. 망 소외인과 원고 2, 원고 3, 원고 4(이하 '원고들'이라 한다)의 동원과 강제노동 피해 및 귀국 경위

(1) 원고들은 1923년부터 1929년 사이에 한반도에서 태어나 평양, 보령, 군산 등에서 거주하던 사람들이고, 일본제철 주식회사(이하 '구 일본제철'이라 한다)는 1934. 1.경 설립되어 일본 가마이시(釜石), 야하타(八幡), 오사카(大阪) 등에서 제철소를 운영하던 회사이다.

(2) 1941. 4. 26. 기간(基幹) 군수사업체에 해당하는 구 일본제철을 비롯한 일본의 철강생산자들을 총괄 지도하는 일본 정부 직속기구인 철강통제회가 설립되었다. 철강통제회는 한반도에서 노무자를 적극 확충하기로 하고 일본 정부와 협력하여 노무자를 동원하였고, 구 일본제철은 사장이 철강통제회의 회장을 역임하는 등 철강통제회에서 주도적인 역할을 하였다.

(3) 구 일본제철은 1943년경 평양에서 오사카제철소의 공원모집 광고를 냈는데, 그 광고에는 오사카제철소에서 2년간 훈련을 받으면 기술을 습득할 수 있고 훈련 종료 후 한반도의 제철소에서 기술자로 취직할 수 있다고 기재되어 있었다. 망 소외인, 원고 2는 1943. 9.경 위 광고를 보고, 기술을 습득하여 우리나라에서 취직할 수 있다는 점에 끌려 응모한 다음, 구 일본제철의 모집담당자와 면접을 하고 합격하여 위 담당자의 인솔 하에 구 일본제철의 오사카제철소로 가서, 훈련공으로 노역에 종사하였다.

망 소외인, 원고 2는 오사카제철소에서 1일 8시간의 3교대제로 일하였고, 한 달에 1, 2회 정도 외출을 허락받았으며, 한 달에 2, 3엔 정도의 용돈만 지급받았을 뿐이고, 구 일본제철은 임금 전액을 지급하면 낭비할 우려가 있다는 이유를 들어 망 소외인, 원고 2의 동의를 얻지 않은 채 이들 명의의 계좌에 임금의 대부분을 일방적으로 입금하고 그 저금통장과 도장을 기숙사의 사감에게 보관하게 하였다. 망 소외인, 원고 2는 화로에 석탄을 넣고 깨뜨려서 뒤섞거나 철 파이프 속으로 들어가서 석탄찌꺼

기를 제거하는 등 화상의 위험이 있고 기술습득과는 별 관계가 없는 매우 고된 노역에 종사하였는데, 제공되는 식사의 양이 매우 적었다. 또한 경찰이 자주 들러서 이들에게 '도망치더라도 바로 잡을 수 있다'고 말하였고 기숙사에서도 감시하는 사람이 있었기 때문에 도망칠 생각을 하지 못하였는데, 원고 2는 도망가고 싶다고 말하였다가 발각되어 기숙사 사감으로부터 구타를 당하고 체벌을 받기도 하였다.

그러던 중 일본은 1944. 2.경부터 훈련공들을 강제로 징용하고, 이후부터 망 소외인, 원고 2에게 아무런 대가도 지급하지 않았다. 오사카제철소의 공장은 1945. 3.경 미합중국 군대의 공습으로 파괴되었고, 이때 훈련공들 중 일부는 사망하였으며, 망 소외인, 원고 2를 포함한 나머지 훈련공들은 1945. 6.경 함경도 청진에 건설 중인 제철소로 배치되어 청진으로 이동하였다. 망 소외인, 원고 2는 기숙사의 사감에게 일본에서 일한 임금이 입금되어 있던 저금통장과 도장을 달라고 요구하였지만, 사감은 청진에 도착한 이후에도 통장과 도장을 돌려주지 아니하였고, 청진에서 하루 12시간 동안 공장건설을 위해 토목공사를 하면서도 임금을 전혀 받지 못하였다. 망 소외인, 원고 2는 1945. 8.경 청진공장이 소련군의 공격으로 파괴되자 소련군을 피하여 서울로 도망하였고 비로소 일제로부터 해방된 사실을 알게 되었다.

(4) 원고 3은 1941년 대전시장의 추천을 받아 보국대로 동원되어 구 일본제철의 모집담당관의 인솔에 따라 일본으로 건너가 구 일본제철의 가마이시제철소에서 코크스를 용광로에 넣고 용광로에서 철이 나오면 다시 가마에 넣는 등의 노역에 종사하였다. 위 원고는 심한 먼지로 인하여 어려움을 겪었고 용광로에서 나오는 불순물에 걸려 넘어져 배에 상처를 입고 3개월간 입원하기도 하였으며 임금을 저금해 준다는 말을 들었을 뿐 임금을 전혀 받지 못하였다. 노역에 종사하는 동안 처음 6개월간은 외출이 금지되었고, 일본 헌병들이 보름에 한 번씩 와서 인원을 점검하였으며 일을 나가지 않는 사람에게 꾀를 부린다며 발길질을 하기도 하

였다. 위 원고는 1944년이 되자 징병되어 군사훈련을 마친 후 일본 고베에 있는 부대에 배치되어 미군포로감시원으로 일하다가 해방이 되어 귀국하였다.

(5) 원고 4는 1943. 1.경 군산부(지금의 군산시)의 지시를 받고 모집되어 구 일본제철의 인솔자를 따라 일본으로 건너가 구 일본제철의 야하타제철소에서 각종 원료와 생산품을 운송하는 선로의 신호소에 배치되어 선로를 전환하는 포인트 조작과 열차의 탈선방지를 위한 포인트의 오염물제거 등의 노역에 종사하였는데, 도주하다가 발각되어 약 7일 동안 심한 구타를 당하며 식사를 제공받지 못하기도 하였다. 위 원고는 노역에 종사하는 동안 임금을 전혀 지급받지 못하였고, 일체의 휴가나 개인행동을 허락받지 못하였으며, 일본이 패전한 이후 귀국하라는 구 일본제철의 지시를 받고 고향으로 돌아오게 되었다.

다. 샌프란시스코 조약 체결 등

태평양전쟁이 끝난 후 미군정 당국은 1945. 12. 6. 공포한 군정법령 제33호로 재한국 일본재산을 그 국유·사유를 막론하고 미군정청에 귀속시켰고, 이러한 구 일본재산은 대한민국 정부 수립 직후인 1948. 9. 20.에 발효한 「대한민국 정부 및 미국 정부 간의 재정 및 재산에 관한 최초협정」에 의하여 대한민국 정부에 이양되었다.

미국 등을 포함한 연합국 48개국과 일본은 1951. 9. 8. 전후 배상문제를 해결하기 위하여 샌프란시스코에서 평화조약(이하 '샌프란시스코 조약'이라 한다)을 체결하였고, 위 조약은 1952. 4. 28. 발효되었다. 샌프란시스코 조약 제4조(a)는 일본의 통치로부터 이탈된 지역의 시정 당국 및 그 국민과 일본 및 그 국민 간의 재산상 채권·채무관계는 위 당국과 일본 간의 특별약정으로써 처리한다는 내용을, 제4조(b)는 일본은 위 지역에서 미군정 당국이 일본 및 그 국민의 재산을 처분한 것을 유효하다고 인정한다는 내용을 정하였다.

라. 청구권협정 체결 경위와 내용 등

(1) 대한민국 정부와 일본 정부는 1951년 말경부터 국교정상화와 전후 보상문제를 논의하였다. 1952. 2. 15. 제1차 한일회담 본회의가 열려 관련 논의가 본격적으로 시작되었는데, 대한민국은 제1차 한일회담 당시 '한·일 간 재산 및 청구권 협정 요강 8개항'(이하 '8개 항목'이라 한다)을 제시하였다. 8개 항목 중 제5항은 '한국법인 또는 한국자연인의 일본은행권, 피징용한국인의 미수금, 보상금 및 기타 청구권의 변제청구'이다. 그 후 7차례의 본회의와 이를 위한 수십 차례의 예비회담, 정치회담 및 각 분과위원회별 회의 등을 거쳐 1965. 6. 22.「대한민국과 일본국 간의 기본관계에 관한 조약」과 그 부속협정인「대한민국과 일본국 간의 재산 및 청구권에 관한 문제의 해결과 경제협력에 관한 협정」(조약 제172호, 이하 '청구권협정'이라 한다) 등이 체결되었다.

(2) 청구권협정은 전문(前文)에서 "대한민국과 일본국은, 양국 및 양국 국민의 재산과 양국 및 양국 국민 간의 청구권에 관한 문제를 해결할 것을 희망하고, 양국 간의 경제협력을 증진할 것을 희망하여, 다음과 같이 합의하였다."라고 정하였다. 제1조에서 '일본국이 대한민국에 10년간에 걸쳐 3억 달러를 무상으로 제공하고 2억 달러의 차관을 행하기로 한다'고 정하였고, 이어서 제2조에서 다음과 같이 규정하였다.

1. 양 체약국은 양 체약국 및 그 국민(법인을 포함함)의 재산, 권리 및 이익과 양 체약국 및 그 국민 간의 청구권에 관한 문제가 1951년 9월 8일에 샌프란시스코시에서 서명된 일본국과의 평화조약 제4조(a)에 규정된 것을 포함하여 완전히 그리고 최종적으로 해결된 것이 된다는 것을 확인한다.

2. 본조의 규정은 다음의 것(본 협정의 서명일까지 각기 체약국이 취한 특별조치의 대상이 된 것을 제외한다)에 영향을 미치는 것이 아니다.

(a) 일방 체약국의 국민으로서 1947년 8월 15일부터 본 협정의 서명일

까지 사이에 타방 체약국에 거주한 일이 있는 사람의 재산, 권리 및 이익

(b) 일방 체약국 및 그 국민의 재산, 권리 및 이익으로서 1945년 8월 15일 이후에 있어서의 통상의 접촉의 과정에 있어 취득되었고 또는 타방 체약국의 관할 하에 들어오게 된 것

3. 2.의 규정에 따르는 것을 조건으로 하여 일방 체약국 및 그 국민의 재산, 권리 및 이익으로서 본 협정의 서명일에 타방 체약국의 관할하에 있는 것에 대한 조치와 일방 체약국 및 그 국민의 타방 체약국 및 그 국민에 대한 모든 청구권으로서 동일자 이전에 발생한 사유에 기인하는 것에 관하여는 어떠한 주장도 할 수 없는 것으로 한다.

(3) 청구권협정과 같은 날 체결되어 1965. 12. 18. 발효된「대한민국과 일본국 간의 재산 및 청구권에 관한 문제의 해결과 경제협력에 관한 협정에 대한 합의의사록(Ⅰ)」[조약 제173호, 이하 '청구권협정에 대한 합의의사록(Ⅰ)'이라 한다]은 청구권협정 제2조에 관하여 다음과 같이 정하였다.

(a) "재산, 권리 및 이익"이라 함은 법률상의 근거에 의거하여 재산적 가치가 인정되는 모든 종류의 실체적 권리를 말하는 것으로 양해되었다.

(e) 동조 3.에 의하여 취하여질 조치는 동조 1.에서 말하는 양국 및 그 국민의 재산, 권리 및 이익과 양국 및 그 국민 간의 청구권에 관한 문제를 해결하기 위하여 취하여질 각국의 국내조치를 말하는 것으로 의견의 일치를 보았다.

(g) 동조 1.에서 말하는 완전히 그리고 최종적으로 해결된 것으로 되는 양국 및 그 국민의 재산, 권리 및 이익과 양국 및 그 국민 간의 청구권에 관한 문제에는 한일회담에서 한국 측으로부터 제출된 "한국의 대일청구요강"(소위 8개 항목)의 범위에 속하는 모든 청구가 포함되어 있고, 따라서 동 대일청구요강에 관하여는 어떠한 주장도 할 수 없게 됨을 확인하였다.

마. 청구권협정 체결에 따른 양국의 조치

(1) 청구권협정은 1965. 8. 14. 대한민국 국회에서 비준 동의되고 1965. 11. 12. 일본 중의원 및 1965. 12. 11. 일본 참의원에서 비준 동의된 후 그 무렵 양국에서 공포되었고, 양국이 1965. 12. 18. 비준서를 교환함으로써 발효되었다.

(2) 대한민국은 청구권협정에 의해 지급되는 자금을 사용하기 위한 기본적 사항을 정하기 위하여 1966. 2. 19.「청구권자금의 운용 및 관리에 관한 법률」(이하 '청구권자금법'이라 한다)을 제정하였고, 이어서 보상대상이 되는 대일 민간청구권의 정확한 증거와 자료를 수집함에 필요한 사항을 규정하기 위하여, 1971. 1. 19.「대일 민간청구권 신고에 관한 법률」(이하 '청구권신고법'이라 한다)을 제정하였다. 그런데 청구권신고법에서 강제동원 관련 피해자의 청구권에 관하여는 '일본국에 의하여 군인·군속 또는 노무자로 소집 또는 징용되어 1945. 8. 15. 이전에 사망한 자'만을 신고대상으로 한정하였다. 이후 대한민국은 청구권신고법에 따라 국민들로부터 대일청구권 신고를 접수받은 후 실제 보상을 집행하기 위하여 1974. 12. 21.「대일 민간청구권 보상에 관한 법률」(이하 '청구권보상법'이라 한다)을 제정하여 1977. 6. 30.까지 총 83,519건에 대하여 총 91억 8,769만 3,000원의 보상금(무상 제공된 청구권자금 3억 달러의 약 9.7%에 해당한다)을 지급하였는데, 그중 피징용사망자에 대한 청구권 보상금으로 총 8,552건에 대하여 1인당 30만 원씩 총 25억 6,560만 원을 지급하였다.

(3) 일본은 1965. 12. 18.「재산 및 청구권에 관한 문제의 해결과 경제협력에 관한 일본국과 대한민국 간의 협정 제2조의 실시에 따른 대한민국 등의 재산권에 대한 조치에 관한 법률」(이하 '재산권조치법'이라 한다)을 제정하였다. 그 주된 내용은 대한민국 또는 그 국민의 일본 또는 그 국민에 대한 채권 또는 담보권으로서 청구권협정 제2소의 재산, 이익에 해당하는 것을 청구권협정일인 1965. 6. 22. 소멸하게 한다는 것이다.

바. 대한민국의 추가 조치

(1) 대한민국은 2004. 3. 5. 일제강점하 강제동원 피해의 진상을 규명하여 역사의 진실을 밝히는 것을 목적으로 「일제강점하 강제동원피해 진상규명 등에 관한 특별법」(이하 '진상규명법'이라 한다)을 제정하였다. 위 법률과 그 시행령에 따라 일제강점하강제동원피해진상규명위원회가 설치되어 '일제강점하강제동원 피해'에 대한 조사가 전면적으로 이루어졌다.

(2) 대한민국은 2005. 1.경 청구권협정과 관련한 일부 문서를 공개하였다. 그 후 구성된 '한일회담 문서공개 후속대책 관련 민관공동위원회'(이하 '민관공동위원회'라 한다)에서는 2005. 8. 26. '청구권협정은 일본의 식민지배 배상을 청구하기 위한 협상이 아니라 샌프란시스코 조약 제4조에 근거하여 한일 양국 간 재정적·민사적 채권·채무관계를 해결하기 위한 것이었으며, 일본군 위안부 문제 등 일본 정부와 군대 등 일본 국가권력이 관여한 반인도적 불법행위에 대해서는 청구권협정으로 해결된 것으로 볼 수 없고 일본 정부의 법적 책임이 남아 있으며, 사할린동포 문제와 원폭피해자 문제도 청구권협정 대상에 포함되지 않았다'는 취지의 공식의견을 표명하였는데, 위 공식의견에는 아래 내용이 포함되어 있다.

○ 한일협상 당시 한국 정부는 일본 정부가 강제동원의 법적 배상·보상을 인정하지 않음에 따라, "고통 받은 역사적 피해사실"에 근거하여 정치적 보상을 요구하였으며, 이러한 요구가 양국 간 무상자금산정에 반영되었다고 보아야 함

　○ 청구권협정을 통하여 일본으로부터 받은 무상 3억불은 개인재산권(보험, 예금 등), 조선총독부의 대일채권 등 한국 정부가 국가로서 갖는 청구권, 강제동원 피해보상 문제 해결 성격의 자금 등이 포괄적으로 감안되었다고 보아야 할 것임

　○ 청구권협정은 청구권 각 항목별 금액결정이 아니라 정치협상을 통해

총액결정방식으로 타결되었기 때문에 각 항목별 수령금액을 추정하기 곤란하지만, 정부는 수령한 무상자금 중 상당 금액을 강제동원 피해자의 구제에 사용하여야 할 도의적 책임이 있다고 판단됨

    ○ 그러나 75년 우리 정부의 보상 당시 강제동원 부상자를 보호대상에서 제외하는 등 도의적 차원에서 볼 때 피해자 보상이 불충분하였다고 볼 측면이 있음

  (3) 대한민국은 2006. 3. 9. 청구권보상법에 근거한 강제동원 피해자에 대한 보상이 불충분함을 인정하고 추가보상 방침을 밝힌 후, 2007. 12. 10.「태평양전쟁 전후 국외 강제동원희생자 등 지원에 관한 법률」(이하 '2007년 희생자지원법'이라 한다)을 제정하였다. 위 법률과 그 시행령은, ① 1938. 4. 1.부터 1945. 8. 15. 사이에 일제에 의하여 군인·군무원·노무자 등으로 국외로 강제동원되어 그 기간 중 또는 국내로 돌아오는 과정에서 사망하거나 행방불명된 '강제동원희생자'의 경우 1인당 2,000만 원의 위로금을 유족에게 지급하고, ② 국외로 강제동원되어 부상으로 장해를 입은 '강제동원희생자'의 경우 1인당 2,000만 원 이하의 범위 안에서 장해의 정도를 고려하여 대통령령으로 정하는 금액을 위로금으로 지급하며, ③ 강제동원희생자 중 생존자 또는 위 기간 중 국외로 강제동원되었다가 국내로 돌아온 사람 중 강제동원희생자에 해당하지 못한 '강제동원생환자' 중 생존자가 치료나 보조장구 사용이 필요한 경우에 그 비용의 일부로서 연간 의료지원금 80만 원을 지급하고, ④ 위 기간 중 국외로 강제동원되어 노무제공 등을 한 대가로 일본국 또는 일본 기업 등으로부터 지급받을 수 있었던 급료 등을 지급받지 못한 '미수금피해자' 또는 그 유족에게 미수금피해자가 지급받을 수 있었던 미수금을 당시 일본 통화 1엔에 대하여 대한민국 통화 2,000원으로 환산하여 미수금지원금을 지급하도록 규정하였다.

  (4) 한편 진상규명법과 2007년 희생자지원법이 폐지되는 대신 2010.

3. 22.부터 제정되어 시행되고 있는「대일항쟁기 강제동원 피해조사 및 국외강제동원 희생자 등 지원에 관한 특별법」(이하 '2010년 희생자지원법'이라 한다)은 사할린지역 강제동원피해자 등을 보상대상에 추가하여 규정하고 있다.

2. 상고이유 제1점에 관하여

환송 후 원심은 그 판시와 같은 이유를 들어, 망 소외인, 원고 2가 이 사건 소송에 앞서 일본에서 피고를 상대로 소송을 제기하였다가 이 사건 일본판결로 패소·확정되었다고 하더라도, 이 사건 일본판결이 일본의 한반도와 한국인에 대한 식민지배가 합법적이라는 규범적 인식을 전제로 하여 일제의 '국가총동원법'과 '국민징용령'을 한반도와 망 소외인, 원고 2에게 적용하는 것이 유효하다고 평가한 이상, 이러한 판결 이유가 담긴 이 사건 일본판결을 그대로 승인하는 것은 대한민국의 선량한 풍속이나 그 밖의 사회질서에 위반하는 것이고, 따라서 우리나라에서 이 사건 일본판결을 승인하여 그 효력을 인정할 수는 없다고 판단하였다.

이러한 환송 후 원심의 판단은 환송판결의 취지에 따른 것으로서, 거기에 상고이유 주장과 같이 외국판결 승인요건으로서의 공서양속 위반에 관한 법리를 오해하는 등의 위법이 없다.

3. 상고이유 제2점에 관하여

환송 후 원심은 그 판시와 같은 이유를 들어, 원고들을 노역에 종사하게 한 구 일본제철이 일본국 법률이 정한 바에 따라 해산되고 그 판시의 '제2회사'가 설립된 뒤 흡수합병의 과정을 거쳐 피고로 변경되는 등의 절차를 거쳤다고 하더라도, 원고들은 구 일본제철에 대한 이 사건 청구권을 피고에 대하여도 행사할 수 있다고 판단하였다.

이러한 환송 후 원심의 판단 역시 환송판결의 취지에 따른 것으로서, 거기에 상고이유 주장과 같이 외국법 적용에 있어 공서양속 위반 여부에 관한 법리를 오해하는 등의 위법이 없다.

4. 상고이유 제3점에 관하여

가. 조약은 전문·부속서를 포함하는 조약문의 문맥 및 조약의 대상과 목적에 비추어 그 조약의 문언에 부여되는 통상적인 의미에 따라 성실하게 해석되어야 한다. 여기서 문맥은 조약문(전문 및 부속서를 포함한다) 외에 조약의 체결과 관련하여 당사국 사이에 이루어진 그 조약에 관한 합의 등을 포함하며, 조약 문언의 의미가 모호하거나 애매한 경우 등에는 조약의 교섭 기록 및 체결 시의 사정 등을 보충적으로 고려하여 그 의미를 밝혀야 한다.

나. 이러한 법리에 따라, 앞서 본 사실관계 및 채택된 증거에 의하여 알 수 있는 다음과 같은 사정을 종합하여 보면, 원고들이 주장하는 피고에 대한 손해배상청구권은 청구권협정의 적용대상에 포함된다고 볼 수 없다. 그 이유는 다음과 같다.

(1) 우선 이 사건에서 문제 되는 원고들의 손해배상청구권은, 일본 정부의 한반도에 대한 불법적인 식민지배 및 침략전쟁의 수행과 직결된 일본 기업의 반인도적인 불법행위를 전제로 하는 강제동원 피해자의 일본 기업에 대한 위자료청구권(이하 '강제동원 위자료청구권'이라 한다)이라는 점을 분명히 해두어야 한다. 원고들은 피고를 상대로 미지급 임금이나 보상금을 청구하고 있는 것이 아니고, 위와 같은 위자료를 청구하고 있는 것이다.

이와 관련한 환송 후 원심의 아래와 같은 사실인정과 판단은 기록상 이를 충분히 수긍할 수 있다. 즉 ① 일본 정부는 중일전쟁과 태평양전쟁 등 불법적인 침략전쟁의 수행과정에서 기간 군수사업체인 일본의 제철소에 필요한 인력을 확보하기 위하여 장기적인 계획을 세워 조직적으로 인력을 동원하였고, 핵심적인 기간 군수사업체의 지위에 있던 구 일본제철은 철강통제회에 주도적으로 참여하는 등 일본 정부의 위와 같은 인력동원정책에 적극 협조하여 인력을 확충하였다. ② 원고들은 당시 한반도와 한국민들이 일본의 불법적이고 폭압적인 지배를 받고 있었던 상황에서 장차 일본에서 처하게 될 노동 내용이나 환경에 대하여 잘 알지 못한 채 일본 정부와 구 일본제철의 위와 같은 조직적인 기망에 의하여 동원되었다고 봄이 타당하다. ③ 더욱이 원고들은 성년에 이르지 못한 어린 나이에 가족과 이별하여 생명이나 신체에 위해를 당할 가능성이 매우 높은 열악한 환경에서 위험한 노동에 종사하였고, 구체적인 임금액도 모른 채 강제로 저금을 해야 했으며, 일본 정부의 혹독한 전시 총동원체제에서 외출이 제한되고 상시 감시를 받아 탈출이 불가능하였으며 탈출시도가 발각된 경우 혹독한 구타를 당하기도 하였다. ④ 이러한 구 일본제철의 원고들에 대한 행위는 당시 일본 정부의 한반도에 대한 불법적인 식민지배 및 침략전쟁의 수행과 직결된 반인도적인 불법행위에 해당하고, 이러한 불법행위로 인하여 원고들이 정신적 고통을 입었음은 경험칙상 명백하다.

(2) 앞서 본 청구권협정의 체결 경과와 그 전후 사정, 특히 아래와 같은 사정들에 의하면, 청구권협정은 일본의 불법적 식민지배에 대한 배상을 청구하기 위한 협상이 아니라 기본적으로 샌프란시스코 조약 제4조에 근거하여 한일 양국 간의 재정적·민사적 채권·채무관계를 정치적 합의에 의하여 해결하기 위한 것이었다고 보인다.

① 앞서 본 것처럼, 전후 배상문제를 해결하기 위하여 1951. 9. 8. 미국 등 연합국 48개국과 일본 사이에 체결된 샌프란시스코 조약 제4조(a)는 '일본의 통치로부터 이탈된 지역(대한민국도 이에 해당)의 시정 당국 및 그 국민과 일본 및 일본 국민 간의 재산상 채권·채무관계는 이러한 당국과

일본 간의 특별약정으로써 처리한다'고 규정하였다.

② 샌프란시스코 조약이 체결된 이후 곧이어 제1차 한일회담(1952. 2. 15.부터 같은 해 4. 25.까지)이 열렸는데, 그때 한국 측이 제시한 8개 항목도 기본적으로 한·일 양국 간의 재정적·민사적 채무관계에 관한 것이었다. 위 8개 항목 중 제5항에 '피징용한국인의 미수금, 보상금 및 기타 청구권의 변제청구'라는 문구가 있지만, 8개 항목의 다른 부분 어디에도 일본 식민지배의 불법성을 전제로 하는 내용은 없으므로, 위 제5항 부분도 일본 측의 불법행위를 전제로 하는 것은 아니었다고 보인다. 따라서 위 '피징용한국인의 미수금, 보상금 및 기타 청구권의 변제청구'에 강제동원 위자료청구권까지 포함된다고 보기는 어렵다.

③ 1965. 3. 20. 대한민국 정부가 발간한 '한일회담백서'(을 제18호증)에 의하면, 샌프란시스코 조약 제4조가 한·일 간 청구권 문제의 기초가 되었다고 명시하고 있고, 나아가 "위 제4조의 대일청구권은 승전국의 배상청구권과 구별된다. 한국은 샌프란시스코 조약의 조인당사국이 아니어서 제14조 규정에 의한 승전국이 향유하는 '손해 및 고통'에 대한 배상청구권을 인정받지 못하였다. 이러한 한·일 간 청구권 문제에는 배상청구를 포함시킬 수 없다."는 설명까지 하고 있다.

④ 이후 실제로 체결된 청구권협정문이나 그 부속서 어디에도 일본 식민지배의 불법성을 언급하는 내용은 전혀 없다. 청구권협정 제2조 1.에서는 '청구권에 관한 문제가 샌프란시스코 조약 제4조(a)에 규정된 것을 포함하여 완전히 그리고 최종적으로 해결된 것'이라고 하여, 위 제4조(a)에 규정된 것 이외의 청구권도 청구권협정의 적용대상이 될 수 있다고 해석될 여지가 있기는 하다. 그러나 위와 같이 일본 식민지배의 불법성이 전혀 언급되어 있지 않은 이상, 위 제4조(a)의 범주를 벗어나는 청구권, 즉 식민지배의 불법성과 직결되는 청구권까지도 위 대상에 포함된다고 보기는 어렵다. 청구권협정에 대한 합의의사록(Ⅰ) 2.(g)에서도 '완전히 그리고 최종적으로 해결되는 것'에 위 8개 항목의 범위에 속하는 청

구가 포함되어 있다고 규정하였을 뿐이다.

⑤ 2005년 민관공동위원회도 '청구권협정은 기본적으로 일본의 식민지배 배상을 청구하기 위한 것이 아니라 샌프란시스코 조약 제4조에 근거하여 한일 양국 간 재정적·민사적 채권·채무관계를 해결하기 위한 것이다'라고 공식의견을 밝혔다.

(3) 청구권협정 제1조에 따라 일본 정부가 대한민국 정부에 지급한 경제협력자금이 제2조에 의한 권리문제의 해결과 법적인 대가관계가 있다고 볼 수 있는지도 분명하지 아니하다.

청구권협정 제1조에서는 '3억 달러 무상 제공, 2억 달러 차관(유상) 실행'을 규정하고 있으나, 그 구체적인 명목에 대해서는 아무런 내용이 없다. 차관의 경우 일본의 해외경제협력기금에 의하여 행하여지는 것으로 하고, 위 무상 제공 및 차관이 대한민국의 경제발전에 유익한 것이어야 한다는 제한을 두고 있을 뿐이다. 청구권협정 전문에서 '청구권 문제 해결'을 언급하고 있기는 하나, 위 5억 달러(무상 3억 달러와 유상 2억 달러)와 구체적으로 연결되는 내용은 없다. 이는 청구권협정에 대한 합의의사록(Ⅰ) 2.(g)에서 언급된 '8개 항목'의 경우도 마찬가지이다. 당시 일본 측의 입장도 청구권협정 제1조의 돈이 기본적으로 경제협력의 성격이라는 것이었고, 청구권협정 제1조와 제2조 사이에 법률적인 상호관계가 존재하지 않는다는 입장이었다.

2005년 민관공동위원회는, 청구권협정 당시 정부가 수령한 무상자금 중 상당 금액을 강제동원 피해자의 구제에 사용하여야 할 '도의적 책임'이 있었다고 하면서, 1975년 청구권보상법 등에 의한 보상이 '도의적 차원'에서 볼 때 불충분하였다고 평가하였다. 그리고 그 이후 제정된 2007년 희생자지원법 및 2010년 희생자지원법 모두 강제동원 관련 피해자에 대한 위로금이나 지원금의 성격이 '인도적 차원'의 것임을 명시하였다.

(4) 청구권협정의 협상 과정에서 일본 정부는 식민지배의 불법성을 인

정하지 않은 채, 강제동원 피해의 법적 배상을 원천적으로 부인하였고, 이에 따라 한일 양국의 정부는 일제의 한반도 지배의 성격에 관하여 합의에 이르지 못하였다. 이러한 상황에서 강제동원 위자료청구권이 청구권협정의 적용대상에 포함되었다고 보기는 어렵다.

청구권협정의 일방 당사자인 일본 정부가 불법행위의 존재 및 그에 대한 배상책임의 존재를 부인하는 마당에, 피해자 측인 대한민국 정부가 스스로 강제동원 위자료청구권까지도 포함된 내용으로 청구권협정을 체결하였다고 보이지는 않기 때문이다.

(5) 환송 후 원심에서 피고가 추가로 제출한 증거들도, 강제동원 위자료청구권이 청구권협정의 적용대상에 포함되지 않는다는 위와 같은 판단에 지장을 준다고 보이지 않는다.

위 증거들에 의하면, 1961. 5. 10. 제5차 한일회담 예비회담 과정에서 대한민국 측이 '다른 국민을 강제적으로 동원함으로써 입힌 피징용자의 정신적, 육체적 고통에 대한 보상'을 언급한 사실, 1961. 12. 15. 제6차 한일회담 예비회담 과정에서 대한민국 측이 '8개 항목에 대한 보상으로 총 12억 2,000만 달러를 요구하면서, 그중 3억 6,400만 달러(약 30%)를 강제동원 피해보상에 대한 것으로 산정(생존자 1인당 200달러, 사망자 1인당 1,650달러, 부상자 1인당 2,000달러 기준)'한 사실 등을 알 수 있기는 하다.

그러나 위와 같은 발언 내용은 대한민국이나 일본의 공식 견해가 아니라 구체적인 교섭 과정에서 교섭 담당자가 한 말에 불과하고, 13년에 걸친 교섭 과정에서 일관되게 주장되었던 내용도 아니다. '피징용자의 정신적, 육체적 고통'을 언급한 것은 협상에서 유리한 지위를 점하려는 목적에서 비롯된 발언에 불과한 것으로 볼 여지가 크고, 실제로 당시 일본 측의 반발로 제5차 한일회담 협상은 타결되지도 않았다. 또한 위와 같이 협상 과정에서 총 12억 2,000만 달러를 요구하였음에도 불구하고 정작 청구권협정은 3억 달러(무상)로 타결되었다. 이처럼 요구액에 훨씬 미치지 못하는 3억 달러만 받은 상황에서 강제동원 위자료청구권도 청구권협정의 적용대상에 포함된 것이라고는 도저히 보기 어렵다.

다. 환송 후 원심이 이와 같은 취지에서, 강제동원 위자료청구권은 청구권협정의 적용대상에 포함되지 않는다고 판단한 것은 정당하다. 거기에 상고이유 주장과 같이 청구권협정의 적용대상과 효력에 관한 법리를 오해하는 등의 위법이 없다.

한편 피고는 이 부분 상고이유에서, 강제동원 위자료청구권이 청구권협정의 적용대상에 포함된다는 전제하에, 청구권협정으로 포기된 권리가 국가의 외교적 보호권에 한정되어서만 포기된 것이 아니라 개인청구권 자체가 포기(소멸)된 것이라는 취지의 주장도 하고 있으나, 이 부분은 환송 후 원심의 가정적 판단에 관한 것으로서 더 나아가 살펴볼 필요 없이 받아들일 수 없다.

5. 상고이유 제4점에 관하여

환송 후 원심은, 1965년 한일 간에 국교가 정상화되었으나 청구권협정 관련 문서가 모두 공개되지 않은 상황에서 청구권협정으로 대한민국 국민의 일본국 또는 일본 국민에 대한 개인청구권까지도 포괄적으로 해결된 것이라는 견해가 대한민국 내에서 널리 받아들여져 온 사정 등 그 판시와 같은 이유를 들어, 이 사건 소 제기 당시까지도 원고들이 피고를 상대로 대한민국에서 객관적으로 권리를 행사할 수 없는 장애사유가 있었다고 봄이 상당하므로, 피고가 소멸시효 완성을 주장하여 원고들에 대한 채무의 이행을 거절하는 것은 현저히 부당하여 신의성실의 원칙에 반하는 권리남용으로서 허용될 수 없다고 판단하였다.

이러한 환송 후 원심의 판단 또한 환송판결의 취지에 따른 것으로서, 거기에 상고이유 주장과 같이 소멸시효에 관한 법리를 오해하는 등의 위법이 없다.

6. 상고이유 제5점에 관하여

불법행위로 입은 정신적 고통에 대한 위자료 액수에 관하여는 사실심 법원이 제반 사정을 참작하여 그 직권에 속하는 재량에 의하여 이를 확정할 수 있다(대법원 1999. 4. 23. 선고 98다41377 판결 등 참조).

환송 후 원심은 그 판시와 같은 이유로 원고들에 대한 위자료를 판시 액수로 정하였다. 환송 후 원심판결 이유를 기록에 비추어 살펴보면, 이 부분 판단에 상고이유 주장과 같이 위자료 산정에 있어서 현저하게 상당성을 결하는 등의 위법이 없다.

7. 결론

그러므로 상고를 모두 기각하고, 상고비용은 패소자가 부담하도록 하여, 주문과 같이 판결한다. 이 판결에는 상고이유 제3점에 관한 판단에 대하여 대법관 이기택의 별개의견, 대법관 김소영, 대법관 이동원, 대법관 노정희의 별개의견이 각 있고, 대법관 권순일, 대법관 조재연의 반대의견이 있는 외에는 관여 법관의 의견이 일치되었으며, 대법관 김재형, 대법관 김선수의 다수의견에 대한 보충의견이 있다.

8. 상고이유 제3점에 관한 판단에 대한 대법관 이기택의 별개의견

가. 이 부분 상고이유 요지는, 원고들이 주장하는 피고에 대한 손해배상청구권은 청구권협정의 적용대상에 포함되고, 청구권협정에 포함된 청구권은 국가의 외교적 보호권뿐만 아니라 개인청구권까지 완전히 소멸한 것으로 보아야 한다는 것이다.

이 문제에 관하여 이미 환송판결은 '원고들의 손해배상청구권은 청구권협정의 적용대상에 포함되지 아니하고, 설령 포함된다고 하더라도 그 개인청구권 자체는 청구권협정만으로 당연히 소멸하지 아니하고 다만 청구권협정으로 그 청구권에 관한 대한민국의 외교적 보호권이 포기되었을 뿐이다'라고 판시하였고, 환송 후 원심도 이를 그대로 따랐다.

상고심으로부터 사건을 환송받은 법원은 그 사건을 재판할 때에 상고법원이 파기이유로 한 사실상 및 법률상의 판단에 기속된다. 이러한 환송판결의 기속력은 재상고심에도 미치는 것이 원칙이다. 따라서 환송판결의 기속력에 반하는 위와 같은 상고이유 주장은 받아들일 수 없다. 구체적으로 살펴보면 다음과 같다.

나. 법원조직법 제8조는 "상급법원 재판에서의 판단은 해당 사건에 관하여 하급심을 기속한다."라고 규정하고 있고, 민사소송법 제436조 제2항은 "사건을 환송받거나 이송받은 법원은 다시 변론을 거쳐 재판하여야 한다. 이 경우에는 상고법원이 파기의 이유로 삼은 사실상 및 법률상 판단에 기속된다."라고 규정하고 있다. 따라서 상고법원으로부터 사건을 환송받은 법원은 그 사건을 재판할 때에 상고법원이 파기이유로 한 사실상 및 법률상의 판단에 기속된다. 다만 환송 후 심리과정에서 새로운 주장이나 증명이 제출되어 기속적 판단의 기초가 된 사실관계에 변동이 생긴 경우에는 예외적으로 기속력이 미치지 아니할 수 있다(대법원 1988. 3. 8. 선고 87다카1396 판결 등 참조).

이 사건에서 만약 환송 후 원심의 심리과정에서 새로운 주장이나 증명을 통해 환송판결의 이 부분 판단의 기초가 된 사실관계에 변동이 생겼다고 평가할 수 있다면, 기속력이 미치지 아니한다고 볼 수 있다.

그러나 우선 다수의견이 적절히 설시한 것과 같이, 환송 후 원심에서 피고가 추가로 제출한 증거들에 의하여 알 수 있는 제5차 및 제6차 한일회담 예비회담 과정에서의 대한민국 측의 발언 내용들만으로는, 도저히 '원고들의 손해배상청구권은 청구권협정의 적용대상에 포함되지 아니한다'라는 환송판결의 기속적 판단의 기초가 된 사실관계에 변동이 생긴 경우라고 보기 어렵다.

또한 환송판결의 가정적 판단, 즉 '개인청구권 자체는 청구권협정만으로 당연히 소멸하지 아니하고 다만 청구권협정으로 그 청구권에 관한 대한민국의 외교적 보호권이 포기되었을 뿐이다'라는 부분도 그 판단의 기초가 된 사실관계에 변동이 생겼다고 보기 어렵기는 마찬가지이다. 이와 관련하여 환송 후 원심에서 새로 제출된 증거들은 주로 청구권협정의 해석에 대한 각자의 견해를 밝힌 것에 불과하여 '사실관계'의 변동이라고 평가하기도 어렵다.

다. 환송판결의 기속력은 환송 후 원심뿐만 아니라 재상고심에도 미치는 것이 원칙이다(대법원 1995. 8. 22. 선고 94다43078 판결 등 참조).

다만 대법원 2001. 3. 15. 선고 98두15597 전원합의체 판결은 "대법원은 법령의 정당한 해석적용과 그 통일을 주된 임무로 하는 최고법원이고, 대법원의 전원합의체는 종전에 대법원에서 판시한 법령의 해석적용에 관한 의견을 스스로 변경할 수 있는 것인바(법원조직법 제7조 제1항 제3호), 환송판결이 파기이유로 한 법률상 판단도 여기에서 말하는 '대법원에서 판시한 법령의 해석적용에 관한 의견'에 포함되는 것이므로 대법원의 전원합의체가 종전의 환송판결의 법률상 판단을 변경할 필요가 있다고 인정하는 경우에는, 그에 기속되지 아니하고 통상적인 법령의 해석적용에 관한 의견의 변경절차에 따라 이를 변경할 수 있다고 보아야 할 것이다."라고 하여, 환송판결의 기속력이 재상고심의 전원합의체에는 미치지 아니한다는 취지로 판시한 바 있다.

그러나 위 98두15597 전원합의체 판결의 의미를 '전원합의체에서 판단하는 이상 언제라도 환송판결의 기속력에서 벗어날 수 있다'는 것으로 이해하여서는 아니 된다. '환송판결에 명백한 법리오해가 있어 반드시 이를 시정해야 하는 상황이거나 환송판결이 전원합의체를 거치지 아니한 채 종전 대법원판결이 취한 견해와 상반된 입장을 취한 때와 같은 예외적인 경우에 한하여 기속력이 미치지 아니한다'는 뜻으로 새겨야 한다. 이렇게 보지 아니할 경우 법률에서 환송판결의 기속력을 인정한 취지가 무색하게 될 우려가 있기 때문이다. 실제로 위 98두15597 전원합의체 판결의 사안 자체도, 환송판결에 명백한 법리오해의 잘못이 있었을 뿐만 아니라 환송판결이 전원합의체를 거치지도 아니한 채 기존 대법원 판결에 저촉되는 판단을 한 경우였다.

이러한 법리에 따라 이 사건에 돌아와 살펴보면, 청구권협정의 효력과 관련하여 환송판결이 설시한 법리에 명백한 오류가 있다거나 종전 대법원판결에 반하는 내용이 있었다고는 보이지 않는다. 따라서 이 사건을 전원합의체에서 판단한다고 하더라도 쉽사리 환송판결이 설시한 법리를 재심사하거나 뒤집을 수 있다고 볼 수는 없다.

라. 결국, 어느 모로 보나 이 부분 상고이유 주장은 환송판결의 기속력에 반하는 것으로서 받아들일 수 없다.

한편 앞서 본 상고이유 제1, 2, 4점에 관한 판단 부분에서 '환송 후 원심의 판단이 환송판결의 취지에 따른 것으로서 상고이유 주장과 같은 위법이 없다'고 판시한 것은, 위와 같은 환송판결의 기속력에 관한 법리에 따른 것으로 볼 수 있으므로, 이 부분 판단에 대해서는 다수의견과 견해를 달리하지 아니한다는 점을 덧붙여 두고자 한다.

이상과 같은 이유로, 상고를 기각하여야 한다는 결론에서는 다수의견과 의견을 같이하지만 상고이유 제3점에 관하여는 다수의견과 그 구체적인 이유를 달리하므로, 별개의견으로 이를 밝혀 둔다.

9. 상고이유 제3점에 관한 판단에 대한 대법관 김소영, 대법관 이동원, 대법관 노정희의 별개의견

가. 청구권협정에도 불구하고 원고들이 피고를 상대로 강제동원 피해에 대한 위자료청구권을 행사할 수 있다는 점에 관해서는 다수의견과 결

론을 같이한다. 다만 그 구체적인 이유에서는 다수의견과 견해를 달리한다.

다수의견은 '원고들이 주장하는 피고에 대한 손해배상청구권은 청구권협정의 적용대상에 포함된다고 볼 수 없다'는 입장을 취하고 있다. 그러나 청구권협정의 해석상 원고들의 손해배상청구권은 청구권협정의 적용대상에 포함된다고 보아야 한다. 다만 원고들 개인의 청구권 자체는 청구권협정으로 당연히 소멸한다고 볼 수 없고, 청구권협정으로 그 청구권에 관한 대한민국의 외교적 보호권만이 포기된 것에 불과하다. 따라서 원고들은 여전히 대한민국에서 피고를 상대로 소로써 권리를 행사할 수 있다.

이렇게 보아야 하는 구체적인 이유는 다음과 같다.

나. 우선 조약의 해석 방법에 관하여 다수의견이 밝힌 법리에 관하여는 견해를 달리하지 않는다. 이러한 법리에 따라, 환송 후 원심에서 비로소 제출된 증거들(을 제16 내지 18, 37 내지 39, 40 내지 47, 50, 52, 53, 55호증)까지 포함하여 원심이 적법하게 채택·조사한 증거들에 의하여 알 수 있는 사실관계를 살펴보면, 다수의견과 달리, 원고들의 피고에 대한 손해배상청구권은 청구권협정의 적용대상에 포함된다고 보는 것이 타당하다.

(1) 환송 후 원심에서 제출된 증거들을 비롯한 채택 증거들에 의하여 알 수 있는 청구권협정의 구체적인 체결 과정은 다음과 같다.

(가) 앞서 보았듯이, 1952. 2. 15. 개최된 제1차 한일회담 당시 대한민국은 8개 항목을 제시하였는데, 이후 일본의 역청구권 주장, 독도 및 평화선 문제에 대한 이견, 양국의 정치적 상황 등으로 제4차 한일회담까지는 8개 항목에 관한 논의가 제대로 이루어지시 못하였다.

(나) 제5차 한일회담에서부터 8개 항목에 대한 실질적인 토의가 이루어졌는데, 제5차 한일회담에서는 아래와 같은 논의가 있었다.

① 1961. 5. 10. 제5차 한일회담 예비회담 일반청구권소위원회 제13차 회의에서 대한민국 측은 8개 항목 중 위 제5항(한국법인 또는 한국자연인의 일본은행권, 피징용한국인의 미수금, 보상금 및 기타 청구권의 변제청구)과 관련하여 '강제징용으로 피해를 입은 개인에 대한 보상'을 일본 측에 요구하였다. 구체적으로 '생존자, 부상자, 사망자, 행방불명자 그리고 군인·군속을 포함한 피징용자 전반에 대하여 보상을 요구하는 것'이라면서 '이는 다른 국민을 강제적으로 동원함으로써 입힌 피징용자의 정신적·육체적 고통에 대한 보상을 의미한다'는 취지로 설명하였다. 이에 일본 측이 개인의 피해에 대한 보상을 요구하는 것인지, 대한민국에서 한국인 피해자에 대한 구체적인 조사를 할 용의가 있는지 등에 대하여 묻자, 대한민국 측은 '나라로서 청구하는 것이며, 피해자 개인에 대한 보상은 국내에서 조치할 성질의 것'이라는 입장을 밝히기도 하였다.

② 일본 측은 대한민국 측의 위와 같은 개인 피해 보상요구에 반발하면서 구체적인 징용·징병의 인원수나 증거자료를 요구하거나 양국 국교가 회복된 뒤에 개별적으로 해결하는 방안 등을 제시하는 등 대한민국 측의 요구에 그대로 응할 수 없다는 입장을 피력하였다.

③ 제5차 한일회담의 청구권위원회에서는 1961. 5. 16. 군사정변에 의해 회담이 중단되기까지 8개 항목의 제1항부터 제5항까지 토의가 진행되었으나, 근본적인 인식의 차이를 확인하였을 뿐 실질적인 의견 접근을 이루는 데는 실패하였다.

(다) 제6차 한일회담이 1961. 10. 20. 개시된 후에는 청구권에 대한 세부적 논의가 시일만 소요될 뿐 해결이 요원하다는 판단에서 정치적 측면의 접근이 모색되었는데, 아래와 같은 협상 과정을 거쳐 제7차 한일회담 중 1965. 6. 22. 마침내 청구권협정이 체결되었다.

① 1961. 12. 15. 제6차 한일회담 예비회담 일반청구권소위원회 제7차 회의에서 대한민국 측은 일본 측에 8개 항목에 대한 보상으로 총 12억 2,000만 달러를 요구하면서, 강제동원에 대한 피해보상으로 생존자 1인

당 200달러, 사망자 1인당 1,650달러, 부상자 1인당 2,000달러를 기준으로 계산한 3억 6,400만 달러(약 30%)를 산정하였다.

② 1962. 3.경 외상회담에서는 대한민국 측의 지불요구액과 일본 측의 지불용의액을 비공식적으로 제시하기로 하였는데, 그 결과 대한민국 측의 지불요구액인 순변제 7억 달러와 일본 측의 지불용의액인 순변제 7,000만 달러 및 차관 2억 달러 사이에 현저한 차이가 있음이 확인되었다.

③ 이러한 상황에서, 일본 측은 당초부터 청구권에 대한 순변제로 하면 법률관계와 사실관계를 엄격히 따져야 될 뿐 아니라 그 금액도 적어져서 대한민국이 수락할 수 없게 될 터이니, 유상과 무상의 경제협력의 형식을 취하여서 금액을 상당한 정도로 올리고 그 대신 청구권을 포기하도록 하자고 제안하였다. 이에 대하여 대한민국 측은 청구권에 대한 순변제로 받아야 하는 입장이나 문제를 대국적 견지에서 해결하기 위하여 청구권 해결의 테두리 안에서 순변제와 무상조 지불의 2개 명목으로 해결할 것을 주장하다가, 후에 다시 양보하여 청구권 해결의 테두리 안에서 순변제 및 무상조 지불의 2개 명목으로 하되 그 금액을 각각 구분하여 표시하지 않고 총액만을 표시하는 방법으로 해결할 것을 제의하였다.

④ 이후 김종필 당시 중앙정보부장은 일본에서 이케다 일본 수상과 1차, 오히라 일본 외상과 2차에 걸쳐서 회담을 하였는데, 오히라 외상과 한 1962. 11. 12. 제2차 회담 시 청구권 문제의 금액, 지불세목 및 조건 등에 관하여 양측 정부에 건의할 타결안에 관한 원칙적인 합의를 하였다. 그 후 구체적 조정 과정을 거쳐 제7차 한일회담이 진행 중이던 1965. 4. 3. 당시 외무부 장관이던 이동원과 일본의 외무부 대신이었던 시이나 에쓰사부로오 사이에 '한·일 간의 청구권 문제 해결 및 경제협력에 관한 합의'가 이루어졌다.

(2) 앞에서 본 것처럼, 청구권협정 전문은 "대한민국과 일본국은, 양국 및 양국 국민의 재산과 양국 및 양국 국민 간의 청구권(이하 '청구권협정

상 청구권'이라 한다)에 관한 문제를 해결할 것을 희망하고, 양국 간의 경제협력을 증진할 것을 희망하여, 다음과 같이 합의하였다.”라고 전제하고, 제2조 1.은 “양 체약국은 양 체약국 및 그 국민(법인을 포함함)의 재산, 권리 및 이익과 양 체약국 및 그 국민 간의 청구권에 관한 문제가 1951. 9. 8.에 샌프란시스코시에서 서명된 일본국과의 평화조약 제4조(a)에 규정된 것을 포함하여 완전히 그리고 최종적으로 해결된 것이 된다는 것을 확인한다.”라고 정하였다.

또한 청구권협정과 같은 날 체결된 청구권협정에 대한 합의의사록(Ⅰ)은 위 제2조에 관하여 “동조 1.에서 말하는 완전히 그리고 최종적으로 해결된 것으로 되는 청구권협정상 청구권에 관한 문제에는 한일회담에서 한국 측으로부터 제출된 ‘한국의 대일청구요강’(소위 8개 항목)의 범위에 속하는 모든 청구가 포함되어 있고, 따라서 동 대일청구요강에 관하여는 어떠한 주장도 할 수 없게 됨을 확인하였다.”라고 정하였는데, 8개 항목 중 제5항에는 ‘피징용한국인의 미수금, 보상금 및 기타 청구권(이하 ‘피징용 청구권’이라 한다)의 변제청구’가 포함되어 있다.

이러한 청구권협정 등의 문언에 의하면, 대한민국과 일본 양국은 국가와 국가 사이의 청구권에 대해서뿐만 아니라 일방 국민의 상대국 및 그 국민에 대한 청구권까지도 협정의 대상으로 삼았음이 명백하고, 청구권협정에 대한 합의의사록(Ⅰ)은 청구권협정상 청구권의 대상에 피징용 청구권도 포함됨을 분명히 하고 있다.

(3) 청구권협정 자체의 문언은 제1조에 따라 일본이 대한민국에 지급하기로 한 경제협력자금이 제2조에 의한 권리문제의 해결에 대한 대가인지에 관하여 명확하게 규정하고 있지는 아니하다.

그러나 앞에서 본 것처럼, ① 대한민국은 1961. 5. 10. 제5차 한일회담 예비회담 일반청구권소위원회 제13차 회의에서 피징용 청구권 관련하여 ‘생존자, 부상자, 사망자, 행방불명자 그리고 군인·군속을 포함한 피징용자 전반에 대한 보상’을 요구하며 ‘다른 국민을 강제적으로 동원함으로써 입힌 피징용자의 정신적·육체적 고통에 대한 보상'까지도 적극적으로 요청하였을 뿐만 아니라, 1961. 12. 15. 제6차 한일회담 예비회담 일반 청구권소위원회 제7차 회의에서 강제동원으로 인한 피해보상금을 구체적으로 3억 6,400만 달러로 산정하고 이를 포함하여 8개 항목에 대한 총 보상금 12억 2,000만 달러를 요구하였고, ② 제5차 한일회담 당시 대한민국이 위 요구액은 국가로서 청구하는 것이고 피해자 개인에 대한 보상은 국내에서 조치할 것이라고 주장하였으나 일본은 구체적인 징용·징병의 인원수나 증거자료를 요구하여 협상에 난항을 겪었으며, ③ 이에 일본은 증명의 곤란함 등을 이유로 유상과 무상의 경제협력의 형식을 취하여 금액을 상당한 정도로 올리고 그 대신 청구권을 포기하도록 하는 방안을 제안하였고, 대한민국은 순변제 및 무상조 등 2개 명목으로 금원을 수령하되 구체적인 금액은 항목별로 구분하지 않고 총액만을 표시하는 방법을 다시 제안함에 따라, ④ 이후 구체적인 조정 과정을 거쳐 1965. 6. 22. 제1조에서는 경제협력자금의 지원에 관하여 정하고 아울러 제2조에서는 권리관계의 해결에 관하여 정하는 청구권협정이 체결되었다.

이러한 청구권협정의 체결에 이르기까지의 경위 등에 비추어 보면, 청구권협정상 청구권의 대상에 포함된 피징용 청구권은 강제동원 피해자의 손해배상청구권까지도 포함한 것으로서, 청구권협정 제1조에서 정한 경제협력자금은 실질적으로 이러한 손해배상청구권까지 포함한 제2조에서 정한 권리관계의 해결에 대한 대가 내지 보상으로서의 성질을 그 안에 포함하고 있다고 보이고, 양국도 청구권협정 체결 당시 그와 같이 인식하였다고 봄이 타당하다.

(4) 8개 항목 중 제5항은 피징용 청구권과 관련하여 '보상금'이라는 용어만 사용하고 '배상금'이란 용어는 사용하고 있지 않다. 그러나 그 '보상'이 '식민지배의 적법성을 전제로 하는 보상'만을 의미한다고 보기는 어렵다. 위와 같이 협상 과정에서 양측이 보인 태도만 보더라도 양국 정부가 엄밀한 의미에서의 '보상'과 '배상'을 구분하고 있었다고는 보이지 않

는다. 오히려 양국은 '식민지배의 불법성을 전제로 한 배상'도 당연히 청구권협정의 대상에 포함시키는 것으로 상호 인식하고 있었다고 보인다.

(5) 그뿐 아니라 대한민국은 청구권협정에 의해 지급되는 자금을 사용하기 위한 기본적 사항을 정하기 위하여 청구권자금법 및 청구권신고법 등을 제정·시행하여, 일본에 의하여 노무자로 징용되었다가 1945. 8. 15. 이전에 사망한 자의 청구권을 청구권협정에 따라 보상하는 민간청구권에 포함시켜 그 피징용사망자에 대한 신고 및 보상 절차를 마쳤다. 이는 강제동원 피해자의 손해배상청구권이 청구권협정의 적용대상에 포함되어 있음을 전제로 한 것으로 보인다.

그리고 청구권협정 관련 일부 문서가 공개된 후 구성된 민관공동위원회도 2005. 8. 26. 청구권협정의 법적 효력에 관하여 공식의견을 표명하였는데, 일본국 위안부 문제 등 일본 정부와 군대 등 일본 국가권력이 관여한 반인도적 불법행위에 대해서는 청구권협정으로 해결되었다고 볼 수 없다고 하면서도, 강제동원 피해자의 손해배상청구권에 관하여는 '청구권협정을 통하여 일본으로부터 받은 무상 3억 달러에는 강제동원 피해보상 문제 해결 성격의 자금 등이 포괄적으로 감안되었다'고 보았다.

나아가 대한민국은 2007. 12. 10. 청구권자금법 등에 의하여 이루어진 강제동원 피해자에 대한 보상이 불충분하였다는 반성적인 고려에서 2007년 희생자지원법을 제정·시행하여, 1938. 4. 1.부터 1945. 8. 15.까지 사이에 일제에 의하여 노무자 등으로 국외로 강제동원된 희생자·부상자·생환자 등에 대하여 위로금을 지급하고, 강제동원되어 노무를 제공하였으나 일본 기업 등으로부터 지급받지 못한 미수금을 대한민국 통화로 환산하여 지급하였다.

이와 같이 대한민국은 청구권협정에 강제동원 피해자의 손해배상청구권이 포함되어 있음을 전제로 하여, 청구권협정 체결 이래 장기간 그에 따른 보상 등의 후속 조치를 취하였음을 알 수 있다.

(6) 이상의 내용, 즉 청구권협정 및 그에 관한 양해문서 등의 문언, 청

구권협정의 체결 경위나 체결 당시 추단되는 당사자의 의사, 청구권협정의 체결에 따른 후속 조치 등의 여러 사정들을 종합하여 보면, 강제동원 피해자의 손해배상청구권은 청구권협정의 적용대상에 포함된다고 봄이 타당하다.

그럼에도 이와 달리, 원고들의 피고에 대한 손해배상청구권이 청구권협정의 적용대상에 포함되었다고 보기 어렵다고 본 환송 후 원심의 이 부분 판단에는, 조약의 해석에 관한 법리 등을 오해한 잘못이 있다.

다. 그러나 위와 같은 잘못에도 불구하고, '원고들의 개인청구권 자체는 청구권협정만으로 당연히 소멸한다고 볼 수 없고, 다만 청구권협정으로 그 청구권에 관한 대한민국의 외교적 보호권이 포기됨으로써 일본의 국내 조치로 해당 청구권이 일본 내에서 소멸하여도 대한민국이 이를 외교적으로 보호할 수단을 상실하게 될 뿐이다'라는 환송 후 원심의 가정적 판단은 아래와 같은 이유에서 이를 수긍할 수 있다.

(1) 청구권협정에는 개인청구권 소멸에 관하여 한일 양국 정부의 의사 합치가 있었다고 볼 만큼 충분하고 명확한 근거가 없다.

과거 주권국가가 외국과 교섭을 하여 자국국민의 재산이나 이익에 관한 사항을 일괄적으로 해결하는 이른바 일괄처리협정(lump sum agreements)이 국제분쟁의 해결·예방을 위한 방식의 하나로 채택되어 왔던 것으로 보이기는 한다. 그런데 이러한 협정을 통해 국가가 '외교적 보호권(diplomatic protection)', 즉 '자국민이 외국에서 위법·부당한 취급을 받은 경우 그의 국적국이 외교절차 등을 통하여 외국 정부를 상대로 자국민에 대한 적당한 보호 또는 구제를 요구할 수 있는 국제법상의 권리'를 포기하는 것에서 더 나아가, 개인의 청구권까지도 완전히 소멸시킬 수 있다고 보려면, 적어도 해당 조약에 이에 관한 명확한 근거가 필요하다고 보아야 한다. 국가와 개인이 별개의 법적 주체라는 근대법의 원리는 국제법상으로도 받아들여지고 있는데, 권리의 '포기'를 인정하려면 그 권리자의 의사를 엄격히 해석하여야 한다는 법률행위 해석의 일반원칙에 의할 때, 개인의 권리를 국가가 나서서 대신 포기하려는 경우에는 이를 더욱 엄격하게 보아야 하기 때문이다.

그런데 청구권협정은 그 문언상 개인청구권 자체의 포기나 소멸에 관하여는 아무런 규정도 두고 있지 않다. 이 점에서 연합국과 일본 사이에 1951. 9. 8. 체결된 샌프란시스코 조약 제14조(b)에서 "연합국은 모든 보상청구, 연합국과 그 국민의 배상청구 및 군의 점령비용에 관한 청구를 모두 포기한다."라고 정하여 명시적으로 청구권의 포기(waive)라는 표현을 사용한 것과 구별된다. 물론 청구권에 관한 문제가 '완전히 그리고 최종적으로 해결된 것이 된다'는 표현이 사용되기는 하였으나, 위와 같은 엄격해석의 필요성에 비추어 이를 개인청구권의 '포기'나 '소멸'과 같은 의미로 보기는 어렵다.

앞서 든 증거들에 의하면, 청구권협정 체결을 위한 협상 과정에서 일본은 청구권협정에 따라 제공될 자금과 청구권 간의 법률적 대가관계를 일관되게 부인하였고, 청구권협정을 통해 개인청구권이 소멸되는 것이 아니라 국가의 외교적 보호권만이 소멸된다는 입장을 견지하였다. 이에 대한민국과 일본 양국은 청구권협정 체결 당시 향후 제공될 자금의 성격에 대하여 합의에 이르지 못한 채 청구권협정을 체결한 것으로 보인다. 따라서 청구권협정에서 사용된 '해결된 것이 된다'거나 주체 등을 분명히 하지 아니한 채 '어떠한 주장도 할 수 없는 것으로 한다'는 등의 문언은 의도적으로 사용된 것으로 보아야 하고, 이를 개인청구권의 포기나 소멸, 권리행사제한이 포함된 것으로 쉽게 판단하여서는 아니 된다.

이러한 사정 등에 비추어 보면, 청구권협정에서 양국 정부의 의사는 개인청구권은 포기되지 아니함을 전제로 정부 간에만 청구권 문제가 해결된 것으로 하자는 것, 즉 외교적 보호권에 한정하여 포기하자는 것이었다고 봄이 타당하다.

(2) 앞서 본 것처럼, 일본은 청구권협정 직후 일본국 내에서 대한민국 국민의 일본국 및 그 국민에 대한 권리를 소멸시키는 내용의 재산권조치

법을 제정·시행하였다. 이러한 조치는 청구권협정만으로는 대한민국 국민 개인의 청구권이 소멸하지 않음을 전제로 할 때 비로소 이해될 수 있다. 즉 앞서 본 바와 같이 청구권협정 당시 일본은 청구권협정을 통해 개인청구권이 소멸하는 것이 아니라 국가의 외교적 보호권만 포기된다고 보는 입장이었음이 분명하고, 협정의 상대방인 대한민국도 이러한 사정을 잘 알고 있었다고 보인다. 따라서 양국의 진정한 의사 역시도 외교적 보호권만 포기된다는 점에서 일치하고 있었다고 보는 것이 합리적이다.

대한민국이 1965. 7. 5. 발간한 '대한민국과 일본국 간의 조약 및 협정 해설'에는 청구권협정 제2조에 관하여 "재산 및 청구권 문제의 해결에 관한 조항으로 소멸되는 우리의 재산 및 청구권의 내용을 보면, 우리 측이 최초에 제시한 바 있는 8개 항목의 대일청구 요강에서 요구한 것은 모두 소멸케 되는바, 따라서 피징용자의 미수금 및 보상금, 한국인의 대일본 정부 및 일본 국민에 대한 각종 청구 등이 모두 완전히 그리고 최종적으로 소멸케 되는 것이다."라고 되어 있다. 이에 따르면, 당시 대한민국의 입장이 개인청구권까지도 소멸되는 것이었다고 볼 여지도 없는 것은 아니다. 그러나 위와 같이 당시 일본의 입장이 '외교적 보호권 한정 포기'임이 명백하였던 상황에서 대한민국의 내심의 의사가 위와 같았다고 하여 청구권협정에서 개인청구권까지 포기되는 것에 대한 의사의 합치가 있었다고 볼 수는 없다. 더욱이 이후 대한민국에서 청구권자금법 등 보상입법을 통하여 강제동원 피해자에 대하여 이루어진 보상 내역이 실제 피해에 대비하여 극히 미미하였던 점에 비추어 보더라도, 대한민국의 의사가 청구권협정을 통해 개인청구권까지도 완전히 포기시키겠다는 것이었다고 단정하기도 어렵다.

(3) 일괄처리협정의 효력 및 해석과 관련하여 국제사법재판소(ICJ)가 2012. 2. 3. 선고한 녹일 대 이탈리아 주권면제 사건(Jurisdictional Immunities of the State, Germany v. Italy: Greece intervening)이 국제법적인 관점에서 논의되고 있다. 그러나 다른 많은 쟁점은 차치하더라도,

1961. 6. 2. 이탈리아와 서독 사이에 체결된「특정 재산 관련, 경제적·재정적 문제의 해결에 관한 협정(Treaty on the Settlement of certain property-related, economic and financial questions)」및「나치의 박해를 받은 이탈리아 국민들에 대한 보상에 관한 협정(Agreement on Compensation for Italian Nationals Subjected to National-Socialist Measures of Persecution)」이 체결된 경위, 그 내용이나 문언이 청구권협정의 그것과 같지 아니하므로 청구권협정을 이탈리아와 서독 사이의 위 조약과 단순 비교하는 것은 타당하지 아니하다.

라. 결국, 원고들의 피고에 대한 손해배상청구권이 청구권협정의 적용대상에 포함되지 않는다고 한 다수의견의 입장에는 동의할 수 없지만, 청구권협정에도 불구하고 원고들이 피고를 상대로 강제동원 피해에 대한 손해배상청구권을 행사할 수 있다고 본 환송 후 원심의 결론은 타당하다. 거기에 이 부분 상고이유 주장과 같이 청구권협정의 효력, 대한민국 국민의 일본 국민에 대한 개인청구권의 행사가능성에 관한 법리 등을 오해한 잘못이 없다.

10. 대법관 권순일, 대법관 조재연의 반대의견

가. 대법관 김소영, 대법관 이동원, 대법관 노정희의 별개의견(이하 '별개의견2'라고 한다)이 상고이유 제3점에 관하여, 청구권협정의 해석상 원고들의 손해배상청구권이 청구권협정의 적용대상에 포함된다는 입장을 취한 데 대해서는 견해를 같이한다.

그러나 별개의견2가 청구권협정으로 대한민국의 외교적 보호권만이 포기된 것에 불과하다고 보아 원고들이 대한민국에서 피고를 상대로 소로써 권리를 행사할 수 있다고 판단한 것은 동의하기 어렵다. 그 이유는 다음과 같다.

나. 청구권협정 제2조 1.은 "… 양 체약국 및 그 국민 간의 청구권에 관한 문제가 … 완전히 그리고 최종적으로 해결된 것이 된다는 것을 확인한다."라고 규정하고 있다. 여기서 '완전히 그리고 최종적으로 해결된 것이 된다'라는 문언의 의미가 무엇인지, 즉 청구권협정으로 양 체약국이 그 국민의 개인청구권에 관한 외교적 보호권만을 포기한다는 의미인지 또는 그 청구권 자체가 소멸한다는 의미인지, 아니면 양 체약국 국민이 더 이상 소로써 청구권을 행사할 수 없다는 의미인지는 기본적으로 청구권협정의 해석에 관한 문제이다.

(1) 헌법에 의하여 체결·공포된 조약과 일반적으로 승인된 국제법규는 국내법과 같은 효력을 가진다(헌법 제6조 제1항). 그리고 구체적 사건에서 당해 법률 또는 법률조항의 의미·내용과 적용 범위를 정하는 권한, 곧 법령의 해석·적용 권한은 사법권의 본질적 내용을 이루는 것으로서, 이는 대법원을 최고법원으로 하는 법원에 전속한다(대법원 2009. 2. 12. 선고 2004두10289 판결 참조).

청구권협정은 1965. 8. 14. 대한민국 국회에서 비준 동의되어 1965. 12. 18. 조약 제172호로 공포되었으므로 국내법과 같은 효력을 가진다. 그러므로 청구권협정의 의미·내용과 적용 범위는 법령을 최종적으로 해석할 권한을 가진 최고법원인 대법원에 의하여 최종적으로 정하여질 수밖에 없다.

(2) 조약의 해석은 1969년 체결된 '조약법에 관한 비엔나협약(Vienna Convention on the Law of Treaties, 이하 '비엔나협약'이라 한다)'을 기준으로 한다. 비엔나협약은 대한민국에 대하여는 1980. 1. 27., 일본에 대하여는 1981. 8. 1. 각각 발효된 것이기는 하나, 그 발효 이전에 이미 형성되어 있던 국제관습법을 규정한 것이므로 청구권협정을 해석할 때 비엔나협약을 적용하더라도 시제법상 문제는 없다.

비엔나협약 제31조(해석의 일반규칙)에 의하면, 조약은 전문 및 부속서를 포함한 조약문의 문맥 및 조약의 대상과 목적에 비추어 그 조약의 문언에 부여되는 통상적 의미에 따라 성실하게 해석하여야 한다. 여기에서 조약의 해석상 문맥이라고 할 때에는 조약문 외에 조약의 체결과 관련하여 당사국 사이에 이루어진 그 조약에 관한 합의 등을 포함한다. 그리고 비엔나협약 제32조(해석의 보충적 수단)에 의하면, 제31조의 적용으로부터 도출되는 의미를 확인하기 위해 또는 제31조에 따라 해석하면 의미가 모호해지거나 또는 애매하게 되는 경우, 명확하게 불합리하거나 또는 부당한 결과를 초래하는 경우에는 그 의미를 결정하기 위해 조약의 준비작업 또는 조약 체결 시의 사정을 포함한 해석의 보충적 수단에 의존할 수 있다.

(3) 청구권협정 전문은 "양국 및 양국 국민의 재산과 양국 및 양국 국민 간의 청구권에 관한 문제를 해결할 것을 희망하고"라고 전제하고, 제2조 1.은 "양 체약국은 양 체약국 및 그 국민(법인을 포함함)의 재산, 권리 및 이익과 양 체약국 및 그 국민 간의 청구권에 관한 문제가 … 평화조약 제4조(a)에 규정된 것을 포함하여 완전히 그리고 최종적으로 해결된 것이 된다는 것을 확인한다."라고 규정하고 있으며, 제2조 3.은 "… 일방 체약국 및 그 국민의 타방 체약국 및 그 국민에 대한 모든 청구권으로서 … 어떠한 주장도 할 수 없는 것으로 한다."라고 규정하였다. 또한 청구권협정에 대한 합의의사록(Ⅰ)은 청구권협정 제2조에 관하여 "동조 1.에서 말하는 완전히 그리고 최종적으로 해결된 것으로 되는 양국 및 그 국민의 재산, 권리 및 이익과 양국 및 그 국민 간의 청구권에 관한 문제에는 한일회담에서 한국 측으로부터 제출된 '한국의 대일청구요강'(소위 8개 항목)의 범위에 속하는 모든 청구가 포함되어 있고, 따라서 동 대일청구요강에 관하여는 어떠한 주장도 할 수 없게 됨을 확인하였다."라고 정하였고, 대일청구요강 8개 항목 중에는 '피징용한국인의 미수금, 보상금 및 기타 청구권의 변제청구'가 포함되어 있다.

위와 같은 청구권협정 제2조, 청구권협정에 대한 합의의사록(Ⅰ) 등의 문언, 문맥 및 청구권협정의 대상과 목적 등에 비추어 청구권협정 제2조를 그 문언에 부여되는 통상적 의미에 따라 해석하면, 제2조 1.에서 '완전히 그리고 최종적으로 해결된 것'은 대한민국 및 대한민국 국민의 일본 및 일본 국민에 대한 모든 청구권과 일본 및 일본 국민의 대한민국 및 대한민국 국민에 대한 모든 청구권에 관한 문제임이 분명하고, 제2조 3.에서 모든 청구권에 관하여 '어떠한 주장도 할 수 없는 것으로 한다'라고 규정하고 있는 이상, '완전히 그리고 최종적으로 해결된 것이 된다'라는 문언의 의미는 양 체약국은 물론 그 국민도 더 이상 청구권을 행사할 수 없게 되었다는 뜻으로 보아야 한다.

(4) 국제법상 국가의 외교적 보호권(diplomatic protection)이란, 외국에서 자국민이 위법·부당한 취급을 받았으나 현지 기관을 통한 적절한 권리구제가 이루어지지 않을 경우에 최종적으로 그의 국적국이 외교절차나 국제적 사법절차를 통하여 외국 정부를 상대로 자국민에 대한 적당한 보호 또는 구제를 요구할 수 있는 권리이다. 외교적 보호권의 행사 주체는 피해자 개인이 아니라 그의 국적국이며, 외교적 보호권은 국가 사이의 권리의무에 관한 문제일 뿐 국민 개인의 청구권 유무에 직접 영향을 미치지 아니한다.

그런데 앞서 살펴본 것처럼, 청구권협정 제2조는 대한민국 국민과 일본 국민의 상대방 국가 및 그 국민에 대한 청구권까지 대상으로 하고 있음이 분명하므로 청구권협정을 국민 개인의 청구권과는 관계없이 양 체약국이 서로에 대한 외교적 보호권만을 포기하는 내용의 조약이라고 해석하기 어렵다. 또한 청구권협정 제2조 1.에서 규정한 '완전히 그리고 최종적으로 해결된 것'이라는 문언은 청구권에 관한 문제가 체약국 사이에서는 물론 그 국민들 사이에서도 완전하고도 최종적으로 해결되었다는 뜻으로 해석하는 것이 그 문언의 통상적 의미에 부합하고, 단지 체약국 사이에서 서로 외교적 보호권을 행사하지 않기로 한다는 의미로 읽히지 않는다.

(5) 일본은 청구권협정 체결 이후 청구권협정으로 양 체약국 국민의

개인청구권이 소멸하는 것이 아니라 양 체약국이 외교적 보호권만을 포기한 것이라는 입장을 취해 왔다. 이는 일본 정부가 자국 국민에 대한 보상의무를 회피하기 위하여 '재한청구권에 대하여 외교적 보호권을 포기하였다'는 입장을 취한 데에서 비롯된 것이다. 그러나 아래에서 보는 바와 같이 대한민국은 처음부터 대일청구요강 8개 항목을 제시하면서 강제징용 피해자에 대한 보상을 요구하였고, 청구권자금의 분배는 전적으로 국내법상의 문제라는 입장을 취하였으며, 이러한 입장은 청구권협정 체결 당시까지 유지되었다.

앞서 본 사실관계 및 기록에 의하면 다음과 같은 사실을 알 수 있다. 즉, ① 대한민국 측은 1952. 2. 15. 제1차 한일회담에서부터 8개 항목을 일본 측에 제시하였고, 1961. 5. 10. 제5차 한일회담 예비회담 일반청구권소위원회 제13차 회의에서 8개 항목 중 제5항과 관련하여 '강제징용으로 피해를 입은 개인에 대한 보상'을 일본 측에 요구하였으며, 개인의 피해에 대한 보상을 요구하는 것인지에 대한 일본 측의 질의에 대하여 '나라로서 청구하는 것이며 피해자 개인에 대한 보상은 국내에서 조치할 성질의 것'이라는 입장을 밝혔다. ② 1961. 12. 15. 제6차 한일회담 예비회담 일반청구권소위원회 제7차 회의에서 대한민국 측은 일본 측에 8개 항목에 대한 보상으로 총 12억 2,000만 달러를 요구하면서 그중 강제동원에 대한 피해보상금을 3억 6,400만 달러로 산정하여 제시하였다. ③ 청구권협정 체결 직후인 1965. 7. 5. 대한민국 정부가 발간한 '대한민국과 일본국 간의 조약 및 협정 해설'에는 "재산 및 청구권 문제의 해결에 관한 조항으로 소멸되는 우리의 재산 및 청구권의 내용을 보면, 우리 측이 최초에 제시한 바 있는 8개 항목의 대일청구요강에서 요구한 것은 모두 소멸케 되는바, 따라서 … 피징용자의 미수금 및 보상금, … 한국인의 대일본 정부 및 일본 국민에 대한 각종 청구 등이 모두 완전히 그리고 최종적으로 소멸케 되는 것이다."라고 기재되어 있다. ④ 1965. 8. 장기영 경제기획원장관은 청구권협정 제1조의 무상 3억 달러는 실질적으로 피해국민에 대한 배상적인 성격을 가진 것이라는 취지의 발언을 하였다. ⑤ 청구권협정 체결 후 대한민국은 청구권자금법, 청구권신고법, 청구권보상법, 2007년 및 2010년 희생자지원법 등을 제정하여 강제징용 피해자에 대한 보상금을 지급하였다. 2010년 희생자지원법에 따라 설치된 '대일항쟁기 강제동원 피해조사 및 국외강제동원희생자 등 지원위원회'의 결정(전신인 '태평양전쟁 전후 국외 강제동원희생자 지원위원회'의 결정을 포함한다)을 통하여 2016. 9.경까지 지급된 위로금 등의 내역을 살펴보면, 사망·행방불명 위로금 3,601억 원, 부상장해 위로금 1,022억 원, 미수금지원금 522억 원, 의료지원금 1인당 연 80만 원 등 5,500억 원가량이 된다.

이러한 사실을 종합하여 보면, 청구권협정 당시 대한민국은 청구권협정으로 강제징용 피해자의 개인청구권도 소멸되거나 적어도 그 행사가 제한된다는 입장을 취하였음을 알 수 있다. 그러므로 청구권협정 당시 양국의 진정한 의사가 외교적 보호권만을 포기한다는 데에 일치하고 있었던 것도 아니다.

(6) 한편 국제법상 전후 배상문제 등과 관련하여 주권국가가 외국과 교섭을 하여 자국국민의 재산이나 이익에 관한 사항을 국가 간 조약을 통하여 일괄적으로 해결하는 이른바 '일괄처리협정(lump sum agreements)'은 국제분쟁의 해결·예방을 위한 방식의 하나로서, 청구권협정 체결 당시 국제관습법상 일반적으로 인정되던 조약 형식이다.

일괄처리협정은 국가가 개인의 청구권 등을 포함한 보상 문제를 일괄 타결하는 방식이므로, 그 당연한 전제로 일괄처리협정에 의하여 국가가 상대국으로부터 보상이나 배상을 받았다면 그에 따라 자국민 개인의 청구권은 소멸되는 것으로 처리되고, 이때 그 자금이 실제로 피해국민에 대한 보상 용도로 사용되지 아니하였다고 하더라도 마찬가지이다[국제사법재판소(ICJ)가 2012. 2. 3. 선고한 독일 대 이탈리아 주권면제 사건 (Jurisdictional Immunities of the State, Germany v. Italy: Greece intervening),

이른바 '페리니(Ferrini) 사건' 판결 참조].

청구권협정에 관하여도 대한민국은 일본으로부터 강제동원 피해자의 손해배상청구권을 포함한 대일청구요강 8개 항목에 관하여 일괄보상을 받고, 청구권자금을 피해자 개인에게 보상의 방법으로 직접 분배하거나 또는 국민경제의 발전을 위한 기반시설 재건 등에 사용함으로써 이른바 '간접적으로' 보상하는 방식을 채택하였다. 이러한 사정에 비추어 볼 때, 청구권협정은 대한민국 및 그 국민의 청구권 등에 대한 보상을 일괄적으로 해결하기 위한 조약으로서 청구권협정 당시 국제적으로 통용되던 일괄처리협정에 해당한다고 볼 수 있다. 이 점에서도 청구권협정이 국민 개인의 청구권과는 관계없이 단지 양 체약국이 국가의 외교적 보호권만을 포기하기로 하는 합의를 담은 조약이라고 해석하기는 어렵다.

다. 청구권협정 제2조에서 규정하고 있는 '완전하고도 최종적인 해결'이나 '어떠한 주장도 할 수 없는 것으로 한다.'라는 문언의 의미는 개인청구권의 완전한 소멸까지는 아니더라도 '대한민국 국민이 일본이나 일본 국민을 상대로 소로써 권리를 행사하는 것은 제한된다'는 뜻으로 해석하는 것이 타당하다.

(1) 청구권협정은 그 문언상 개인청구권 자체의 포기나 소멸에 관하여는 직접 정하고 있지 않다. 이 점에서 샌프란시스코 조약 제14조(b)에서 "연합국은 모든 보상청구, 연합국과 그 국민의 배상청구 및 군의 점령비용에 관한 청구를 모두 포기한다."라고 정하여 명시적으로 청구권의 포기(waive)라는 표현을 사용한 것과 구별된다. 그러므로 청구권협정에 따라 개인청구권이 실체법적으로 완전히 소멸되거나 포기되었다고 보기 어렵다는 데에는 별개의견2와 견해를 같이한다.

(2) 청구권협정 제2조 1.은 청구권에 관한 문제가 '완전히 그리고 최종적으로 해결된 것이 된다는 것을 확인한다.'라고 규정하고 있고, '완전하고도 최종적인 해결'에 이르는 방식은 제2조 3.에서 규정하고 있는 '어떠

한 주장도 할 수 없는 것으로 한다.'라는 문언에 의하여 실현된다. 즉 '어떠한 주장도 할 수 없는 것'이라는 방법을 통하여 청구권 문제의 '완전하고도 최종적인 해결'을 기하고 있다. 그런데 '어떠한 주장도 할 수 없는 것으로 한다.'라는 문언의 의미는 앞서 살펴본 것처럼 청구권에 관한 대한민국의 외교적 보호권만을 포기한다는 뜻으로 해석할 수 없고, 그렇다고 청구권 자체가 실체법적으로 소멸되었다는 의미라고 단정하기도 어렵다. 그렇다면 '어떠한 주장도 할 수 없는 것으로 한다.'라는 문언의 의미는 결국 '대한민국 국민이 일본이나 일본 국민을 상대로 소로써 권리를 행사하는 것이 제한된다'는 뜻으로 해석할 수밖에 없다.

(3) 앞서 본 것처럼 대한민국은 청구권협정 체결 후 청구권보상법, 2007년 및 2010년 희생자지원법 등을 제정하여 강제징용 피해자들에게 보상금을 지급하였다. 이는 청구권협정에 따라 대한민국 국민이 소송으로 청구권을 행사하는 것이 제한된 결과 대한민국이 이를 보상할 목적으로 입법조치를 한 것이다. '외교적 보호권 한정 포기설'에 따르면 대한민국이 위와 같은 보상 조치를 취할 이유를 찾기 어렵다.

라. (1) 별개의견2가 대한민국에서 청구권자금법 등 보상입법을 통하여 강제동원 피해자에 대하여 이루어진 보상 내역이 실제 피해에 대비하여 매우 미흡하였다는 점을 들어 청구권협정의 효력을 해석하는 근거로 삼는 것도 받아들이기 어렵다. 앞서 본 것처럼 '일괄처리협정(lump sum agreements)'에 따라 국가가 보상이나 배상을 받았다면 그 국민은 상대국 또는 그 국민에 대하여 개인청구권을 행사할 수 없는 것이고, 이는 지급받은 자금이 실제로는 피해국민에 대한 보상 용도로 사용되지 않았더라도 달리 볼 수 없기 때문이다.

(2) 일제강점기에 일본이 불법적인 식민지배와 침략전생 수행을 위해 강제징용 피해자들에게 가한 고통에 비추어 볼 때, 대한민국이 피해자들에게 한 보상이 매우 미흡한 것은 사실이다. 대한민국은 2006. 3. 9. 청구

권보상법에 근거한 강제동원 피해자 보상이 불충분함을 인정하고 추가 보상 방침을 밝힌 후 2007년 희생자지원법을 제정하였고, 이후 2010년 희생자지원법을 추가 제정하였다. 그러나 이러한 추가적인 보상조치에 의하더라도 국내강제동원 피해자는 당초부터 위로금 지급대상에 포함되지 않았고, 국외강제동원 생환자에 대하여는 2007년 희생자지원법 제정 당시 국회에서 1인당 500만 원의 위로금을 지급하는 내용의 법안이 의결되었으나, 추가적인 재정부담 등을 이유로 대통령이 거부권을 행사하여 결국 그들에 대한 위로금 지급은 이루어지지 않았다.

(3) 일본 정부가 청구권협정의 협상 과정에서 식민지배의 불법성을 인정하지 않고 있던 상황에서 대한민국 정부가 청구권협정을 체결한 것이 과연 옳았는지 등을 포함하여 청구권협정의 역사적 평가에 관하여 아직도 논란이 있는 것은 사실이다. 그러나 청구권협정이 헌법이나 국제법을 위반하여 무효라고 볼 것이 아니라면 그 내용이 좋든 싫든 그 문언과 내용에 따라 지켜야 하는 것이다. 청구권협정으로 개인청구권을 더 이상 행사할 수 없게 됨으로써 피해를 입은 국민에게 지금이라도 국가는 정당한 보상을 하여야 한다. 대한민국이 이러한 피해국민에 대하여 지는 책임은 법적 책임이지 이를 단순히 인도적·시혜적 조치로 볼 수는 없다. 대한민국은 피해국민의 소송 제기 여부와 관계없이 정당한 보상이 이루어지도록 할 책무가 있으며 이러한 피해국민에 대하여 대한민국이 소송에서 그 소멸시효 완성 여부를 다툴 것도 아니라고 본다.

마. 결국, 대한민국 국민이 일본 또는 일본 국민에 대하여 가지는 개인청구권은 청구권협정에 의하여 바로 소멸되거나 포기되었다고 할 수는 없지만 소송으로 이를 행사하는 것은 제한되게 되었으므로, 원고들이 일본 국민인 피고를 상대로 국내에서 강제동원으로 인한 손해배상청구권을 소로써 행사하는 것 역시 제한된다고 보는 것이 옳다.

이와 다른 취지로 판시한 원심의 판단에는 청구권협정의 적용 범위 및 효력 등에 관한 법리를 오해한 잘못이 있고, 원심이 근거로 삼은 환송판결의 청구권협정에 관한 견해 역시 이에 배치되는 범위 내에서 변경되어야 한다.

이상과 같은 이유로 다수의견에 반대한다.

11. 대법관 김재형, 대법관 김선수의 다수의견에 대한 보충의견

가. 원고들이 주장하는 피고에 대한 손해배상청구권, 즉 '강제동원 위자료청구권'이 청구권협정의 대상에 포함되지 않는다고 하는 다수의견의 입장은 조약의 해석에 관한 일반원칙에 따른 것으로서 타당하다. 그구체적인 이유는 다음과 같다.

나. 조약 해석의 출발점은 조약의 문언이다. 당사자들이 조약을 통해 달성하고자 하는 의도가 문언으로 나타나기 때문이다. 따라서 조약의 문언이 가지는 통상적인 의미를 밝히는 것이 조약의 해석에서 가장 중요한 일이다. 그러나 당사자들이 공통적으로 의도한 것으로 확정된 내용이 조약 문언의 의미와 다른 경우에는 그 의도에 따라 조약을 해석하여야 한다.

이때 문언의 사전(辭典)적인 의미가 명확하지 않은 경우에는 문맥, 조약의 목적, 조약 체결 과정을 비롯한 체결 당시의 여러 사정뿐만 아니라 조약 체결 이후의 사정도 종합적으로 고려하여 조약의 의미를 합리적으로 해석하여야 한다. 다만 조약 체결 과정에서 이루어진 교섭 과정이나 체결 당시의 사정은 조약의 특성상 조약을 해석하는 데 보충적으로 고려해야 한다.

한편 조약이 국가가 아닌 개인의 권리를 일방적으로 포기하는 것과 같은 중대한 불이익을 부과하는 경우에는 약정의 의미를 엄격하게 해석하여야 하고, 그 의미가 불분명한 경우에는 개인의 권리를 포기하지 않는 것으로 보아야 한다. 개인의 권리를 포기하도록 조약을 체결하고자 한다

면 이를 명확하게 인식하고 조약의 문언에 포함시킴으로써 개개인들이 그러한 사정을 알 수 있어야 하기 때문이다.

1969년에 체결된 비엔나협약은 대한민국에 대해서는 1980. 1. 27., 일본에 대해서는 1981. 8. 1. 발효되었기 때문에, 이 협약은 1965년에 체결된 청구권협정 해석의 기준으로 곧바로 적용할 수는 없다. 다만 조약 해석에 관한 비엔나협약의 주요 내용은 기존의 국제관습법을 반영한 것이라고 볼 수 있으므로, 청구권협정을 해석하는 데도 참고할 수 있다. 조약의 해석기준에 관한 다수의견은 비엔나협약의 주요 내용을 반영한 것으로서, 조약 해석에 관한 일반원칙과 다르지 않다. 다만 비엔나협약이 청구권협정에 직접 적용되는 것은 아니므로, 청구권협정을 해석할 때 비엔나협약을 문구 그대로 따라야 하는 것은 아니다.

다. 이 사건의 주된 쟁점은 청구권협정 전문과 제2조에 나오는 '청구권'의 의미를 어떻게 해석할 것인지이다. 구체적으로는 위 '청구권'에 '일본 정부의 한반도에 대한 불법적인 식민지배·침략전쟁의 수행과 직결된 일본 기업의 반인도적인 불법행위를 전제로 하는 강제동원 피해자의 일본 기업에 대한 정신적 손해배상청구권', 즉 '강제동원 위자료청구권'이 포함되는지 여부가 문제 된다.

청구권협정에서는 '청구권'이 무엇을 뜻하는지 따로 정하고 있지 않다. 청구권은 매우 다양한 의미로 사용될 수 있는 용어이다. 이 용어에 불법행위에 기한 손해배상청구권, 특히 이 사건에서 문제 되는 강제동원 위자료청구권까지 일반적으로 포함된다고 단정할 수 없다.

그러므로 청구권협정의 문맥이나 목적 등을 함께 살펴보아야 한다. 우선 청구권협정 제2조에서 샌프란시스코 조약 제4조(a)를 명시적으로 언급하고 있으므로, 샌프란시스코 조약 제4조가 청구권협정의 기초가 되었다는 것에는 별다른 의문이 없다. 즉 청구권협정은 기본적으로 샌프란시스코 조약 제4조(a)에서 말하는 '일본의 통치로부터 이탈된 지역(대한민국도 이에 해당)의 시정 당국·국민과 일본·일본 국민 간의 재산상 채권·채무관계'를 해결하기 위한 것이다. 그런데 이러한 '채권·채무관계'는 일본 식민지배의 불법성을 전제로 하는 것이 아니고, 그러한 불법행위와 관련된 손해배상청구권이 포함된 것도 아니다. 특히 샌프란시스코 조약 제4조(a)에서는 '재산상 채권·채무관계'에 관하여 정하고 있기 때문에, 정신적 손해배상청구권이 포함될 여지는 없다고 보아야 한다.

샌프란시스코 조약을 기초로 열린 제1차 한일회담에서 한국 측이 제시한 8개 항목은 다음과 같다. '① 1909년부터 1945년까지 사이에 일본이 조선은행을 통하여 대한민국으로부터 반출하여 간 지금(地金) 및 지은(地銀)의 반환청구, ② 1945. 8. 9. 현재 및 그 이후 일본의 대(對) 조선총독부 채무의 변제청구, ③ 1945. 8. 9. 이후 대한민국으로부터 이체 또는 송금된 금원의 반환청구, ④ 1945. 8. 9. 현재 대한민국에 본점, 본사 또는 주사무소가 있는 법인의 재일(在日) 재산의 반환청구, ⑤ 대한민국 법인 또는 대한민국 자연인의 일본은행권, 피징용한국인의 미수금, 보상금 및 기타 청구권의 변제청구, ⑥ 한국인의 일본국 또는 일본인에 대한 청구로서 위 ① 내지 ⑤에 포함되지 않은 것은 한일회담 성립 후 개별적으로 행사할 수 있음을 인정할 것, ⑦ 전기(前記) 여러 재산 또는 청구권에서 발생한 여러 과실(果實)의 반환청구, ⑧ 전기(前記) 반환 및 결제는 협정성립 후 즉시 개시하여 늦어도 6개월 이내에 완료할 것'이다.

위 8개 항목에 명시적으로 열거된 것은 모두 재산에 관한 것이다. 따라서 위 제5항에서 열거된 것도 가령 징용에 따른 노동의 대가로 지급되는 임금 등 재산상 청구권에 한정된 것이고 불법적인 강제징용에 따른 위자료청구권까지 포함된 것으로 볼 수는 없다. 더욱이 여기에서 말하는 '징용'이 국민징용령에 따른 징용만을 의미하는지 아니면 원고들과 같이 모집방식 또는 관 알선방식으로 이루어진 강제동원까지 포함되는지 넝확한 것도 아니다. 또한 제5항은 '보상금'이라는 용어를 사용하고 있는데, 이는 징용이 적법하다는 전제에서 사용한 용어로서 불법성을 전제로 한 위자료가 포함될 수 없음은 명백하다. 당시 대한민국과 일본의 법제는 '보상'은 적법한 행위로 인한 손실을 전보하는 것이고 '배상'은 불법행위로 인한 손해를 전보하는 것으로 명확하게 구별하여 사용하고 있었다. 청구권협정 직전에 대한민국 정부가 발간한 '한일회담백서'에서도 '배상청구는 청구권 문제에 포함되지 않는다.'고 설명하였다. '기타'라는 용어도 앞에 열거한 것과 유사한 부수적인 것이라고 보아야 하므로, 강제동원 위자료청구권을 포함한다고 보는 것은 지나친 해석이다.

청구권협정에 대한 합의의사록(Ⅰ)에서는 청구권협정에서 완전히 그리고 최종적으로 '해결되는 것으로 되는' 청구권에 8개 항목의 범위에 속하는 모든 청구가 포함된다고 정하고 있지만, 위와 같이 위 제5항의 '피징용한국인의 미수금, 보상금 및 기타 청구권의 변제청구'가 일본 식민지배의 불법성을 전제로 한 것으로 볼 수 없으므로, 강제동원 위자료청구권이 여기에 포함된다고 볼 수 없다.

결국, 청구권협정, 청구권협정에 대한 합의의사록(Ⅰ)의 문맥, 청구권협정의 목적 등에 비추어 청구권협정의 문언에 나타난 통상적인 의미에 따라 해석할 경우 청구권협정에서 말하는 '청구권'에 강제동원 위자료청구권까지 포함된다고 보기는 어렵다.

라. 위와 같은 해석 방법만으로는 청구권협정의 의미가 분명하지 않아 교섭 기록과 체결 시의 여러 사정 등을 고려하여 그 의미를 밝혀야 한다고 하더라도, 위와 같은 결론이 달라지지 않는다.

우선 청구권협정 체결 당시 양국의 의사가 어떠하였는지를 살펴볼 필요가 있다. 일반적인 계약의 해석과 마찬가지로 조약의 해석에서도, 밖으로 드러난 표시에도 불구하고 양국의 내심의 의사가 일치하고 있었다면 그 진의에 따라 조약의 내용을 해석하는 것이 타당하다. 만일 청구권협정 당시 양국 모두 강제동원 위자료청구권과 같은 일본 식민지배의 불법성을 전제로 하는 청구권도 청구권협정에 포함시키기로 하는 의사가 일치하고 있었다고 볼 수 있다면, 청구권협정에서 말하는 '청구권'에 강제동원 위자료청구권도 포함된다고 볼 수 있다.

그러나 일본 정부가 청구권협정 당시는 물론 현재까지도, 강제동원 과정에서 반인도적인 불법행위가 자행되었다는 점은 물론 식민지배의 불법성에 대해서도 인정하지 않고 있음은 주지의 사실이다. 또한 청구권협정 당시 일본 측이 강제동원 위자료청구권을 청구권협정의 대상으로 삼았다고 볼 만한 자료도 없다. 당시 강제동원 위자료청구권의 존재 자체도 인정하지 않고 있던 일본 정부가 청구권협정에 이를 포함시키겠다는 내심의 의사를 가지고 있었다고 볼 수 없다.

이는 청구권협정 당시 대한민국 정부도 마찬가지였다고 보는 것이 합리적이다. 다수의견에서 본 것처럼, 청구권협정 체결 직전인 1965. 3. 20. 대한민국 정부가 발간한 공식 문서인 '한일회담백서'에서는 샌프란시스코 조약 제4조가 한·일 간 청구권 문제의 기초가 되었다고 명시하고 있고, 나아가 '위 제4조의 대일청구권은 승전국의 배상청구권과 구별된다. 대한민국은 샌프란시스코 조약의 조인당사국이 아니어서 제14조 규정에 의한 승전국이 향유하는 손해와 고통에 대한 배상청구권을 인정받지 못하였다. 이러한 한·일 간 청구권 문제에는 배상청구를 포함시킬 수 없다.'는 설명까지 하고 있다.

한편 위와 같은 청구권협정 체결 당시의 상황 외에 체결 이후의 사정도 보충적으로 조약 해석의 고려요소가 될 수 있는데, 이에 따르더라도 청구권협정에서 말하는 '청구권'에 강제동원 위자료청구권이 포함된다고 볼 수 없다는 점이 뒷받침된다. 청구권협정 이후 대한민국은 청구권자금법, 청구권신고법, 청구권보상법을 통해 1977. 6. 30.까지 피징용사망자 8,552명에게 1인당 30만 원씩 총 25억 6,560만 원을 지급하였다. 이는 위 8개 항목 중 제5항의 '피징용한국인의 미수금, 보상금 및 기타 청구권의 변제청구'가 청구권협정의 대상에 포함됨에 따른 후속조치로 보일 뿐이므로, 강제동원 위자료청구권에 대한 변제라고 보기는 어렵다.

더욱이 그 보상 대상자도 '일본국에 의하여 군인·군속 또는 노무자로 소집 또는 징용되어 1945. 8. 15. 이전에 사망한 자'로 한정되어 있었다. 또한 이후 대한민국은 2007년 희생자지원법 등을 통해 이른바 '강제동원희생자'에게 위로금이나 지원금을 지급하기는 하였으나, 해당 법률에서 그 명목이 '인도적 차원'의 것임을 명시하였다. 이러한 대한민국의 조치는, 청구권협정에 강제동원 위자료청구권은 포함되어 있지 않고 대한민국이 청구권협정 자금으로 강제동원 위자료청구권자에 대하여 법적인 지급의무를 부담하지 않음을 전제로 하는 것으로 볼 수밖에 없다.

마. 국가 간 조약을 통해서 국민 개개인이 상대국이나 상대국의 국민에 대해서 가지는 권리를 소멸시키는 것이 국제법상 허용된다고 하더라도, 이를 인정하기 위해서는 해당 조약에서 이를 명확하게 정하고 있어야 한다. 더욱이 이 사건과 같이 국가와 그 소속 국민이 관여한 반인도적인 불법행위로 인한 손해배상청구권, 그중에서도 정신적 손해에 대한 위자료청구권의 소멸과 같은 중대한 효과를 부여하고자 하는 경우에는 조약의 의미를 더욱 엄격하게 해석하여야 한다.

샌프란시스코 조약 제14조가 일본에 의해 발생한 '손해와 고통'에 대한 '배상청구권'과 그 '포기'를 명확하게 정하고 있는 것과 달리, 청구권협정은 '재산상 채권·채무관계'만을 언급하고 있을 뿐이고, 청구권협정의 대상에 불법행위로 인한 '손해와 고통'에 대한 '배상청구권'이 포함된다거나 그 배상청구권에 대한 '포기'를 명확하게 정하고 있지 않다.

일본 정부의 한반도에 대한 불법적인 식민지배와 침략전쟁의 수행과 직결된 일본 기업의 반인도적인 불법행위로 강제 동원되어 인간으로서의 존엄과 가치를 존중받지 못한 채 온갖 노동을 강요당했던 피해자인 원고들은 정신적 손해배상을 받지 못하고 여전히 고통 받고 있다. 대한민국 정부와 일본 정부가 강제동원 피해자들의 정신적 고통을 지나치게 가볍게 보고 그 실상을 조사·확인하려는 노력조차 하지 않은 채 청구권협정을 체결한 것일 수도 있다. 청구권협정에서 강제동원 위자료청구권에 관하여 명확하게 정하지 않은 책임은 협정을 체결한 당사자들이 부담해야 하는 것이고 이를 피해자들에게 전가해서는 안 된다.

이상과 같은 이유로 다수의견의 논거를 보충하고자 한다.

재판장	대법원장	김명수
주심	대법관	김소영
	대법관	조희대
	대법관	권순일
	대법관	박상옥
	대법관	이기택
	대법관	김재형
	대법관	조재연
	대법관	박정화
	대법관	민유숙
	대법관	김선수
	대법관	이동원
	대법관	노정희

3.
강제 징용 대법원 판결 관련 대국민 정부 입장 발표문

(2018.10.30., 국무총리)

정부는 일제강점기 강제징용 피해자에 관한 사법부의 판단을 존중하며, 대법원의 오늘 판결과 관련된 사항들을 면밀히 검토할 것이다.

이를 토대로 국무총리가 관계부처 및 민간 전문가 등과 함께 제반 요소를 종합적으로 고려하며 정부의 대응방안을 마련해 나갈 것이다.

정부는 강제징용 피해자들이 겪었던 고통에 대해 안타깝게 생각하며, 피해자들의 상처가 조속히, 그리고 최대한 치유될 수 있도록 노력해 나갈 것이다.

정부는 한일 양국관계를 미래지향적으로 발전시켜 나가기를 희망한다.

2018. 10. 30.
대한민국 국무총리 이낙연

4.
한국 사법부의 강제징용 판결에 관한 일본 정부의
태도에 대하여
(2018.11.7., 국무총리)

일제강점기 한국인 강제징용 피해자들에 대한 대한민국 대법원의 판결을 놓고 일본 정부 지도자들이 과격한 발언을 계속하는 데 대해 깊은 우려를 표한다.

일본 정부 지도자들의 발언은 타당하지도 않고, 현명하지도 못하다.

사법부의 판단은 정부간 외교의 사안이 아니다. 사법부는 법적 판단만 하는 기관이며, 사법부의 판단에는 정부가 개입하지 않는 것이 민주주의의 근간이다. 일본 정부 지도자들도 그것을 모르지 않을 것이라고 생각한다.

대한민국 대법원의 판결은 1965년 한일기본조약을 부정한 것이 아니라, 그 조약을 인정하면서 그 바탕 위에서 조약의 적용범위가 어디까지인지를 판단한 것이다. 판결문은 그것을 분명히 하고 있다.

나는 이 문제에 대한 언급을 최대한 자제하며, 정부 관련부처와 민간 전문가들의 지혜를 모아 대응방안을 마련하려 노력하고 있다.

일본 정부 지도자들이 대한민국 사법부의 판단에 대해 불만을 말할 수는 있다. 그러나 일본 정부 지도자들이 이 문제를 외교적 분쟁으로 몰아가려 함에 따라 나도 그에 대한 의견을 말하지 않을 수 없게 된 것을 유감스럽게 생각한다.

　일본 정부 지도자들의 현명한 대처를 요망한다. 한국정부는 강제징용 피해자들의 상처를 치유하는데 최선을 다할 것이다. 한국정부는 한일관계가 미래지향적으로 발전하기를 바란다는 점을 거듭 밝힌다.

2018. 11. 7.
대한민국 국무총리 이낙연

5.
<u>강제징용 문제에 관한 사실관계</u>
(2019.10.1, 외교부 홈페이지 게재)

□ 2018년 한국 대법원의 판결이 1965년 한일 청구권협정을 위반했고, 나아가 1951년 샌프란시스코 평화조약에 따른 전후 국제질서를 위협한다는 일본의 주장은 완전한 허구이다.

○ 1951년 샌프란시스코 평화조약 제4조에 따라 체결된 1965년 한일 청구권협정은 일본의 불법적인 식민지배 기간에 발생한 재정적·민사적 채권·채무 관계 청산만을 규정하고 있고, 한국은 청구권협정을 준수하고 있음.

○ 또한, 1951년 샌프란시스코 평화조약은 연합국이 일본의 전시 불법행위로 인한 배상청구권을 포기(제14조)한 것으로, 대한민국은 연합국이 아닌 식민지배 피해국으로서 동 조약의 당사국이 아님.

□ 일본 정부는 1965년 한일 청구권협정으로 강제동원에 관한 모든 문제가 완전하고, 최종적으로 해결되었다고 주장하고 있으나, 일본의 불법적인 식민지배 및 침략전쟁 수행과 직결된 반인도적 불법행위에 따른 배상문제는 청구권협정에 포함되어 있지 않음.

ㅇ 2018년 한국 대법원은 '일본 정부의 불법적인 식민지배 및 침략전쟁 수행과 직결된 일본 기업의 반인도적 불법행위를 전제로 하는 위자료청구권'은 한일 청구권협정 적용대상에 포함되지 않아 소멸되지 않았다고 판결함. 청구권협정 체결에 이르는 지난한 협상 과정에서 일본은 불법적 식민지배에 대한 법적 책임을 인정하지 않았으므로, 해당 요소는 청구권협정에 반영될 수 없었음.

ㅇ 전후 일본 정부의 입장도 개인의 손해배상청구권이 소멸된 바 없다는 것이었음.

ㅁ 결론적으로, 불법적인 식민지배와 강제동원에 대한 책임을 일관되게 부인하면서도 일본이 1965년 한일 청구권협정에 따라 강제동원에 관한 모든 문제가 해결되었다고 주장하는 것은 모순임.

한국이 청구권협정을 위반했다는 일본의 주장은 일방적·자의적인 것으로 역사 수정주의라는 정치적 목적을 위한 것인 바, 일고의 가치도 없음. 끝